Wolfgang Landgraf · Heinrich IV.

sacerdotib xpi imo unicuiq clericali gra-
dui maximā impendens sēp reuerentiā.
Henric9 quartus· hen-
rici impe-ratoris filius
admodū puer patri suc-
cedens regnare cepit
Lxxxvii loco ab au-
gusto & regnauit
annis·L·

Wolfgang Landgraf

Heinrich IV.

Macht und Ohnmacht eines Kaisers
Biografie

Verlag Neues Leben Berlin

Frontispiz: Kaiser Heinrich IV. (Zeichnung aus der Cambridger Handschrift der sog. Kaiserchronik, 1112/13)

Die meisten Abbildungen stammen aus der Sammlung des Autors. Wir danken für Abdruckgenehmigungen dem Bildarchiv Foto Marburg (1), der Sächsischen Landesbibliothek, Deutsche Fotothek Dresden (1), dem Deutschen Verlag der Wissenschaften für das Überlassen von Reproduktionsvorlagen (4).

ISBN 3-355-01187-8

Gesamtherstellung: Offizin Andersen Nexö Leipzig GmbH,
Graphischer Großbetrieb

Felix, qui potuit rerum cognoscere causas

Glücklich, wer zu erkennen vermocht' die Gründe der Dinge

Vergil

„Es war, als hätte die Welt sich geschüttelt…"

Tannen, Eichen und Ulmen, Fichten, Eschen, Buchen – die dunkle, undurchdringliche Masse des Waldes, nur unterbrochen von düstren Sumpfgebieten, nebligen Mooren und öden Heideflächen, durchzogen von ungebändigten Flußläufen, bevölkert von Wölfen und Bären, Hirschen, Füchsen, Wisenten, von Hasen, Rehen, Dachsen und Luchsen – das ist Mitteleuropa zu Beginn des 11. Jahrhunderts.

Inmitten dieser Wildnis liegen auf Lichtungen verstreut die Ansiedlungen der Menschen, kleine Dörfer oder sich mühsam entwickelnde Marktflecken und Städte. Der Wald ist die Umwelt, ist Bedrohung und Wohltat. Er beherbergt alles, was die Menschen ängstigt: wilde Tiere, nicht minder grausame Räuber, geisterhafte Fabelwesen, Werwölfe. Der Wald ist das Unbekannte, die ständig lauernde Gefahr. Aber er ist auch der nährende Wohltäter, er gibt Beeren und Wild, Eicheln und Laub für das Vieh, den Honig wilder Bienen und Holz fürs wärmende schützende Feuer; er ist Heim und Zuflucht für Einsiedler und Verfolgte.

Nur wenige Wege führen durch die Wildnis. Hier und da verfällt langsam eine der alten Römerstraßen, wird nach und nach unpassierbar, und obwohl das Anlegen von Wegen und Brücken als durchaus gottgefällig gilt, wird auf diesem Gebiet nicht sehr viel getan.

Ein Reisender wird von Räubern überfallen.
(Herrad von Landsberg, Hertus deliciarum, 12. Jh.)

Die Kontakte der Menschen untereinander sind gering. Reisen sind gefährlich und langwierig, und ohne zwingenden Grund setzt sich niemand derartigen Strapazen aus. Inmitten dieser Wald-Welt lebt man fern vom nächsten Ort oder Marktflecken in lokal abgeschlossenen Gruppen, und wirklich zwingend ist nur die harte Arbeit ums tägliche Brot.

Regnum Teutonicum – deutsches Reich – nennen die Salzburger Annalen 920 jene Wald-Welt; der Annalist hatte sich dabei wohl an Karl den Großen erinnert, der erklärte, daß es in seinem Reich zwei Volkssprachen gebe: linguam romanam et theodiscam. Doch als nach Karls Tod (814) das fränkische

Reich geteilt wurde, da spielten diese Sprachgebiete bei der Grenzziehung letztlich wohl kaum eine entscheidende Rolle; eher ging es um eine gleichmäßige Aufteilung des Königgutes und der fränkischen Kernlandschaften.

Jenes „Tiuskland“ nun, das sich aus dem ostfränkischen Reich entwickelte und in dem 919 ein sächsischer Herzog als König Heinrich I. den Thron bestieg, zum Begründer der ottonischen Königsdynastie wurde, war kein Staat im heutigen Sinne, kein festgegründetes Gemeinwesen, keine Institution. Die Herrschaft wurde vielmehr über ein Geflecht von persönlichen Bindungen und Verbindungen realisiert, an deren Spitze der Herrscher stand, dessen Selbstverständnis noch Jahrhunderte nach dem Tode Karls des Großen seine Wurzeln fest im fränkischen Reich hatte...

Den karolingischen Königen war es gelungen, eine relativ straffe Zentralisierung der Reichsverwaltung durchzusetzen. Karl der Große ging sogar soweit, zur Festigung seiner königlichen Autorität die Untertanen wiederholt einen Treueid schwören zu lassen. Dieser Eid, den jeder freie Mann, gleich ob mächtiger Feudalherr oder abhängiger Vasall, ablegen mußte, verpflichtete zum unbedingten Gehorsam gegenüber dem König. Sein Bruch war ein Majestätsverbrechen, das in der Regel mit dem Tode bestraft wurde.

Der König übte eine Gewalt aus, die ihm von Gott verliehen war, verstand sich als „rex gratia dei“, König von Gottes Gnaden. Er war vom Volk und seinen adligen Standesgenossen abgehoben, und keiner hatte ein Recht, sich dagegen aufzulehnen.

Die Macht, auf der die Karolinger ihre Position aufbauten, war der riesige Gutsbesitz der Krone, der allerdings durch die räumliche Ausdehnung des Karolingerreiches in den verschiedensten Regionen Mitteleuropas verstreut lag. Er bedurfte einer straffen Lenkung durch eine strenge Verwaltungsordnung. Eine zweite, nicht minder wichtige Stütze des Königtums war die katholische Kirche. Reichsverwaltung und Kir-

Vasall, der seinem Herrn den Lehenseid leistet
(Bronzesiegel des Raimond de Mondragon, 12. Jh.)

chenorganisation waren miteinander aufs engste verquickt, weltliche und geistliche Feudalherren gleichermaßen Säulen des Reiches.

Der König war das weltliche Oberhaupt der Kirche, nach der Krönung zum Kaiser auch ihr Schutzherr. Karl der Große erklärte in einem Brief Papst Leo III., seine Aufgabe sei zu beten, die des Herrschers aber, für Land und Glauben zu kämpfen. Und der Papst, auf der Suche nach Verbündeten gegen die immer gefährlicher werdenden Langobarden im Norden Italiens, bestätigte: Der Geist Gottes kommt über den König als Gesalbten des Herrn.

In Papstbriefen ist von den karolingischen Herrschern als „von Gott geschützt", „von Gott eingesetzt", „von Gott inspiriert" die Rede. Und in einem an Karl den Großen gerichteten Schreiben wurde formuliert, daß der König der Statthalter Gottvaters, der Bischof der Stellvertreter Christi sei.

Als Oberhaupt der Christenheit nahm der König das selbstverständliche Recht für sich in Anspruch, Bischöfe zu ernennen, Kirchensynoden einzuberufen und gleichermaßen kirchliche wie weltliche Angelegenheiten zu regeln. Auf diesen Grundlagen baute die christliche Königsideologie der nachfolgenden Jahrhunderte auf.

Als sich das 9. Jahrhundert dann seinem Ende zuneigte, da war das große fränkische Reich in drei Teile zerfallen, und obwohl diese Teile sich sofort wieder zu festigen suchten, verwüsteten Kriege Mitteleuropa, und das Jahrhundert endete im allgemeinen Niedergang ehemaliger Größe.

Das Volk reagierte auf seine Weise. Eine immer größere Unruhe erfaßte auch die einfachen Menschen in ihren jämmerlichen Marktflecken und Dörfern. Überall schienen sich Anzeichen kommenden Unheils zu mehren. „Die Sonne selbst bekam eine saphirgrüne Farbe und trug auf ihrem oberen Teil das Bild des Mondes, der zu einem Viertel beleuchtet war. Die Menschen, die sich betrachteten, sahen sich gegenseitig bleich wie Tote. Alles, was man sah, schien in einen Nebel von safrangelber Farbe gehüllt zu sein. Da hielt die Herzen des Menschengeschlechts Schrecken und unermeßliches Entsetzen umfangen. Als sie dieses betrachteten, begriffen sie die Verkündigung, daß über das menschliche Geschlecht ein schlimmes Unglück kommen werde ...“ (1)

Man erinnerte sich der Offenbarung Johannis: „Und wenn die tausend Jahre vollendet sind, wird der Satan loswerden aus seinem Gefängnis“ (Offenb. 20,7); und man erwartete mit mehr oder minder großer Angst jenes tausendste Jahr – was allerdings, durch die unterschiedlichen Zeitrechnungssysteme bedingt, irgendwo zwischen den Jahren 979 und 1033 liegen mußte.

Wenn diese Weltuntergangsstimmung auch nie eine sehr breite Basis gefunden hat – unterschwellig wirkte sie auf das

Denken und Fühlen der Menschen, störte ihre Lebenssicherheit. Hungersnöte – an sich nichts Außergewöhnliches in einer Zeit, in der die Ernteerträge kaum das Dreifache der Aussaat überschritten und jede Mißernte oder Viehseuche katastrophale Folgen hatte – galten nun für erhebliche Teile des Volkes als weitere Zeichen des nahen Endes.

„Wütender Hunger zwang die Menschen dazu, selbst menschliches Fleisch zu verschlingen. Reisende wurden ergriffen von solchen, die stärker waren als sie, dann gliederweise zerteilt, auf dem Feuer gekocht und verschlungen. Viele aber, die von Ort zu Ort zogen, um dem Hunger zu entfliehen, wurden in der Nacht ermordet und dienten jenen als Nahrung, von denen sie aufgenommen wurden. Nicht wenige auch zeigten Kindern eine Frucht oder ein Ei, lockten sie damit in abgelegene Orte, brachten sie um und fraßen sie auf. An vielen Orten wurden die Leichen von Verstorbenen aus dem Boden gerissen, um schließlich den Hunger zu stillen ... Man sah nur bleiche und abgezehrte Gesichter, und bei vielen zeigte sich die Haut durch Aufblähung gedehnt; selbst die menschlichen Stimmen wurden spitz und dem schrillen Gezwitscher sterbender Vögel vergleichbar ...“ (1)

Im Gefolge des Hungers auftretende Krankheiten wüteten unter den Menschen. Das enge Beieinander von Gesunden und Kranken bot Seuchen einen idealen Nährboden. Die wenigen, in weit verstreut liegenden Klöstern und Pfalzen wohnenden Heilkundigen vermochten auftretenden Epidemien nichts Wirkungsvolles entgegenzusetzen. Zwar mag in dieser oder jener klösterlichen Krankenstube bruchstückhaft noch ein Rest des Wissens der antiken Ärzte vorhanden gewesen sein – in den meisten Fällen begnügte man sich jedoch mit Beschwörungsformeln und Kräuterkuren.

Wer krank wurde, tat gut daran, sich zum Sterben zu rüsten. Die Lebenserwartung der Menschen war gering.

Mit vierzig Jahren war man alt.

Der Tod war allgegenwärtig, hatte aber nichts Schreckliches; denn mehr als um den Leib fürchteten die Menschen um ihre Seele.

Teufel und Dämonen waren beständige Begleiter der Menschen. „Die ganze Welt, die ganze Luft ist weiter nichts als ein Haufen dichtgedrängter Teufel, die uns ständig auflauern", klagte ein Mönch.

Hatten die Menschen auch eine mehr unbestimmte Vorstellung vom Himmelreich – die Furcht vor der Hölle war sehr lebendig. Nur die Kirche bot Hoffnung und Schutz vor den anbrandenden Mächten der Finsternis.

Dunkel und kraftvoll ragten die Gotteshäuser in den Himmel. Aus wuchtigen Blöcken getürmte Festungen des Glaubens, von deren Fassaden Heilige und Monstren auf die sündigen Christen niederschauten. In ihrem Inneren, in dem der Mensch nichts, Gott aber alles ist, fanden die Gläubigen jene Sicherheit, die ihnen im alltäglichen Leben fehlte. Die Menschen sehnten sich nach einer Welt, dic stabil ist, in der man leben kann und deren Werte Bestand haben. Die weltlichen Ordnungsmächte vermochten dies dem gemeinen Mann nicht zu sichern, und so begann dieser, den Glauben an eine – ohnehin kaum noch vorhandene – weltliche Autorität allmählich durch den Glauben an die göttliche Autorität zu ersetzen.

Die Kirche übernahm immer mehr die Aufgabe, das Bedürfnis der Menschen nach Geborgenheit zu befriedigen. Das mußte Folgen haben.

Weltende und Jüngstes Gericht blieben aus, aber das neue Jahrtausend brachte andere, nicht minder gewaltige Veränderungen.

Aus der Situation von Zusammenbruch, von Bedrohung durch Sarazenen, Normannen und Ungarn, bildete sich langsam ein neues kulturelles und politisches Kraftzentrum in Mitteleuropa heraus – das Reich der Ottonen.

Auch Otto der Große (936–973), erster Herrscher der sächsischen Kaiser, sah sein Amt als sakral an, und auch er versuchte, sich die Kirche dienstbar zu machen.

Nach Urkunden aus Ottos Kanzlei war der Begriff des „imperialen Königtums“ am Hofe keineswegs fremd, und Otto erklärte wenige Tage nach seiner Krönung in Rom, daß er das Kaisertum als Erneuerung und Fortsetzung der karolingischen Tradition verstehe.

Aber jenes „Tiuskland“ bildete keine politische Einheit wie einst das Karolingerreich. Es bestand aus einer Vielzahl von Stammes- und Herrschaftsgebieten, die in der Regel von Herzögen regiert wurden. Sie herrschten über Franken, Sachsen, Bayern, Schwaben, Lothringen und Kärnten, geboten über eine gewaltige Macht, die sie je nach Interessenlage für oder gegen den König einsetzten.

Der Kampf des Königtums um eine starke, politische Zentralgewalt war daher stets auch ein Kampf gegen die eigensüchtigen Herzöge. Zu ihrer Unterdrückung verlieh Otto I. große Teile der Herzogtümer an Bischöfe und Äbte, die direkt von ihm abhängig waren, und schuf damit dem Königtum eine Machtbasis. Die Reichskirche erfüllte wesentliche Aufgaben der Reichsverwaltung, hatte Heerfahrts-, Kanzleidienst- und Herbergspflichten zu leisten.

In dem Maße, wie geistliche Herren in Verwaltungsämter des Reiches vordrangen, ging der Einfluß weltlicher Herren zurück.

Karl der Große hatte kirchliche gegen weltliche, weltliche gegen kirchliche Gewalt ausgewogen; Ottos Reich war nicht mehr zu gleichen Teilen in beiden Gewalten verankert, es neigte sich immer mehr zu der Seite, in der es seine stärkste Stütze vermutete. Ein Bruch dieser Stütze mußte verheerende Folgen haben.

Ottos Bedeutung liegt zweifellos darin, daß er in der Unterwerfung der Herzöge im Bündnis mit geistlichen Feudalherren die Festigung des frühfeudalen deutschen Staates vorantrieb, der ein föderativer feudaler Staatsverband mit dem Monarchen an der Spitze war. Doch während die Kaiser- und Italienpolitik unter ihm noch einer Stärkung der Zentralgewalt gedient hatte, behinderte sie in der folgenden Zeit immer mehr die Herausbildung eines starken deutschen Königtums. Schon unter seinem Sohn Otto II. formierten sich oppositionelle Kräfte im Inneren, die sich auch unter den späteren ottonischen Herrschern immer wieder zu Wort meldeten.

Nach dem Aussterben der Ottonen kamen die Salier aufgrund ihrer Verwandtschaft mit den Karolingern und Ottonen an die Macht. Der Ur-Ur-Enkel Ottos I., Konrad II. (1024 bis 1039), machte in einer kurz nach seiner Kaiserkrönung vorgenommenen Veränderung der Reichskrone das salische Selbstverständnis vom Kaisertum deutlich. Neben anderen – wohl durch Beschädigung notwendig gewordenen – Reparaturen wurde an der Stirnplatte ein neues Kreuz aufgesteckt, das wohl ursprünglich als Brustkreuz gedient hatte. Wann immer der Herrscher nun das Zeichen seiner Würde trug, war er unter das Kreuz gestellt, damit sichtbar aus der Masse der Laien herausgehoben.

Mit harter Hand griff Konrad II. auch in soziale Verhältnisse ein, setzte die Erblichkeit der kleinen Lehen durch, machte sich damit die niederen Dienstleute zu treuen Verbündeten und die großen Herren, die nun nicht mehr nach Belieben über die Lehen ihrer Vasallen schalten und walten konnten, zu Gegnern.

Unter seiner Regierung wuchs das Reich zu gewaltiger Größe empor; die Stärkung der königlichen Autorität nach innen und die Festigung der Stellung des Reiches nach außen sind seine unbestrittenen Verdienste.

Er habe die Steigbügel Karls des Großen am Sattel, sagte man von ihm; und als er starb, hinterließ er seinem Sohn Heinrich III. ein Reich, das von den nebligen Marschen Frieslands bis tief nach Italien hinab, von der Rhone bis an die Oder, von Lyon bis nach Meißen reichte.

Heinrich III. (1039–1056), schon zu Zeiten des Vaters an Regierungshandlungen beteiligt, „spes imperii“ – Hoffnung des Reiches – genannt, arbeitete weiter auf die Stärkung des

Königtums hin. Im Gegensatz zum Vater, der die Kirche nur als Kronbehörde betrachtet hatte und nicht viel von der priesterlichen Würde des Königs hielt, strebte Heinrich III. in dieser Richtung jedoch anderen Wegen zu. Die Reichskirche war ihm nicht bloßes Herrschaftsinstrument, und wie keiner seiner Vorgänger fühlte er sich ihr als „Gesalbter des Herrn" verpflichtet. Er wollte der alten karolingischen Idee vom Gotteskönigtum neue Kraft verleihen.

Längst ging das aber nicht mehr ohne Widerstände. In Sachsen zeigte der Adel immer offener seinen Unwillen gegen die kaiserliche Politik – es existierte sogar ein Plan, den Kaiser zu ermorden. Nur ein Zufall vereitelte dieses Unternehmen. In Bayern, Schwaben, Burgund, Lothringen – überall gärte es, überall fiel man mehr oder minder offen von der geheiligten Person des Kaisers ab. Noch gelang es Heinrich III. zwar mit starker Hand, alle Aufstandsgelüste im Keime zu ersticken und das Reich fest im Griff zu behalten, die Zeiten, den karolingischen „Gottesstaat" neu zu errichten, aber waren vorüber.

Auch die Kirche versuchte immer nachdringlicher, sich aus ihrer starren Rolle als Dienerin des weltlichen Staates zu lösen. Noch ist alles nur in Ansätzen zu erkennen, doch aufmerksame Beobachter der Zeit ahnen die kommenden Veränderungen.

„Es war, als hätte die Welt sich geschüttelt und ihr Alter abgeworfen, um sich nun überall in das weiße Gewand der Kirchen zu hüllen", frohlockte ein Mönch.

Die neue Zeit

Wehe dir, Land, dessen
König ein Knabe ist.
(Prediger 10,16)

Das königliche Kind

Gleich der Zeit liegt auch Agnes von Poitou, Gemahlin Kaiser Heinrichs III., in den Wehen. Die Fünfundzwanzigjährige sieht der Geburt mit Bangen entgegen, doch es ist weniger die Angst vor dem Ereignis, die sie plagt, als vielmehr eine tiefe innere Sorge, dem Kaiser eine Tochter und nicht den erhofften Thronerben zu schenken. Drei Töchter hat sie schon geboren – Mathilde im Herbst 1045, Judith 1047 und ein Jahr darauf Adelheid –, wird eine vierte folgen?

Der in der Pfalz zu Goslar versammelte Hof ist voller gespannter Erwartung, trägt Hoffnung zur Schau, und auch die Kirche tut das Ihrige. Erzbischof Hermann von Köln richtet während eines feierlichen Hochamtes an die Gläubigen die Aufforderung, sie sollten im Gebet darum flehen, daß dem Kaiser zur Herstellung des Reichsfriedens ein Sohn geboren werde. Die Frage „Sohn oder Tochter“ ist ein Problem, das die rein private Sphäre weit überschreitet, fürchtet man doch verheerende Fehden und Kämpfe um des Kaisers Nachfolge, wenn der, ohne einen männlichen Erben zu hinterlassen, sterben würde.

Heinrich III. will die Macht seines salischen Hauses erhalten, und er wird daher höchst erfreut gewesen sein, als man ihm am 11. November 1050 meldet, die Kaiserin habe einen Sohn geboren.

Vielleicht hätte der sonst recht asketisch lebende Kaiser, der jeglicher weltlichen Freude abhold war und sogar die einst zu seiner Hochzeit mit Agnes von überall her angereisten Spielleute vertreiben ließ, weil er ihre Kunst als eitel und leer verachtete – vielleicht hätte der stolze Vater an diesem Tag doch ganz gern gefeiert; aber er ist krank. So muß er sich damit begnügen, demütige Dankgebete an Gott zu senden, was im übrigen seinem Naturell auch eher entsprochen haben mag.

Eben jene Krankheit ist auch Anlaß dafür, daß Heinrich III. dann wenig später die zum Weihnachtsfest in der Harzpfalz Pöhlde um ihn versammelten Fürsten des Reiches einen Treueid auf seinen Sohn ablegen läßt. Es liegt dem von einem schweren Lungenleiden geplagten Kaiser wohl daran, so schnell wie möglich feststehende Tatsachen zu schaffen, seinem Sohn die Nachfolge zu sichern.

Ist der Eid von Pöhlde noch ein rein formeller Akt – denn was gilt den Fürsten ein Eid, wenn er eigenen Interessen im Wege steht? –, drei Jahre später hat Heinrich III. sein Ziel erreicht: Auf einer Reichsversammlung zu Tribur am Rhein wählen im November 1053 die anwesenden Fürsten seinen dreijährigen Sohn zum deutschen König. Im düster-gewaltigen Kaiserdom zu Aachen wird schließlich im Juli des darauffolgenden Jahres durch Erzbischof Hermann von Köln mit großem Gepränge die feierliche Weihe und Krönung vollzogen. Auf dem marmornen Thron Karls des Großen sitzt ein Dreijähriger, nimmt die Huldigungseide der Fürsten des Reiches entgegen und begreift sicherlich kaum, was um ihn her vorgeht.

Der Vater aber ist zufrieden. Alles ist nun geregelt.

Und doch – wie fernes Donnergrollen droht der Vorbehalt der Fürsten, dem neuen König nur unter der Bedingung zu folgen, daß er ein „gerechter Herrscher“ werde.

Was aber ist für die Fürsten ein „gerechter Herrscher“?

Ein anonymer Zeitgenosse gibt die Antwort: „Sie wollten

Könige von der Art haben, denen sie selbst in königlicher Willkür gebieten konnten."

Mit dem beginnenden neuen Jahrtausend hatten sich in der Landwirtschaft bedeutende Veränderungen vollzogen.

Oft weit von den heimatlichen Dörfern entfernt, begannen Bauern in mühseliger Arbeit den Wald zu roden. Von glühender Sommerhitze ausgedörrt, von Kälte geschüttelt, in Regen- und Schneeschauern, belauert von wilden Tieren, Raubgesindel und Seuchen machten sie den Boden urbar. Im Harz, im Spessart, im Thüringer Wald und im Alpenvorland fraßen sich Schneisen ins Dickicht, entstanden Ansiedlungen, deren Name noch heute an die Zeit der Rodungen erinnert – Wernigerode, Friedrichroda...

Mit dem Räderpflug drang man in den schweren, noch unbearbeiteten Boden, brach ihn auf, lockerte und zerkleinerte mit der neu aufgekommenen Egge die Schollen. Eiserne Pflugscharen krallten sich ins Erdreich, rissen es auf, wo der alte hölzerne Hakenpflug nur gekratzt hatte.

Mit gesteigerter Zugkraft legten sich Ochsen und Pferde ins Geschirr.

An die Stelle der alten Methode, die Zugtiere an der Brust anzuschirren, war das Stirnjoch bei Ochsen, das Kummet bei Pferden getreten. Jetzt fühlten sich die Tiere nicht mehr eingezwängt, drückten sich nicht selbst die Luft ab. Besonders mit Pferden ging die Arbeit nun rascher von der Hand. Weiter entfernte Anbaugebiete konnten bearbeitet, günstige Witterungsverhältnisse besser genutzt werden, die Erträge stiegen. Die Bauern waren in der Lage, Überschüsse auf Märkten gegen andere Dinge einzutauschen. In den bis dahin recht kümmerlichen Städten lebte das Handwerk auf, wurden zunehmend Dinge hergestellt, welche die Landwirtschaft benötigte.

Auch die Anbaumethoden änderten sich.

Bisher war das System der Zweifelderwirtschaft üblich ge-

Bauern bei der täglichen Arbeit (ital. Buchmalerei um 1023)

wesen: Eine Hälfte des Bodens wurde bebaut, die andere ließ man als Brache ruhen.

Nun aber ging man immer mehr zur Dreifelderwirtschaft über: Die Ackerfläche wurde in drei Teile zerlegt, wovon nur noch einer brachlag. Damit wurden nicht nur die Erträge gesteigert und durch Sommer- sowie Winteranbau eine gewisse Kontinuität in die Versorgung gebracht – auch die Palette der Anbaufrüchte erweiterte sich. Neben Hafer wurden Erbsen, Bohnen, Linsen und Kohl angebaut, dazu immer mehr auch Brotgetreide. Das Brot begann auf Kosten des bis dahin üblichen Haferbreis seinen Siegeszug.

Natürlich waren all diese Veränderungen regional unterschiedlich, und nicht überall setzten sie sich durch. Aber sie waren doch so bedeutend, daß ein allmählicher Anstieg der Bevölkerungszahl zu bemerken war. Lebten im Jahre 1050 in Mitteleuropa schätzungsweise 46 Millionen Menschen,

Bauern beim Pflügen, Holzmachen, Hacken im Weinberg
(ital. Buchmalerei um 1023)

so sind es 50 Jahre später 48 Millionen, 1150 schon 50 Millionen.

In dieser Zeit wuchs die Bevölkerung Mitteleuropas also täglich um ungefähr 150 Menschen! Diese Menschen mußten ernährt werden. Und so wurden die Verbesserungen in der Landwirtschaft, die Erschließung neuer Anbaugebiete weiter vorangetrieben.

Menschen aus den verschiedensten Gegenden Deutschlands bildeten in den neu besiedelten Gebieten Gemeinschaften; Dialekte verschmolzen, Verständigungsschwierigkeiten wurden durch neue Begriffe überwunden; die Sprache begann sich umzuformen.

Der wirtschaftliche Aufschwung, den Europa zu Beginn des 11. Jahrhunderts erlebte, beruhte auf einer Vielzahl von Faktoren, die ihre Kraft aber alle aus zwei Dingen zu schöpfen schienen: einem allmählichen Bevölkerungszuwachs und Verbesserungen in der Landwirtschaft.

Beides bedingte sich wohl gegenseitig, war sowohl Ursache als auch Wirkung, denn bewirkte die gesteigerte landwirtschaftliche Produktion einerseits ein Anwachsen der Bevölkerung, so zwang andererseits gerade die gestiegene Bevölkerungszahl zu neuen Anbaugebieten und -methoden.

Diese Entwicklung hatte neue Machtmittel geschaffen, deren sich der Adel zum Ausbau seiner Gebiete mit Eifer bediente.

Er förderte Klostergründungen, ließ Burgen bauen und unterstützte bäuerliche Rodungen...

Aber auch der König suchte die neue Entwicklung für seine Ziele zu nutzen – er ließ ebenfalls Burgen bauen, stiftete und beschenkte Klöster und verlieh städtische Privilegien...

Der Konflikt zwischen Adel und Königtum, in welcher Form er sich in den kommenden Jahren auch abspielen wird, hat seine tieferen Ursachen in diesen sich überschneidenden machtpolitischen Interessen. –

Diese Erkenntnis hat der Kaiser natürlich nicht, als ihm die Fürsten ihre Bedingungen für den Huldigungseid vorlegen. Für ihn ist das ein Versuch des aufrührerischen Adels, Einfluß zu gewinnen. Er nimmt die Angelegenheit wohl auch nicht sonderlich ernst, sieht eher eine lächerliche Formalität darin, auf die er im Bewußtsein seiner kaiserlichen Macht huldvoll eingeht. Als Führer der Christenheit, Schützer und weltliches Oberhaupt der Kirche weiß er sich eins mit der geistlichen Macht.

Diese Macht aber würde, so meinte er, ihren Führer stets als „gerecht“ ansehen.

Er sollte sich irren!

Der Geist von Cluny

Am 31. März 1051 vollzieht in Köln Erzbischof Hermann die Taufe an dem königlichen Kind, und Abt Hugo von Cluny gibt dem Täufling den Namen des Vaters: Heinrich. – Einer Quelle zufolge soll der Knabe allerdings zuerst Konrad genannt worden sein, ein Name, der erst später in Heinrich geändert wurde; das aber ist nicht sicher. Verbürgt hingegen ist, daß 1052 dem Kaiserpaar ein zweiter Sohn geboren wird, der den Namen Konrad erhält. Er stirbt im April 1055, und Heinrich wird der einzige männliche Erbe des salischen Hauses bleiben. Mit der Wahl Abt Hugos von Cluny zum Taufpaten hatte Kaiser Heinrich III. seinen Sohn einem neuen Geist empfohlen.

Am Anfang war Cluny!

Von diesem im Jahre 909 in den burgundischen Bergen gegründeten Kloster nahm eine Bewegung ihren Ausgang, deren Ziel die Freiheit der Kirche von weltlichem Einfluß und die Erneuerung des Klerus im Geiste christlicher Askese war.

Der Widerspruch zwischen Wort und Werk einer Geistlichkeit, welche Menschenliebe und die Vergänglichkeit alles Irdischen predigte, dabei aber nur sich selbst liebte und fest in dem Irdischen verhaftet war, die immer breiter werdende Kluft zwischen Idee und Wirklichkeit hatte besonders im Volk Zweifel hervorgerufen, ob eine solche Geistlichkeit ihrer Mittlerrolle zwischen Gott und den Menschen überhaupt gerecht werden könne. Ihr Tun schien mit der Reinheit, in der es vor Gottes Antlitz zu treten galt, unvereinbar, und die Welt fragte sich staunend, wieso Leute, die die Armut als Aushängeschild benutzten und vorspiegelten, daß sie außer einfacher Nahrung und Kleidung nichts besäßen, wieso diese Leute Schätze hatten anhäufen können. Solche Geistlichkeit war imstande, den Menschen die letzte Zuflucht zu nehmen.

Sie hatten Gott gesucht und Zweifel gefunden! Zweifel aber waren der Nährboden für Widerspruch und Abfall, sie förderten ketzerische Gedanken und stellten nicht zuletzt die geltende Ordnung in Frage.

Aus dieser Situation heraus begann sich vorsichtig eine Erneuerungsbewegung zu formieren.

Zunächst mag es scheinen, als sei die cluniazensische Reform eine rein innerklösterliche Sache gewesen, als sei es nur um eine Rückbesinnung auf mönchische Ideale gegangen. Schweigend und in strenger Zucht widmeten die Brüder von Cluny ihr Leben Gott, getreu der Regel des heiligen Benedikt von Nursia (gest. um 550), auf die man sich wieder in starkem Maße besann und die das Gerüst für die Neuordnung bildete. Doch um sich dieser Aufgabe widmen zu können, bedurfte es bedeutender Veränderungen im machtpolitischen Bereich, und so bestand die wohl bedeutendste Neuerung der cluniazensischen Reform nicht so sehr in einem Neuauflegen alter Mönchtraditionen, sondern vielmehr darin, daß hier zum erstenmal versucht wurde, die Klöster aus dem Gefüge der weltlichen Gewalten herauszulösen. Nicht mehr Herzog oder König, nicht mehr Bischof oder Erzbischof hatten die Oberhoheit über das Kloster, sondern nur der Papst, der Nachfol-

Klosterkirche von Cluny (1. Hälfte 12. Jh.)

ger Petri und Stellvertreter Gottes auf Erden. Weltliche Mächte hatten kein Recht, in die Dinge der Kirche einzugreifen, denn Gott stand höher als jegliche weltliche Macht.

Dieses Selbstverständnis Clunys spiegelte sich auch im geistlichen Leben wider. Besonders betont wurde die geistliche Würde. Die liturgischen Gebete und übrigen Zeremonien füllten fast den gesamten Tag aus, so daß ein päpstlicher Legat klagte, er habe bei einem Besuch Clunys kaum eine halbe Stunde Zeit gefunden, um mit den Mönchen zu sprechen. Von zwei Uhr nachts bis zum Schlafengehen waren gemeinsame Gebete über den Tag verteilt – ein Gleichgewicht zwischen Arbeit und Gebet, wie es in den Benediktinerregeln gefordert wurde, gab es nicht. Die zum großen Teil dem Adel entstammenden Brüder befleißigten sich im Abschreiben oder kunstvollen Verzieren von Manuskripten, lasen in der Heiligen Schrift, ohne allerdings ernsthafte Studien zu betreiben.

Cluny war keine Stätte des Denkens, sondern des Betens!

Seine Wirkung war auf das Gefühl der Menschen ausgerichtet. Mit Erfolg!

In einer Zeit, da die Kirche von weltlichen Mächten mißbraucht und von einem Teil ihrer eigenen Diener in den Schmutz getreten wurde, lieferte Cluny ein Beispiel für wahrhaft gottgefälliges Leben und formulierte die allgemein vorhandene Unzufriedenheit gewisser kirchlicher Kreise über die Abhängigkeit der Kirche von der weltlichen Macht.

Mit päpstlicher Billigung verbreitete sich der Geist von Cluny, und unter Führung der Abtei entstand ein von weltlichen Mächten unabhängiger Verbund reformierter Klöster, in deren Umgebung die bäuerliche Bevölkerung Sicherheit und gute Lebensbedingungen fand, die sie brauchte, um ungestört das Land bestellen zu können. Handwerker siedelten sich an, die Wirtschaft kam in Schwung – der Adel, anfangs grollend seinen beschnittenen Privilegien nachtrauernd, profitierte davon und begann die Reform zu unterstützen.

Ein sich in die feudalen Strukturen einfügender Klosterverbund entstand, dessen Angehörige von den Abgaben höriger Bauern lebten oder von Schenkungen hoher Herren, der mehr und mehr ein wichtiger machtpolitischer Faktor wurde und dessen Oberhaupt, der Abt von Cluny, Politik machte und von den Herrschenden seiner Zeit als gleichberechtigter Partner betrachtet wurde. Die Entscheidung Kaiser Heinrichs III., Abt Hugo von Cluny zum Taufpaten für seinen Sohn zu erwählen, beweist das.

Der Geist von Cluny wurde heimisch in den Klöstern der Normandie, Italiens, der Westschweiz, Spaniens – in Deutschland fand er allerdings zunächst wenig Beachtung.

Die Mönche vieler deutscher Benediktinerklöster ließen sich ihre Freude an Kunst und Wissenschaft, die in Cluny – wenn überhaupt – nur eine sehr untergeordnete Rolle spielten, nicht nehmen. Sie arbeiteten weiter an der Formung ihrer eigenen Person, deren Vervollkommnung ihnen als gottgefällig galt. Einer Idee, die in ihrer Konsequenz eine Zusammenfassung aller Mönche zu einer disziplinierten Schar ohne jegliche Individualität anstrebte, wollten sie nicht folgen.

Wo sich aber in Deutschland Reformgeist regte, wie zum Beispiel im lothringischen Kloster Gorze, da war er volkstümlicher als in Burgund. Hier ging es weniger um eine Reformierung des Klosterwesens, sondern um mönchische Tugenden. Die Wirkung blieb vorerst begrenzt, doch bald fand sich ein mächtiger Gönner: Kaiser Heinrich III.

Gebildet, durch seine bischöflichen Erzieher von Kindheit an im Bannkreis kirchlicher Kultur und christlicher Sittenlehre aufgewachsen, hatte dieser sich zu einem tiefreligiösen Menschen entwickelt, der so gar nichts hatte von der derben, lebenssprühenden Art seines Vaters Konrad II. und dessen freudlose Verschlossenheit und zäher Ernst den Beinamen „schwarzer Heinrich“ zu rechtfertigen schienen – auch wenn der ihm vornehmlich wegen seines dunklen Haars und Bartes gegeben worden war.

Der Kaiser unterstützte die Reformen, die von Gorze ausgingen, denn im Gegensatz zu Cluny verfolgte man in Gorze keinerlei politische Ziele. Die Klöster der Gorzer Reform blieben nach wie vor den Bischöfen unterstellt und scherten auch nicht aus dem Verband der Reichsklöster aus. Auch weltliche Schutz- und Gerichtsherren lehnte man nicht ab, so daß über die Vergabe solcher Vogteirechte weiterhin massiver Einfluß auf die Klosterpolitik ausgeübt werden konnte. Gorze und die seiner Reform angeschlossenen Klöster (wie zum Beispiel Prüm, Reichenau, Fulda, Herford, Corvey und andere) konnten sich der wohlwollenden Unterstützung des Kaisers sicher sein. Die Bedeutung Clunys hat Gorze jedoch nie erlangt...

Erfüllt von der priestergleichen Würde seines Amtes, verstand Heinrich III. sich auch als Führer der Kirche. Und als solcher sah er seine Aufgabe darin, Klerus und Papsttum aus den Niederungen weltlicher Dinge wieder ihrer alten Bestimmung zuzuführen. Dazu aber bedurfte es einer Reform an Haupt und Gliedern. Beim Haupt mußte man beginnen.

Rom war nur noch kirchlich das Zentrum Europas, politisch war es zur Bedeutungslosigkeit herabgesunken. Das Land rings um die Stadt war unfruchtbar, ein ödes Trümmerfeld, aus dem Bruchstücke alter Kulturen ragten. In der Unterstadt am Ufer des Tiber und auf der Tiberinsel lebte die geschrumpfte Bevölkerung der einst volkreichsten Stadt des Abendlandes, überragt von zahlreichen Kirchen. San Lorenzo, Santa Maria Maggiore und San Pietro – sie waren die Lebensbasis der Stadt. Rom lebte von den Pilgern.

Geistliche, Herbergswirte, Geldwechsler, Händler, Bettler und Diebe schröpften die „tumben" Wallfahrer.

Drohend standen die turmartigen Stadtburgen der römischen Aristokratie über der Ewigen Stadt. Von hier aus führten die römischen Adelsgeschlechter ihren Kampf um die Macht, und zu dieser Macht gehörte auch, daß man einen Angehörigen der eigenen Sippe auf dem apostolischen Stuhl wußte. Dieser Kampf der Grafen von Tusculum, der Crescentier und anderer um das Bischofsamt von Rom hatte dieses

Schreibender Mönch
(Miniatur aus dem Canterbury-Psalter, um 1150)

Amt jeglicher Würde beraubt, die Papstkrone zum Handelsobjekt für den Meistbietenden gemacht.

Im Jahre 1045 stritten sich drei Päpste um die rechtmäßige Nachfolge Petri. Der Ruf um Hilfe ging an König Heinrich, und der brach auf zu seinem ersten Romzug, setzte auf zwei Synoden in Sutri und Rom im Dezember 1046 alle drei Päpste ab und erhob an ihrer Stelle einen deutschen Bischof. Er machte damit klar, was der Papst für ihn war: der oberste Reichsbischof.

Der neue Papst krönte ihn dann auch sofort zum Kaiser.

Ein deutscher Papst, ein deutscher Kaiser – beide verbunden zu gemeinsamem Werk, beide gewillt, die Kirche zu erneuern und der Welt den Frieden zu bringen...

Von diesem Frieden allerdings gab es konkrete Vorstellungen: So, wie deutsche Bischöfe in italienischen Bistümern die Politik des deutschen Hofes vertraten, genauso sollte ein deutscher Papst die Christenheit lenken.

Bei aller Reformfreudigkeit – Heinrich III. und seine Räte waren auch Politiker.

Doch während der deutsche Herrscher über mehrere deutsche Päpste ins kirchliche Gefüge eingriff, machten sich die cluniazensischen Reformer daran, eben jenen weltlichen Einfluß immer weiter zurückzudrängen. Noch brauchten sie zwar den Schutz des Kaisers gegen die römischen Adelsgeschlechter, aber der Tag sollte kommen, da man auch ihn zur Unterwerfung zwingen wollte.

Der geistliche Stand sollte sich von der Welt abheben, die Kirche sich aus der Verflechtung in Sippen und Politik herauslösen; und schon führte man wieder das kanonische Recht im Munde, wonach auch die Pflichten gegenüber dem Kaiser ihre Grenzen hätten. In stolzem Bewußtsein erklärt der Bischof Wazo von Lüttich dem Reichsoberhaupt: „Zwischen der priesterlichen Weihe und derjenigen, die Ihr empfangen habet, besteht ein großer Unterschied; die unsrige ist lebensspendend, die Eurige hat den Tod im Gefolge, und je größer der Vorzug ist, den das Leben vor dem Tod hat, um so höher ist unsere Weihe erhaben über die Eurige."

Das waren deutliche Worte, die Heinrich eigentlich hätten stutzig machen müssen.

Der Glaube an seine gottgegebene kaiserliche Macht allerdings trübte dem ansonsten durchaus politisch scharfsichtigen Herrscher den Blick für die heraufdämmernde Gefahr. Die Unantastbarkeit seiner kaiserlichen Herrschaft ließ ihn die Ideen der Reformer, die von ihnen geforderte „Freiheit der Kirche", nie unter politischen Aspekten betrachten.

Im Dezember 1048 wurde auf einer Versammlung im ehrwürdigen Worms auf Weisung des Kaisers von den deutschen Bischöfen dessen Vetter, der Bischof Brun von Toul, zum Papst gewählt.

Erstmals war damit eine Verbindung zwischen der lothringischen Reform und dem Papsttum hergestellt.

Barfuß und im härenen Pilgergewand zog Bischof Brun in Rom ein, bestaunt und bejubelt vom Volk, dem er erklärte, er werde die ihm vom Kaiser verliehene Würde nur annehmen, wenn ihn auch Klerus und Gemeinde von Rom wählen würden.

Unter dem Jubel des Volkes setzte er sich als Leo IX. eine doppelreifige Krone aufs Haupt, zeigte damit, daß er Herr über beide Gewalten, geistliche wie weltliche, sei.

Der Geist Clunys hatte Rom erreicht!

Mit Hilfe eines zum Teil aus reformfreundlichen Geistlichen bestehenden Kardinalskollegiums und der Unterstützung des Kaisers begann der Lothringer eine fast stürmische Tätigkeit, die sich vor allem gegen Ämterhandel und Priesterehe richtete. Noch stand Heinrich III. an der Spitze dieser Bewegung, noch traf ihn keine der vom Papst erhobenen Forderungen, und gewaltig strahlte die Macht des Kaisers, dem solch ein Papst diente. Aber schon erhoben sich Stimmen, die vor einer Flut warnten, welche alle Dämme kaiserlicher Gewalt brechen konnte.

Und vielleicht haben die allzu forschen Reformbestrebungen Leos IX. den Kaiser doch etwas verschreckt, denn er protegiert nach dessen Tod (1054) gerade den Führer der Bischofsopposition, Gebhard von Eichstätt, der als Victor II. zum neuen Papst gewählt wird.

Das zeigt zwar, daß Heinrich III. die Zügel der Reichskirche noch immer straff in der Hand hielt – die Entwicklung aber vermochte er nicht mehr aufzuhalten.

Es war sein tragischer Irrtum, daß er geglaubt hatte, die Kirche im Sinne der Reformpartei umzugestalten und dabei die Herrschaft über sie behaupten zu können.

Der Tod Heinrichs III.

Man hat kaum jemals so wenig Achtung und schonendes Gefühl für das Kind gehabt wie im Mittelalter. Kinder waren Verhandlungs-, Handels- oder Streitobjekte. Man raubte, verschacherte, tötete sie; und wenn es ins jeweilige politische Kalkül paßte, wurden sie schon im Kleinkindalter verlobt oder verheiratet. Auch dem kleinen Heinrich bleibt dieses Schicksal nicht erspart. Weihnachten 1055 feiert der kindliche König in der Burg Turegum (die Pfalz von Zürich) seine Verlobung mit der dreijährigen Bertha von Turin, der Tochter des Grafen Otto von Savoyen. Die beiden haben sich nie vorher gesehen, und niemand hat berichtet, wie sie miteinander ausgekommen sind, ob sie sich mochten, miteinander spielten. Das alles war den Chronisten unwichtig, war vielleicht mit nachsichtigem Lächeln bei Kindern von „Gemeinen" zu ertragen, aber nicht bei einem König.

Und so kann man nur hoffen, daß der fünfjährige Heinrich und seine Verlobte Bertha wie andere Kinder auch mit hölzernen Pferden oder Puppen, mit Kreisel oder Blindekuh die meiste Zeit des Tages verbracht haben.

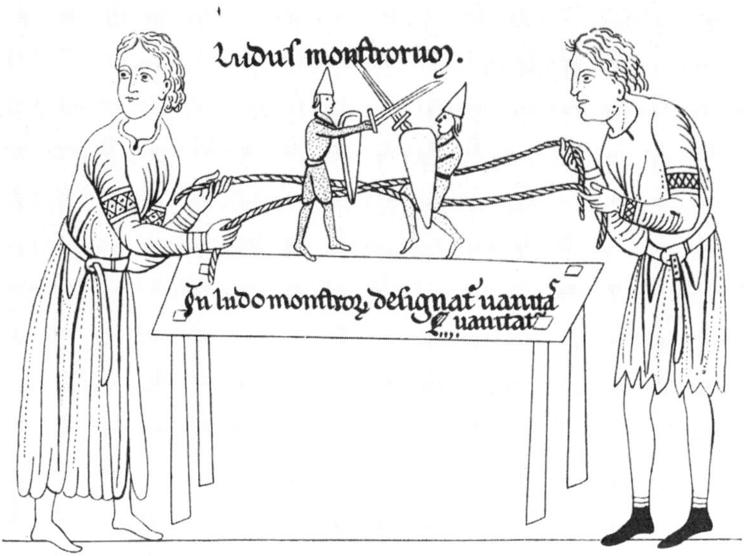

Spielende Kinder (Herrad von Landsberg, Hortus deliciarum, 12. Jh.)

Es ist allerdings anzunehmen, daß dies nicht der Fall war. Weder in Heinrich noch in seinen drei Schwestern noch in Bertha sah man Kinder. Sie waren kleine Erwachsene, hatten sich als solche zu benehmen, sogen die steife Würde ihres Amtes mit der Milch der Amme ein, schluckten sie mit jedem Löffel Brei. Unter den Augen des strengen, ernsten Vaters, dessen kalte Unnahbarkeit wenig Raum bot für Vaterliebe, unter den segnenden Händen der gottesfürchtigen Mutter, der irdische Dinge nichtig waren, wird es Heinrich wohl ähnlich ergangen sein wie seinem Zeitgenossen, dem Abt Guibert von Nogent, der über seinen Erzieher sagt: „Er unterwies mich mit solcher Züchtigkeit und bewahrte mich vor allem Übermut, der diesen jungen Jahren innezuwohnen pflegt, mit solcher Hingabe, daß er mich von gemeinsamen Spielen durchaus fernhielt und mir niemals erlaubte, ohne seine Begleitung wegzugehen, außer Haus etwas zu essen und, ohne seine Zustimmung zu geben, ein Geschenk von irgend jemand anzunehmen; nichts durfte ich tun, was nicht wohlgemessen war in Worten, Blicken und Werken, so daß es schien, als wollte man... gleich das Mönchtum von mir verlangen. Denn während meine Altersgenossen überall nach Gutdünken herumstreunten und ihnen die Zügel für ihren Jahren gemäße Neigungen lockergelassen wurden, saß ich, an derlei Dingen fleißig durch Vorkehrungen gehindert, ... da und betrachtete die Scharen der Spielenden wie ein gelehrtes Lebewesen." (2)

Voller eherner Regeln ist die Welt Heinrichs, voller weihrauchgeschwängerter Erhabenheit auch die Verlobung, die die beiden Kinder nicht begreifen. Um so besser aber begreift es der Kaiser.

Die tieferen Gründe für jene „Zürcher Verlobung" liegen im Westen des Reiches, in Lothringen. Dort hatte Gottfried der Bärtige, Herzog von Oberlothringen, mit aller Macht versucht, seinen Herrschaftsbereich auf Niederlothringen auszudehnen. Selbstsüchtig, ehrgeizig, von scharfem Verstand und kriegerischem Mut war Gottfried der zähe Typ des Regionalfürsten, dem nur die eigenen Interessen etwas galten. Rücksichtslos paktierte er mit dem französischen König, fiel von seinen befestigten Besitzungen ins Reichsgebiet ein, verschwor sich gegen den Kaiser – und verlor.

Doch christlicher Wille zum Verzeihen war eine der hervorstechendsten Charaktereigenschaften Heinrichs III. Er verzieh fast allen und jedem, wenn der nur seine Reue glaubhaft genug kundtat. Kaum einer hat sich dem freilich würdig erwiesen – und schon gar nicht Herzog Gottfried.

Bald schon stand Lothringen erneut in Waffen, mußte erneut die kaiserliche Macht eingreifen, um das wichtige Gebiet an der Westgrenze des Reiches nicht zu verlieren.

Herzog Gottfried floh nach dem Süden, wo er 1054 Beatrix, die mächtigste Fürstin Mittelitaliens und Witwe des Markgrafen Bonifazius von Tuszien, heiratete. Er gebot jetzt über einen Länderblock, der von Flandern bis Florenz reichte, vereinigte die Gegner des Kaisertums in Lothringen mit denen in Ober- und Mittelitalien.

Hier nun galt es für den Kaiser einzugreifen, solch eine gefährliche Machtanhäufung zu verhindern.

Er tat das recht autoritär – er verbot die Ehe kurzerhand. Und als er im Frühjahr 1055 nach Oberitalien kam, da machte er sich gar nicht die Mühe, die Argumente der vor ihm erschienenen Beatrix anzuhören. Er nahm sie und ihre Tochter Mathilde gefangen und führte sie nach Deutschland.

In Deutschland aber griff der entkommene Gottfried erneut zu den Waffen...

Im Spiel der Kräfte sind der kleine Heinrich und seine Bertha winzige Rädchen, und doch sorgen gerade die für einen reibungslosen Lauf des großen Räderwerkes der Zeit: Die Verbindung des salischen Hauses mit dem Haus Savoyen schafft eine feste Position in Oberitalien und damit ein Gegengewicht zum aufrührerischen Lothringen, dem Reichsfeind Nummer Eins.

Das gesamte Streben Heinrichs III. galt letztlich der Durchsetzung der Reichsidee, wie sie die Krone vertrat. Ihr hatten sich die Fürsten unterzuordnen, und dabei galt es, alle Mittel zu nutzen – brutale Gewalt, diplomatische Ränke und auch Hochzeiten.

Auch wenn Kaiser Heinrich III. nach außen noch mächtig erschien – in seinem Reich begann es an allen Ecken und Enden zu bröckeln.

Die Macht des salischen Kaiserhauses war in Gefahr. Von der Ahnung erfüllt, daß seine Stunde wohl bald kommen würde, versammelt der kränkelnde Kaiser aus eben jenem Grund im Frühherbst 1056 noch einmal die zahlreich an seinem Hof erschienenen Fürsten und Bischöfe um sich und läßt sich noch einmal die Wahl Heinrichs zum König anerkennen.

Mit den neugierigen Augen des Kindes betrachtet Heinrich

Siegel Kaiser Heinrichs III.
(an einer Urkunde von 1046)

all die um den Vater versammelten Herren; doch selbst die ehrfurchtheischende Person Papst Victors II., ebenfalls am Hofe, wird ihm nicht mehr als kindliches Staunen entlockt haben und zugleich Achtung vor der Größe des Herrschers, an dessen Krankenlager sich der Heilige Vater einzufinden hatte.

Vielleicht aber war auch alles ganz anders, als es uns die steifen Berichte der Chronisten glauben machen wollen. Vielleicht hat der kleine Heinrich den Papst „Onkel Victor" genannt und von ihm Süßigkeiten bekommen, vielleicht hat er auf den Knien so manches Fürsten geschaukelt – es ist zumindest eine schöne Vorstellung!

Unter den vielen am Hofe wimmelnden Fürsten, Prälaten, Gesandten und Gästen ist öfters ein unscheinbarer Mönch aus Rom, „ein durch Beredsamkeit wie durch Kenntnis der heiligen Schriften bewunderswerter Mann“. (3)

Sein Name ist Hildebrand.

Der kleine dunkel-fahle Italiener mit den stechenden Augen hat nicht viele Freunde am lärmenden weltlichen Kaiserhof. Man geht ihm zumeist aus dem Wege. Aber das stört ihn nicht. Er dient Gott und nicht den Menschen, und die Achtung, die er für sich fordert, die gilt nicht seiner Person, sondern Gott.

Und man bringt sie ihm entgegen, weiß um seine Bedeutung.

Die Herkunft des um das Jahr 1020 im tuscischen Soana geborenen Hildebrand ist nicht restlos zu klären. Den Sohn eines Ziegenhirten schimpften ihn Roms Aristokraten; Zimmermann sei sein Vater gewesen, behaupteten andere und wußten zu berichten, daß er einstmals als Kind beim Spielen mit Hobelspänen Buchstaben gebildet habe, die ein zufällig vorbeikommender Priester las: „Dominabor a mari usque ad mare“ – Ich werde herrschen von Meer zu Meer.

Sowohl das eine als auch das andere ist Legende.

Zu sehr wird dort die Verachtung für ihn sichtbar; zu deutlich ist hier die Absicht, ihn in die Nähe des Zimmermannssohnes Jesus aus Nazareth in Galiläa zu rücken.

Die Wahrheit ist simpler. Auch in jener Zeit vermochten Söhne von Ziegenhirten oder Zimmerleuten nur höchst selten die Leiter der kirchlichen Hierarchie emporzuklimmen.

Allem Anschein nach stammte Hildebrand mütterlicherseits aus dem Geschlecht der Grafen von Tusculum und brachte es über familiäre Verbindungen bis zum Sekretär und Kaplan Papst Gregors VI. Als dieser von Heinrich III. auf der Synode von Sutri abgesetzt wurde, folgte Hildebrand ihm ins Exil nach Köln, zog nach dessen Tod über Worms nach Cluny und von dort nach Besancon, wo sich Bischof Brun von Toul gerade rüstete, als neuernannter Papst nach Rom aufzubrechen.

Mit ihm zog Hildebrand in Rom ein, und unter Leo IX. begann seine steile Karriere. Man hatte seine ungewöhnlichen Fähigkeiten erkannt. Er wurde Diakon, Kardinal-Subdiakon, Verwalter der päpstlichen Finanzen und Legat.

Noch weiß man allerdings am Hofe Heinrichs III. nicht sehr viel mehr von Hildebrand, als daß er ein reformeifriger, frommer Mann ist, der das Vertrauen des Heiligen Vaters besitzt. Aus einer Ahnung heraus soll der Kaiser den kleinen, fast häßlichen Mönch Hildebrand einen Treueid auf seinen Sohn schwören lassen und ihm die Versicherung abgenommen haben, daß er nie die Brandfackel gegen den Erben der deutschen Krone schleudern, nie das Schwert Petri gegen ihn erheben werde.

Der kleine Heinrich aber, „ein schöner, schmucker Knabe, schmähte ihn, weil er so braun war, und warf ihm aufgeweichtes Brot ins Gesicht. Dabei stieß er alle Schimpfnamen aus, die ein Knabe sprechen kann“. Auch wenn diese Geschichte nicht stimmt, nimmt sie doch die Entwicklung der kommenden Jahre vorweg.

Das Jahr 1056 ist kein gutes Jahr.

Mißernten haben Hungersnöte hervorgerufen; Räuberbanden hausen in den Wäldern; in Sachsen sind die Liutizen mit wilder Wut ins Land gefallen. In die allgemeine trübe Stimmung bricht die Kunde vom Tode des Kaisers.

Am 5. Oktober 1056 stirbt er in der Pfalz von Bodfeld im Harz, noch nicht neununddreißigjährig, an einem Lungenleiden. Vorher hatte er noch seinen Feinden vergeben und seinen Frieden mit der Welt gemacht.

„Als Kaiser Heinrich seinem Vater... in der Regierung folgte..., damals, als das Reich noch in altem Stande war, störten Kämpfe nicht den Frieden, unterbrachen Kriegstrompeten nicht die Ruhe, wütete nicht der Raub, und die Treue war nicht falsch; noch war die Gerechtigkeit ihrer Stärke, noch die Macht ihres Rechts sicher.“ (4)

Dies berichtet der Verfasser der „Vita Heinrici quarti imperatoris", der einzigen zeitgenössischen Biografie Heinrichs IV. Er idealisiert im vorliegenden Fall die Zustände allerdings stark und macht damit auf ein Problem aufmerksam, das allen mittelalterlichen Chronisten, die noch zu Wort kommen werden, eigen ist: die subjektive Sicht der Dinge. Sie sind allesamt Partei, und so schreiben sie.

Einer der päpstlichen Parteischreiber verkündet als Maxime: „An uns ist es nämlich, den apostolischen Anordnungen ohne alles Zaudern zu gehorchen sowie unkluge und achtungswidrige Untersuchungen, welche nur Streit veranlassen und viel zur Aufwiegelung der Zuhörer beitragen, zu vermeiden." (5)

Der Verfasser der „Vita", dessen Identität bis heute nicht völlig geklärt ist (begründete Vermutungen sehen in ihm Bischof Erlung von Würzburg), steht dagegen eindeutig auf der Seite Heinrichs IV., und es ist ihm gelungen, die Hauptmomente von dessen Regierungszeit in deutlichen Zügen darzustellen. Wenn er es dabei auch oft an historischer Genauigkeit fehlen läßt, der poetische Wert seiner Darstellung ist unschätzbar.

In der Harzpfalz Goslar, an der Heinrich III. sehr gehangen hat, wird in der von ihm gestifteten Kirche St. Simon und Juda das Herz des Kaisers begraben. Seinen Körper bettet man im Dom von Speyer zu letzter Ruhe.

Auf der Grenze zwischen alter und neuer Zeit stehend, das Neue, das sich in der Gestalt der kirchlichen Reformbewegung zu formieren begann, fördernd, doch von Amt und Tradition her im Alten verhaftet, war es Heinrich III. noch gelungen, beides zu vereinigen, die Macht des Reiches zu erhalten und ein Gleichgewicht der Kräfte herzustellen.

Dieses Gleichgewicht aber wird nun mit seinem Tod gestört, und der Kardinal Humbert von Silva Candida soll Gott gebeten haben, sich zu erbarmen und Fürsten einzusetzen, die sich und ihre Untertanen, arm und reich, zu leiten verstünden, „denn in diesem unseren kleinen König können wir, o Schmerz, lange Zeit hindurch nichts von Herrschaftsübung haben“.

Kaiserin Agnes

Nach der Beisetzung des Kaisers führt Papst Victor II. Heinrich in die lothringische Pfalz nach Aachen, wo der Knabe feierlich in sein neues Amt eingeführt wird.

Der Kaiser ist tot, es lebe der König!

Sechsjährig übernimmt Heinrich die Herrschaft über ein gewaltiges Reich. Von nun an ist er Heinrich IV.

„Seine pflichtgemäße Beschäftigung aber ist wirksame Sorge für vernünftige Lenkung des Reiches, für gute Entscheidung aller schweren Anliegen und für Notwendigkeiten aller Art, die ihm vorgetragen werden. Und ... ebenso Pflicht des Königs ist, täglich die Regeln des heiligen Gesetzes zu hüten und die Gerechtigkeit der heiligen Urteile zu schützen ...“ – so erklärt der im 13. Jahrhundert verfaßte norwegische Königsspiegel die Pflichten eines Herrschers, die wohl auch zwei Jahrhunderte vorher und etwas südlicher nicht anders gewesen sein dürften.

Aber all das hier Geforderte kann man von Heinrich IV. nicht erwarten.

Wer soll sich jedoch dann um dergleichen Dinge kümmern?

Wenn Papst Victor II. sich auch um die Amtseinsetzung des jungen Königs bemühte – er kann nicht immer in Deutschland sein.

Für den noch unmündigen König muß eine Regentschaft ernannt werden. Dem Herkommen der Zeit entsprechend überträgt man Kaiserin Agnes diese Aufgabe, und sie übernimmt damit ein Amt, das sich sehr bald als zu gewaltig für sie erweisen sollte. –

Heinrichs III. Ehen waren beide politische Verbindungen gewesen. Die Liebe wurde in jener Zeit der „Staatsräson“ untergeordnet, und wer sich dem nicht fügen wollte, hatte die Folgen zu tragen, wie zum Beispiel Gottfried von Lothringen oder jener Graf Otto von Hammerstein, der um 1020 eine der kaiserlichen Politik nicht genehme Ehe eingegangen war. Trotz kaiserlichen Verbots blieb er bei seiner Irmingard, auch dann noch, als der Herrscher seine Burg belagern und zerstören ließ. – Aber das waren Ausnahmen. In den weitaus meisten Verbindungen spielten handfestere Dinge als bloße Liebe eine Rolle.

War es in Heinrichs III. erster Ehe mit der Dänenprinzessin Gunhild um die Sicherung der Nordgrenze des Reiches gegangen, so sollte Agnes von Poitou als zweite Frau den kaiserlichen Einfluß in Frankreich stärken und helfen, die lothringischen Herzöge in der Botmäßigkeit des Kaisers zu halten.

Es hatte Stimmen gegeben, die sich gegen diese Verbindung wandten. Da war die Rede vom „verderblichen französischen Einfluß“, von Kleiderluxus und der merkwürdigen Sitte des Rasierens bei Laien. Abt Siegfried von Gorze verwies darauf, daß die Großmütter Heinrichs III. und von Agnes Stiefschwestern gewesen seien und daher nach kanonischem Recht die Ehe verboten sei.

Aber wer wollte Heinrich III. die Ehe verbieten? Das konnte man bei einem Grafen von Hammerstein tun, aber nicht beim König. Der setzte seinen Willen durch, und Abt Siegfried konnte nur klagen, es sei aus falscher Rücksicht auf die fürstlichen Wünsche das Recht der Kirche gebeugt worden. Zu der Zeit aber war Heinrich III. die Kirche!

Die schöne, feingebildete Südfranzösin wurde die Vertraute von Heinrichs Plänen und Sorgen, ohne daß sie sich in den Vordergrund drängte. Ihr Denken und Fühlen war von cluniazensischem Geist erfüllt; wie Heinrich, so galt auch ihr Gnade vor Gottes Augen als höchste Tugend. Fromm bis zur Bigotterie hatte die Mittzwanzigerin nichts vom Feuer der

Spinnende und webende Frauen (aus der Enzyklopädie des Hrabanus Maurus, um 1023)

Südländerin. Sie lebte äußerst zurückgezogen, fast nonnenhaft, gab dem Hof keinen Glanz – dort der „schwarze Heinrich" und hier die bigotte Agnes.

Politische Dinge waren ihr seit jeher fern gewesen, aber mit eben jenen wird sie nun plötzlich konfrontiert. Ihre fehlende Erfahrung macht sich sehr bald bemerkbar.

Zu Andernach am Rhein treffen sich schon im Herbst 1056 der Erzbischof Eberhard von Trier und sein Amtsbruder Anno von Köln, der Nachfolger des zu Jahresbeginn verstorbenen Erzbischofs Hermann, mit den lothringischen Fürsten, um den Zustand des von Unruhen geschüttelten Reiches zu besprechen. Auch Herzog Gottfried der Bärtige ist bei dieser Zusammenkunft dabei. Agnes' erste Amtshandlung war seine Begnadigung sowie die Anerkennung seiner Ehe mit Beatrix und seiner Ansprüche auf Niederlothringen.

Wie man sich vorstellen kann, wird in Andernach wohl kaum über Möglichkeiten zur Stärkung der Königsmacht verhandelt worden sein, und Agnes gelingt es nur mit Hilfe des Papstes und nicht unbeträchtlicher Zugeständnisse, den Ausbruch offener Rebellion zu verhindern.

Die Macht der Kaiserin steht auf schwachen Füßen, und in dem Glauben, sich durch Gnadenerweise Dankbarkeit und Unterstützung für die Reichsgewalt zu sichern, tut sie das genaue Gegenteil: Sie schwächt ihre Macht.

Nur kurze Zeit nach dem Andernacher Treffen vergibt Agnes das Herzogtum Kärnten an Konrad, den Bruder des lothringischen Pfalzgrafen Heinrich. Konrad war einer der Teilnehmer an der Rebellion von 1055, die den Tod Kaiser Heinrichs III. gefordert hatte.

„Und vergib uns unsere Schuld, wie auch wir vergeben unseren Schuldigern." Das ist Agnes' Maxime.

War Kaiser Heinrich III. oft zum Verzeihen bereit gewesen (ohne es allerdings an der nötigen Wachsamkeit fehlen zu lassen) – seine Witwe erhebt die Vergebung zur Staatsdoktrin. Mit beängstigender Konsequenz betreibt sie eine Politik des geringsten Widerstandes.

Schon im Herbst desselben Jahres erlebt das Königtum eine weitere Schwächung, zeigt sich, wie tief es bereits gesunken ist.

Es wird erzählt, der Graf Rudolph von Rheinfelden, ein

eigenwilliger und schillernder Mann, habe kurzerhand Mathilde, die älteste Schwester Heinrichs IV., die dem Bischof von Konstanz zur Erziehung übergeben worden war, entführt. Dann ließ er den Hof wissen, daß er die knapp Zwölfjährige heiraten wolle und als Schwiegersohn die Belehnung mit dem Herzogtum Schwaben fordere. (Er heiratet Mathilde 1059 tatsächlich, ob er sie allerdings entführt hat, ist fraglich. Dem jungen Paar bleibt wenig Zeit. Mathilde stirbt schon 1060.)

Durch diese Ehe verliert die Krone die direkte Gewalt über das Herzogtum Schwaben.

Solcherart von der politischen Schwäche in Kenntnis gesetzt, fordern die Reichsfürsten von Agnes auch die Vergabe des letzten noch in ihrer Hand befindlichen Herzogtums – Bayern. Und eine außenpolitische Katastrophe läßt die Forderung der Fürsten in den Augen der Regentin durchaus billig erscheinen:

Agnes hatte ihre Tochter Judith mit dem Sohn des Königs Andreas von Ungarn verlobt. König Andreas aber lebte in sehr gespanntem Verhältnis zu seinem Bruder Bela, der sich bald in offener Feindschaft gegen ihn stellte. Eine stattliche deutsche Kriegsmacht sollte nach Wunsch der Regentin König Andreas zu Hilfe kommen. Andreas aber unterlag, und in einem Scharmützel an einem Engpaß, der „Pforte des Reiches“, wurden die deutschen Truppen überfallen und vollständig aufgerieben. Nichts stand jetzt einem ungarischen Einmarsch ins Reich im Wege; Bayern war gefährdet. Man brauchte einen tatkräftigen Herzog als zuverlässigen Schützer der Grenze.

In der irrigen Vorstellung, dem Reich eine treue Stütze zu schaffen, belehnte die Kaiserin Otto von Northeim, einen der Führer der sächsischen Opposition, mit dieser Würde. Damit sind die südlichen Kernlande unter neue Herren gekommen. Die Verbindung mit Ober- und Mittelitalien ist unterbrochen.

Es mag sein, daß Agnes glaubte, sie handle im Sinne ihres

verstorbenen Gatten, wenn sie eine Einigung mit den Fürsten anstrebe. In Wahrheit aber war das keine Einigung, sondern eine Kapitulation. All das, was Heinrich III. und vor ihm sein Vater Konrad II. mühevoll geschaffen hatten, war dahin. König Heinrich IV. muß zusehen, wie sein Reich zerstückelt wird, wie Herzöge, Bischöfe und Grafen sich an seinen Ländereien vergreifen, sich Zoll-, Markt- und Münzrechte überschreiben lassen, Klostereinkünfte aneignen. In wenigen Jahren verliert das Königsgut eine Grafschaft, elf Abteien, vier große Höfe, eine Stadt, Burgen, Dörfer... Selbst die großen Reichsabteien, auf deren Einkünfte das Königtum seit jeher angewiesen war, ziehen schon begierige Blicke auf sich.

„... Der König nämlich war ein Knabe, die Mutter aber ... gab leicht nach, wenn ihr diese oder jene Ratschläge erteilten. Die, welche aber noch am Hofe etwas zu sagen hatten, dachten allein an die Befriedigung ihrer Habsucht; und ohne Geldzahlung fand dort niemand für seine Sache Recht ...“ (6)

Heinrich IV. tritt in jenen Jahren kaum in Erscheinung. Die große Politik nimmt ihn nur formal zur Kenntnis; doch die alltägliche Welt voller Lug, List, Neid, falschem Schein und Gewalt, voll Schmeichelei und Hinterlist wirkt auf ihn. Mißtrauisch wird der kleine König in diesen Jahren, schwankend zwischen der Vielzahl der Erwachsenen, die vorgeblich sein Bestes wollen und dabei nur an sich selbst denken; ein frühreifer Knabe, der sich bald der Methoden seiner Umwelt bedient – verschlagen, unzuverlässig, intrigant, mißtrauisch gegen alles und jeden und wohl auch voll ohnmächtigen Zorns über seine hilflose Situation. Vieles, was in jenen Jahren auf ihn einstürmt, wird sein späteres Wesen tief beeinflussen.

Die Mutter er- oder besser verzieht ihn; doch spürt der Junge wohl, daß ihr die wahre Liebe zu ihm fehlt. (Vielleicht war die Südfranzösin außer der Liebe zu Gott keines anderen tiefen Gefühls fähig.) Nach dem Tod des Gatten und des Sohnes Konrad konzentriert sich ihr ganzes Streben auf Heinrich, der von ihr aber eher in den Pflichten eines Mönches als in denen eines Herrschers unterwiesen wird.

Es ist für die straffe Lenkung eines Reiches eben nicht genug, wenn man den Paten des Sohnes bittet, für ihn zu beten.

Die weltlichen Gewalten des Reiches gingen derweilen eigene Wege. Wenn man aber das schon zuließ, wäre es um so wichtiger gewesen, sich zumindest der Geistlichkeit zu versichern. Noch einmal bietet sich der Kaiserin dafür eine Chance. Zwei der wichtigsten Erzbistümer sind neu zu besetzen: Salzburg und Mainz. Doch Agnes läßt die Möglichkeit, zwei starke Stützen der Königsherrschaft zu errichten, ungenutzt. In Salzburg besteigt 1060 ein durch seinen Reformeifer bekannter Kleriker namens Gebhard, in Mainz der ehemalige Abt von Fulda, Siegfried, den erzbischöflichen Stuhl. Während der eine darangeht, die „Freiheit der Kirche" durchzusetzen, verfolgt der andere sofort nach seinem Amtsantritt persönliche Interessen. Dem einen gilt das Kaisertum als Gegner, dem anderen ist es gleichgültig.

Die deutschen und lombardischen Bischöfe, von Agnes' auf Rom orientierter Politik nicht sonderlich begeistert, tun wenig, um sie zu unterstützen.

Immer deutlicher kann man zwei Gruppen von Bischöfen erkennen: Da sind jene, die, im Hof- und Kriegsdienst bewandert, die alte Politik der Reichskirche fortsetzen wollen; und da sind andere, die ihr Wirken in den Dienst der Reform stellen. Hat die eine Gruppe die Macht nicht mehr – die zweite hat sie noch nicht. Es ist eine Zeit des Übergangs.

In Sachsen und Franken brechen Unruhen aus. Man munkelt von Verschwörungen, und es gibt sogar einen Versuch, Heinrich IV., der mit dem Hof vom Harz an die Saale unterwegs ist, aufzulauern und zu ermorden. Nur ein Zufall verhindert diesen Anschlag.

Überall machen sich Zeichen von Auflösung bemerkbar.

Ein Teil der Geistlichkeit will sich vom cluniazensischen Geist befreien, die Fürsten wollen das salische Erbkaisertum beseitigen – Agnes aber träumt vom Nonnenschleier, und sie ist, in mystischer Religiosität lebend, der Meinung, daß alle weltliche Macht nichtig sei und die himmlischen Freuden erst wahre Wonne böten. Ihre kaiserliche Macht einzusetzen erscheint ihr Sünde!

Mitte August 1057 überbringen Eilboten dem zu Tribur weilenden Hof die Nachricht vom Tode Papst Victors II. Die Stütze des jungen Königs, auf die Heinrich III. so gebaut hatte, ist nicht mehr.

In Rom drängen Kräfte zur Macht, die andere Ziele verfolgen. Das Reich steht an der Wende.

Auf der einen Seite eine Frau und ein von ihr mit ängstlich-sorgender Milde verzogenes Kind, das seinem Amt fern ist; beide bedroht von rebellischen Fürsten. Auf der anderen Seite die Reformer, vertreten durch Männer wie den kleinen, hageren Mönch Hildebrand.

„Ich werde herrschen von Meer zu Meer..."

Lieber tot sein als nutzlos leben!
(Hildebrand)

Mag er noch so klein und unscheinbar gewesen sein – in Rom zählt Hildebrand zu den bedeutendsten Menschen. Als man nach dem Tod Papst Victors II. den Kardinal Friedrich von Lothringen, Abt von Monte Cassino und vormals Kanzler Leos IX., fragt, wen er für die Besetzung des apostolischen Stuhles vorschlage, da nennt er fünf Namen – einer davon ist Hildebrand. Nun, dieser wird nicht Papst, noch nicht; er befindet sich damals gerade wieder auf einer seiner häufigen Reisen an den deutschen Königshof, und die Chancen Kardinal Friedrichs stehen besser als die seinen. Doch als Graue Eminenz wirkt Hildebrand für die Reform, steht hinter den nun folgenden Päpsten, und in Rom zitiert man halb spöttisch, halb respektvoll den Bischof von Ostia, der in launiger Stimmung verkündet hatte: „Willst du leben in Rom, so bekenne mit schallender Stimme: Mehr noch als den Herrn Papst eh'r ich den Herrn überm Papst!" Er meinte damit nicht Gott!

Der tuscische Mönch, der nun bald zum Kanzler der Päpste aufsteigen wird, entwickelt mit außerordentlichem Scharfsinn ein Konzept zur Festigung des Reformpapsttums.

Ein solches Konzept aber braucht neben Verbündeten vor allem ein theoretisches Programm. Grundlagen dafür liefert zu Anfang 1058 der Kardinal Humbert von Silva Candida, ein aus Lothringen stammender radikaler Reformer, mit seiner Schrift „Adversus Simoniacos libri tres“ (Drei Bücher gegen die Simonisten).

Die Simonie, das heißt der Handel mit kirchlichen Ämtern, war ein weitverbreitetes Übel der Zeit. Ihr Name rührte von jenem Magier Simon her, der einst den Aposteln Petrus und Johannes Geld geboten hatte, um von ihnen die Macht zu erhalten, durch Auflegen der Hände den Heiligen Geist mitzuteilen. „Petrus aber sprach zu ihm: Daß du verdammt werdest mitsamt deinem Geld, weil du meinst, Gottes Gabe werde durch Geld erlangt!“ (Apostelgeschichte 8, 18–20). Verdammt wurde zwar noch immer wie zu Petri Zeiten, und der Geist war durchaus auch willig, doch das Fleisch war zumeist schwach. Ein jegliches hatte seinen Preis, wobei es allerdings nicht mehr um den „Geist“, sondern um kirchliche Ämter mit all ihren materiellen Vergünstigungen ging.

Da die kirchlichen Obrigkeiten neben geistlichen auch weltliche Belange zu vertreten hatten, Bischöfe zugleich auch Reichsfürsten waren und Ländereien, Dörfer oder Städte zu Lehen erhielten, um die für ihr Amt notwendigen Einkünfte zu haben, waren naturgemäß viele gern bereit, beträchtliche Summen zu zahlen, um solch einen Posten zu erhalten.

So kam es vor, daß die deutschen Könige als Häupter der Reichskirche Bistümer, Abteien und andere kirchliche Würden an die Meistbietenden vergaben, und wer sich um einer solchen Würde willen verschuldet hatte, der suchte seine Verluste aus dem Kirchengut zu decken, verkaufte Altarsilber, kostbare Handschriften oder gar die Ziegel vom Dach des Gotteshauses.

Weltlich gesinnte Männer saßen in geistlichen Ämtern. So mancher führte ein Leben voller Luxus und brachte damit die geistliche Würde in Verruf – viele aber waren trotz ihres Ämterkaufs treue Stützen der Reichskirche, stellten ihr Wirken in den Dienst des Königs. Fälle wie der eines zehnjährigen Knaben, dem man in Frankreich die Erzbischofswürde erkauft hatte, waren nicht die Regel, denn der König brauchte zuverlässige Männer auf solchen Posten. (Die Entartungen sind wohl eher von den Reformern hochgespielt worden.)

Der Ämterhandel war so verbreitet und man dachte sich so wenig dabei, daß der gestrenge Prior der Einsiedler von Fonte Avellana, Petrus Damiani, resignierend feststellte, einen Juden zum Christentum zu bekehren sei leichter, als einen hartgesottenen Simonisten zur Einsicht seiner Sünden zu bewegen.

Begnügte sich der asketische Mönch damit, die Mißstände in der Kirche zu beklagen, so ging Kardinal Humbert in seinen „Drei Büchern" einen Schritt weiter. Er behauptete, die Ursachen dieses Verfalls lägen darin, daß Laien über die Kirche geböten. Das Übel der Kirche habe mit Kaiser Otto I. begonnen, der König und Priester, weltlicher und geistlicher Herrscher in einem zu sein behauptete. Der König aber habe nichts Sakrales an sich, sondern sei ein gewöhnlicher Sterblicher, ein Laie wie andere Laien auch, und als solcher habe er nicht das Recht, die vom Heiligen Geist gegründete Kirche in ihrer Selbständigkeit zu beschneiden. „Die im weltlichen Bereich Mächtigen mögen sich hüten, jemand mit den kirchlichen Zeichen Ring und Stab zu investieren, da sie wissen, daß das nicht in ihren Aufgabenbereich, sondern in denjenigen der Priester fällt!" Dem König gezieme es, dem Priester zu folgen, und nicht umgekehrt, denn über dem Königtum stehe das Priestertum, so wie der Körper von der Seele beherrscht werde.

Das waren starke Worte! Was Kardinal Humbert theoretisch formuliert hatte, begann Hildebrand in die Tat umzusetzen.

Als Kardinal Friedrich von Lothringen von Volk und Adel Roms als Stephan IX. zum neuen Papst gewählt wird, da „vergißt" die Reformpartei, daß der deutsche König hier ein Wort mitzureden hat. Man erklärt sich lediglich bereit, die Kaiserin zu informieren – ein erster Schritt zur „Freiheit der Kirche".

Um so mehr muß es Hildebrand getroffen haben, als er während eines neuerlichen Aufenthalts in Deutschland vom Tode Papst Stephans IX. vernimmt.

Sofort bricht er nach Italien auf.

Er ist jetzt fast vierzig Jahre alt, und neben seinen überragenden geistigen Fähigkeiten darf man wohl auch getrost seine körperliche Konstitution bewundern. Fast immer war er in jenen Jahren auf Reisen, pendelte zwischen Rom, Deutschland und Frankreich. Man weiß nicht, wie der kleine Mönch gereist ist, ob er große Teile des Weges als frommer Pilger Gottes zu Fuß zurückgelegt hat, ob er vielleicht in einem schwerfälligen, hochrädrigen Karren über die steinigen Pfade geholpert ist oder ob er im Sattel eines müde dahintrottenden Maultieres hockte – eine angenehme Art zu reisen gab es jedenfalls zu seiner Zeit nicht.

Man war den Unbilden der Witterung ausgesetzt, hatte Kälte und Hitze, Regen, Schnee und Sturm zu ertragen – ganz abgesehen von den ungezählten Gefahren, die in den endlosen Wäldern, den Schluchten, an Furten und auf den weiten Schneefeldern der Gebirge lauerten.

Zum wiederholten Male bietet Hildebrand dem allen die Stirn, eilt durch Oberdeutschland, quert die Alpen, die Poebene – doch er kommt zu spät.

Im Schutze ihrer Schwerter und mit dem Einfluß ihres Goldes hat die römische Adelspartei am 5. April 1058 den Bischof Johann von Velletri als Benedikt X. zum Papst erhoben.

Die Sache der Reformer steht schlecht.

Petrus Damiani, erst vor kurzer Zeit nach Rom berufen, geht zurück in die Einsamkeit von Fonte Avellana, sucht Gott im asketischen Leben; auch andere Anhänger der Reform verlassen fluchtartig die Stadt.

Hildebrand bleibt weiter nichts, als in Florenz die Reste seiner Reformpartei zu sammeln.

Der „heilige Satan“, wie ihn Damiani nennt, der „schmeichelnde Tyrann, der mit der Zärtlichkeit eines Nero bemitleidet, mit Backenstreichen liebkost, mit Adlerkrallen streichelt", gibt seine große Idee so schnell nicht verloren.

Er entwickelt einen Plan, bei dem er alles zurückgewinnen, aber auch alles verlieren kann: Er läßt Bischof Gerhard von Florenz zum Gegenpapst ausrufen!

Der Plan ist äußerst riskant, und ängstliche Gemüter wären wohl davor zurückgeschreckt, denn sollte sich der immerhin rechtmäßig gewählte Benedikt als der Stärkere erweisen, wäre die Reformpartei für alle Zeiten mit dem Verbrechen der Kirchenspaltung behaftet. Hildebrand aber wischt solche Bedenken zur Seite: „Es scheint uns besser, einen bisher ungewohnten Weg einzuschlagen, als daß die Seelen der Menschen verlorengehen."

Roms Adel appelliert in höchster Erregung an den deutschen Hof, mahnt den König an seine Pflichten als Schirmherr der Kirche und bittet ihn, den rechtmäßigen Papst zu unterstützen.

Heinrich IV. aber hat nichts zu entscheiden. Für ihn regiert Agnes, und der stehen die Männer der Reform näher als Roms Adel. Sie stimmt Hildebrands Maßnahme zu!

Mit Herzog Gottfrieds Reitern, Schmeicheleien, Versprechungen, viel Gold und, wie manche sagen, auch mit Gift wird der Boden für Hildebrands Papst bereitet, Benedikt schließlich zur Abdankung gezwungen.

Habemus papam – wir haben einen Papst! Als Nikolaus II. wird Gerhard Petri Nachfolger.

Der Name, den er wohl auf Anraten Hildebrands angenommen haben dürfte, ist programmatisch. Er stellt sich damit in die Nachfolge jenes ersten Nikolaus, unter dessen Pontifikat (858–867), dem wirkungsvollsten im 9. Jahrhundert, noch einmal das alte kanonische Prinzip vom päpstlichen Primat durchgesetzt werden sollte, was mit einem Weisungsrecht gegenüber Herrschern und Bischöfen gekoppelt war.

Wenn es auch eine Zeitlang so geschienen haben mag – die Kirche hatte nie auf ihren Anspruch verzichtet, über die weltlichen Gewalten gesetzt zu sein; immer stand nach kirchlichem Verständnis der Staat Gottes – Civitas dei – über dem weltlichen Reich, selbst wenn dessen Herrscher nicht so mächtig war wie die Fürsten.

Doch wenn in den vorausgegangenen Jahrhunderten dieser Anspruch zwar formuliert, aber nicht durchgesetzt werden konnte, so hatte mit der Reformbewegung das Papsttum neue Impulse erhalten und begann, Schritt für Schritt, die Basis zu schaffen, auf der es zukünftig aufbauen wollte.

Das Verwaltungssystem des päpstlichen Hofes wurde neu gestaltet – auch hieran hatte Hildebrand einen nicht unwesentlichen Anteil –, der Besitz der Kirche um Rom erweitert. Die Einkünfte aus diesem „Patrimonium Petri“ flossen in die „päpstliche Kammer“, kamen dort zu den Lehenssteuern aus Aragon, Kroatien, Dalmatien und anderen Ländern, die den Papst als ihren obersten Lehensherrn anerkannt hatten, erhöhten so die Einkünfte der Kurie und ermöglichten eine flexible Finanzwirtschaft.

Rom stand ökonomisch weitaus besser als das Kaisertum. Von dieser gesicherten Position aus versuchte es, seinen Einfluß weiter auszudehnen, fand Verbündete in den oberitalienischen Städten und dem deutschen Adel, die nicht unbedingt Reformeifer auf die Seite Roms getrieben hatte, sondern vielmehr die Gegnerschaft zum Kaiser.

Und dieses so erstarkte Papsttum erkannte seine große Chance in den deutschen Verhältnissen ...

Papst Nikolaus II. steht ganz unter dem Einfluß Hildebrands, und in Rom spottet man: „Wie Bandellus seinen Esel im Stall, so füttert Hildebrand seinen Nikolaus im Lateran.“ Petrus Damiani aber preist Hildebrand als „des Papstes scharfsichtiges Auge“ und bekennt: „Wenn ich dem Heiligen Vater die schuldige Ehre erweise, so liege ich doch nur vor dir im Staub; du machtest ihn zum Papst, er aber erkor dich zum Gott.“

Die wichtigste Aufgabe war es nun, das Papsttum vor weiteren Störungen zu schützen und es gleichzeitig der Reformpartei zu erhalten.

Zu diesem Zweck wurde auf der 1059 einberufenen Lateransynode eine Neuordnung der Papstwahl verkündet.

Von nun an, hieß es da, hätten nur noch die Kardinäle (fast durch die Bank Reformanhänger) das Recht, den Papst zu wählen!

Jeglicher Einfluß der römischen Adelspartei, der Reichsbischöfe, aber auch des deutschen Königs war damit zurückgedrängt. Einzig ein Vorschlagsrecht billigte man dem deutschen König noch zu. Doch das war nicht mehr als ein päpstlicher Gnadenakt, denn da kein König oder Kaiser die römische Kirche gegründet habe, so habe er auch kein Vorrecht an dieser Kirche zu beanspruchen!

Sicher wäre es falsch, in allem, was zu jener Zeit innerhalb der Kirche geschah, die Hand Hildebrands zu vermuten – es war eine Entwicklung, die auf ganz anderen Dingen basierte als auf den Intentionen eines einzelnen. Trotzdem aber sollte Hildebrand eine überragende Rolle in jenen Ereignissen zukommen, und man kann durchaus mit Recht behaupten: Er war der Genius dieser Epoche! Er wurde Lenker der Reformbewegung, und er machte sich alle zu Helfern, die ihm nützten: die Mönche und die Päpste, die Armen der lombardischen Städte und die Markgräfin der Toskana, die Normannen und den rebellischen deutschen Adel...

Der legendäre, vom Kind Hildebrand aus Hobelspänen gebildete Satz „Ich werde herrschen von Meer zu Meer“ sollte wahr werden.

Die Regentschaft der Erzbischöfe

Ich sage nun: Solange der Erbe unmündig ist,
unterscheidet er sich in nichts vom Sklaven,
obwohl er Herr ist von allem,
sondern er steht unter Vormündern und Verwaltern
bis zu der vom Vater vorausbestimmten Zeit.
(Galater 4, 1–2)

Der „Staatsstreich" von St. Suitberts Werth

Der Herrscher reist durchs Land – Wimpfen, Merseburg, Speyer, Tribur, Bamberg... Der Hof ist in ständiger Bewegung. Mit ihm der junge König. Sein Zuhause sind die weit im Reich verstreut liegenden Krongüter, die Pfalzen, die Bischofssitze und Reichsklöster. Er ist ein rastloser Wanderer zwischen Rhein und Elbe, Sachsen und Bayern. Er lebt mal hier, mal da; eine feste Hauptstadt gibt es nicht.

Stafettenreiter künden die Ankunft des Herrschers mit seinem Gefolge, und in der auserwählten Pfalz beginnt sich ein riesiger Versorgungsapparat in Bewegung zu setzen.

Es wird gebacken, geschlachtet, Wein und Bier bereitgestellt, die Ställe gerichtet – und wenn der König einreitet, über dem Turm sein Banner aufgezogen wird, dann ist hier für die nächste Zeit das Zentrum des Reiches.

Der König bleibt so lange, bis die Versorgung des zahlreichen Hofstaates immer schwieriger wird oder Regierungsangelegenheiten ihn woandershin rufen.

Wenn der Hof abzieht, atmen die Bauern der Gegend auf, hoffen, für lange von der recht zweifelhaften Ehre, den König und sein Gefolge zu beherbergen, verschont zu bleiben; und auch die Bischöfe, Äbte und Verwalter der Krongüter sehnen sich nach geruhsameren Zeiten, in denen bäuerliche Abgaben

Fechtende Kinder (Chanconnier de Montpellier, 13.–14. Jh.)

die geleerten Scheunen, Speicher und Vorratskeller wieder füllen.

Eine Vielzahl von Eindrücken stürmen in jenen Jahren auf Heinrich IV. ein, und es ist ihm sicherlich nicht möglich, all das Gesehene zu verarbeiten. Regensburg sieht er und den Harz, das ehrwürdige Köln, Corvey und die Donau, den Rhein und den Feuerschein am nächtlichen Himmel über Halberstadt, das drei Wochen nach Ostern 1060 fast völlig niederbrennt.

Der Hof ist zu der Zeit schon weitergezogen – nach Goslar. Fürsten, Grafen und Bischöfe wimmeln um Heinrich IV., dazu der riesige Troß des Hofes, die Knechte, Dienstmägde, Geistlichen, Köche, Wachen... Eine abenteuerliche, aufregende Kindheit, in die allerdings irgendwann die Bildung einbricht.

Wer in jener Zeit seinen Kindern eine gewisse Erziehung zukommen lassen wollte, der übergab sie einem Hauslehrer oder Mentor, welcher seinem Zögling dann die Regeln des allgemeinen Zusammenlebens beibrachte. Auf intellektuelle Bildung wurde nicht sehr viel Wert gelegt, war das doch mehr die Sache der Geistlichkeit; daß Bauern weder das eine noch das andere genossen, versteht sich. Bildung war ein Privileg.

Abt Guibert erinnert sich: „Für die Wissenschaften bestimmt, hatte ich irgendwie die Buchstaben gelernt; aber kaum hatte ich begriffen, die Schrift zusammenhängend zu lesen, da beschloß meine fromme und bildungsbeflissene Mutter, mich einem Sprachlehrer zu übergeben. Kurz vor dieser Zeit und teilweise noch zu meiner gab es einen solchen Mangel an Sprachlehrern, daß in den kleinen Städten fast keiner, in den Städten kaum einer zu finden war, und fand man zufällig einen, dann war sein Wissen gering." (2)

Für den jungen König mangelte es allerdings nicht an Lehrern. Und da seine Mutter ähnlich der des Abtes Guibert „fromm und bildungsbeflissen" ist, sucht sie für die Erziehung Männer aus, die ihren Sohn neben allgemeinen Dingen auch im Lesen, Schreiben, in Latein und in den Geheimnissen des Glaubens unterweisen. Der Junge ist mit wachem Geist begabt, und er nimmt das ihm Gebotene willig auf, beginnt intellektuelle Fähigkeiten zu entwickeln, die später sogar seine Gegner an ihm bewundern werden.

Noch allerdings buchstabiert er mühsam im lateinischen Psalter. Die Mutter vermerkt's mit Wohlgefallen; viel Freude hat sie ohnehin nicht.

Überall im Reich wächst die Unzufriedenheit mit der

schwachen Regierung. Ein ungewöhnlich strenger Winter, dem Mißernten und Hungersnöte folgen, hat die Menschen unruhig gemacht. Wieder treten Räuberbanden auf, ziehen plündernde Scharen Hungriger durchs Land. Man klagt über mangelnden Schutz des Rechts, denn jeder strebt danach, „sich dem Mächtigeren gleich oder sogar über ihn zu stellen; viele steigerten ihre Macht durch das Verbrechen, und das Recht, das unter dem königlichen Kind nur geringes Ansehen hatte, verlor seinen Schrecken". (4)

Agnes aber, die an Stelle sachlicher Erwägungen persönliche Rücksichten setzt, ist nicht die, welche das Recht festigen kann. Leicht zu beeinflussen, treibt sie das Staatsschiff in immer gefährlichere Gewässer.

Aus Italien kommen Berichte, wonach sich der Papst mit den Süditalien beherrschenden Normannen arrangiert habe. Der Heilige Vater soll zu Melfi den Normannenfürsten all ihre eroberten Gebiete zu Lehen gegeben und dafür von ihnen einen jährlichen Tribut und militärischen Beistand gefordert haben. Unberücksichtigt blieb dabei, daß auf weite Teile des so großzügig vergebenen Landes auch von seiten der römisch-deutschen Kaiser Anspruch erhoben worden war.

Am Königshof aber registriert man das sehr wohl, sieht darin ein übles Zeichen. Nichts Gutes war aus Rom zu erwarten – das neue Papstwahldekret stand am Beginn, mit normannischen Schwertern wollte man es durchsetzen.

Wehret den Anfängen! Aufgeschreckte lombardische Bischöfe erscheinen am Hofe, berichten von Tumulten in Mailand, in Cremona, in Brescia. Das Volk habe die Geistlichen aus den Kirchen gejagt, sei in die Häuser verheirateter Priester eingedrungen und habe sie mißhandelt. Hundedreck, so schrien sie, seien die Sakramente der Simonisten, Viehställe ihre Kirchen, Huren und Dirnen die Frauen der Priester. Von den Reformern angestachelt, geht man gegen verheiratete Priester vor; selbst Erzbischof Wido habe man angegriffen. Der habe nun in Rom um Schutz bitten müssen. Von dort aber war alles ausgegangen, getreu der Forderung des Humbert von Silva Candida, sich „denjenigen durch Gewalt zu widersetzen, die Verkehrtes lehren, um so Fürsten und Vorgesetzte vom Bösen fernzuhalten“.

Des Reiches Stellung in Oberitalien ist gefährdet! All das bleibt nicht ohne Wirkung. Die Beziehungen zu Rom kühlen sich merklich ab. Schon empfängt man die päpstlichen Legaten nicht, wird der Ton frostiger, denn was sich Rom erlaubt, ist selbst für eine schwache Kaiserin zuviel. Als im Sommer 1061 Papst Nikolaus II. stirbt, da gibt Agnes dem Drängen der lombardischen Bischöfe, der römischen Adelspartei und der deutschen Reformgegner nach. Zu Basel beschließt eine Synode, dem Papst Alexander II. (von Hildebrands Gnaden) in Bischof Cadalus von Parma einen Gegner zu schaffen.

Das Kaisertum hat die Richtung geändert. Es wendet sich nun gegen die Reform, der es einst in den Sattel geholfen hatte!

Die Kirche ist gespalten – ein Gedanke, der die fromme Agnes bei aller staatspolitischen Notwendigkeit wohl zutiefst erschreckt. Ihre Beteiligung daran muß ihr als eine kaum wiedergutzumachende Sünde erscheinen.

Unfähig, Zusammenhänge und Abläufe von Geschehnissen zu begreifen, verprellt Agnes mit ihrer jeglichem Einfluß offenen Politik auch noch die wenigen, die ihr hätten helfen können.

So hatte zum Beispiel Bischof Gunther von Bamberg bei der Visitation eines Frauenklosters in seiner Diözese derart üble Zustände vorgefunden, daß er die Äbtissin absetzte. Die adelsstolze Dame aber verstand es, sich bei Kaiserin Agnes einzuschmeicheln, und das Ergebnis war: Agnes setzte sich über die bischöfliche Entscheidung hinweg, und die abgesetzte Äbtissin kehrte auf ihren Platz zurück. Unter Protest verließ Bischof Gunther den Hof.

Nun beschwerte sich Agnes gegenüber einigen Fürsten

über den Bamberger Bischof. Die nahmen das als Aufforderung zum Handeln und fielen ins Bistum Bamberg ein...

Überall im Reich erhoben sich Stimmen für den hochgeachteten, bis dahin stets königstreuen Bischof, und Agnes, erschrocken von soviel Aufsehen, bat um seine Rückkehr, überschüttete ihn mit Gnadenbeweisen und setzte nun ihrerseits die Äbtissin ab.

Bischof Gunther aber blieb von nun an reserviert – und wen will es wundern, daß er fortan Verbindung zu solchen Leuten suchte, die meinten, die Kaiserin müsse entmachtet werden.

Haupt der Verschwörung war der Bischof Anno von Köln.

Der damals etwa Fünfzigjährige, Sproß eines kleinen schwäbischen Adelsgeschlechts, war Propst im Goslarer Stift gewesen, bevor ihn Kaiser Heinrich III. 1056 zum Erzbischof von Köln erhoben hatte. „Groß und schlank von Gestalt, schön von Antlitz, redefertig, ... ausdauernd“, stellte er „die Majestät des kölnischen Namens und weltliche Pracht ... vor allem Volk fast prunkvoller noch zur Schau als irgendeiner seiner Vorgänger“. (3)

Anno, grenzenlos ehrgeizig und von dem Willen zur Macht beherrscht, hatte gute Beziehungen zu den süddeutschen Herzögen, die er plump-vertraulich „seine Freunde“ nannte. In Rom hatte sein Name einen guten Klang, galt er doch als frommer Reformanhänger, und die Gläubigen jener Zeit erbebten voller Freude, wenn der Erzbischof von der Kanzel herab seine Feinde beschimpfte: „Gott zermalme ihnen die Zähne im Maul; ihre Kinnbacken zerschelle der Herr!“

All diese Dinge schienen den Kölner für seine neue Rolle durchaus zu empfehlen.

Vielleicht aber ist der Ausdruck „Verschwörung“ auch zu hoch gegriffen, denn immerhin war das Vertrauen untereinander nicht sehr groß, wie ein Brief Bischof Gunthers zeigt: „Ihr kennt die Sitten, Ihr kennt die Zeiten. Niemand besitzt, was er zu haben glaubt; es gibt niemanden, dem man vertrauen darf. Bei so zweifelhafter Lage der Dinge ist Sicherheit gefährlich, Gefälligkeit schädlich, Leichtgläubigkeit verderblich." (7)

Trotzdem entsteht der Plan, Heinrich IV. zu entführen und die Leitung des Reiches auf die Fürsten zu übertragen. Doch wenn der Verfasser der „Vita Heinrici" sagt: „Um dann in allen Stücken desto ungebundener zu sein, raubte man vor allem den Knaben seiner Mutter, deren gereifte Weisheit und strenge Sitten man fürchtete, mit dem Vorgeben, es zieme sich nicht, daß das Reich von einer Frau verwaltet werde..." (4), so hat er nur teilweise recht. Es war keinesfalls die „gereifte Weisheit" der Kaiserin, die man fürchtete, sondern eher die ihrer Ratgeber.

In Agnes' Beraterkreis hatten sich mehr und mehr reformfeindliche Kräfte durchgesetzt, und besonders Bischof Heinrich von Augsburg galt als ein eifriger Förderer des Gegenpapstes Cadalus. Unterstützt vom Reich marschierte dieser gegen die Ewige Stadt, stand Ende März 1062 in Sutri, der letzten Stadt vor Rom. Die lombardischen Bischöfe und der römische Adel taten das Ihrige, um Cadalus zu unterstützen – mit Truppen, mehr noch mit Geld, so daß Petrus Damiani sagte: „Nach dem gemeiniglichen Sprichwort brichst du mit goldener Faust durch die eiserne Mauer!"

Nichts lag den deutschen Fürsten allerdings weniger als ein vom König abhängiger und ihm verpflichteter Papst. Zustände wie unter Heinrich III., der sein Amt als Diener Gottes auch wirklich mit Leben erfüllt hatte, sollten sich nicht wiederholen.

Und so suchten Gottfried von Lothringen, der Bayernherzog Otto von Northeim und andere eine Möglichkeit, die Reichspolitik in ihrem Sinne zu beeinflussen. Ihre Interessen trafen sich mit denen Annos von Köln.

In den ersten Apriltagen 1062 ist der kaiserliche Hof in die auf einer Rheininsel gelegene Pfalz St. Suitberts Werth (das heutige Düsseldorf-Kaiserswerth) gekommen.

Viele der Großen des Reiches sind anwesend: der Bayernherzog, Markgraf Dedi von Sachsen, Graf Ekbert von Braunschweig, und auch Erzbischof Anno von Köln ist mit einem prächtigen Schiff, das jetzt vertäut am Ufer liegt, den Rhein herab gekommen, um durch seine Anwesenheit dem Hof Glanz zu verleihen.

Natürlich interessiert den elfjährigen König, der als ein aufgeweckter, lebendiger Junge geschildert wird, das Schiff sehr, und erfreut nimmt er die Einladung des Erzbischofs zu einer Besichtigung an.

Kaum ist er an Bord, da werden die Leinen losgemacht; Ruder peitschen das Wasser, und das Schiff strebt der Strommitte zu. Heinrich IV., in der Schule des Mißtrauens erzogen, glaubt, dies sei das Ende für ihn. Um seinen Gegnern zu entkommen, stürzt er sich kopfüber in den Fluß.

Es wäre wahrscheinlich wirklich das Ende Heinrichs IV. gewesen, denn in den reißenden Fluten hätte er sich nicht lange halten können (zumal nicht bekannt ist, daß er überhaupt schwimmen konnte!), wenn nicht Graf Ekbert von Braunschweig geistesgegenwärtig hinterhergesprungen wäre und ihn an Bord zurückgebracht hätte. Nachdem man ihn durch freundliches Zureden, so gut es ging, besänftigt hatte, brachte man Heinrich IV. direkt nach Köln.

Auf der Insel aber steht der fassungslose Hof, und die Kaiserin läuft wehklagend am Ufer auf und ab. Sonst aber tut sie nichts.

In der Ferne verschwindet das Schiff, das ihren Sohn nach Köln bringen wird. Mit ihm treffen dort die Reichsinsignien ein, die aus der königlichen Kapelle entwendet worden waren.

Agnes resigniert, verkündet, daß sie in ein Kloster gehen wolle, denn die Trennung von ihrem Sohn sei die Strafe Gottes für die Sünde der Kirchenspaltung, der sie sich schuldig gemacht habe. Wenige Tage nach der Entführung schreibt sie an den Abt des italienischen Klosters Fruttuaria: „Mein Gewissen schreckt mich ärger als alles Gespenst und alles Wahnbild. Deswegen fliehe ich durch die Stätten der Heiligen hin, indem ich einen Schlupfwinkel vor der Erscheinung dieser Furcht suche, und mein größter Wunsch ist, zu Euch zu kommen, von welchem ich Kunde vernommen habe, weil Eure Gebetsvermittlung das sichere Heil ist ..."

Von nun an ist der Erzbischof von Köln der Vormund des jugendlichen Königs.

Mit dem „Staatsstreich" von St. Suitberts Werth sind Kräfte an die Macht gekommen, die jene um ihren Einfluß bringen, welche das Reich für Cadalus ins Feld führen wollten.

Schon im Oktober 1062 machen die deutschen Bischöfe auf einem Hoftag zu Augsburg unter Vorsitz von Anno und Siegfried von Mainz ihren Frieden mit Papst Alexander II.

Die Reform hatte auch in Deutschland ihre Männer gefunden!

Cadalus von Parma, der den Sieg fast schon in der Hand gehabt hatte, zieht sich unter dem Druck der Reiter Gottfrieds von Lothringen erst einmal zurück.

Kaiserin Agnes aber erreicht als Büßerin die Ewige Stadt.

Petrus Damiani berichtet: „Ihr Kleid war schwarz und wollen, ihr Reittier ein schlechtes Pferd, kaum so groß wie ein Esel. Auf dem Haupte lag ein Schleier; ein Sack nahm des Purpurs, ein Psalter des Zepters Stelle ein. Den zarten Hals, wo früher eine Kette mit Goldplättchen und rötlich schimmernden Perlen hing, rieb jetzt der rauhe Kragen des Wollgewandes wund ..."

Anno und Adalbert

Heinrich, das von mütterlicher Nachsicht geprägte Leben gewohnt, sieht sich plötzlich in eine Umgebung versetzt, die von der rauhen, extrem sittenstrengen Natur des Erzbischofs Anno beherrscht wird. In dieser Welt ist kein Platz für die kleinen Freuden der Kindheit, für Widerspruch und Zweifel. In ihr herrschen Gehorsam und strenge Disziplin.

Der Erzbischof lenkt und formt die Zukunft des Herrschers nach seinem Bilde und seinen Interessen. Was interessieren ihn die Vorstellungen eines Zwölfjährigen. Ihm geht es um die Macht!

Und eben jenem Machtstreben soll die Vormundschaft dienen, die der Kölner nun erlangt hat und über die er eifersüchtig wacht. Es ist nur scheinbar liberal, wenn er gleich zu Beginn seines neuen Amtes verkündet, daß künftig derjenige Bischof, in dessen Sprengel sich der König aufhalte, die Reichsgeschäfte führen solle. Denn Anno weiß die Schritte des Königs schon so zu lenken, daß der nur Bistümer betritt, deren Oberhäupter sich dem Kölner Willen fügen.

Außerdem ist Anno eifrig bestrebt, Verwandte auf einflußreichen Posten unterzubringen, um sich so Stützen zu schaffen: Sein Neffe Burchard wird Bischof von Halberstadt; einen anderen Neffen, Konrad, hat er als Nachfolger für den erkrankten Trierer Erzbischof ausersehen. Das Kölner Stift soll zur führenden kirchlichen Macht in Deutschland werden.

In seinem grenzenlosen Ehrgeiz schaltet und waltet Anno nach Belieben im Reich, läßt sich vom König den neunten Teil der Reichseinkünfte schenken; und der Adel, der schließlich auch einen Teil vom großen Kuchen haben will, hält sich derweil an den Reichsabteien schadlos. Nach St. Suitberts Werth steht niemand mehr seinem Machthunger im Wege.

Immer öfter wird Land, das der Krone gehört, von Adligen in Besitz genommen, werden Burgen auf königlichem Territorium errichtet oder alte Reichsfestlegungen übergangen.

Wer hätte es verhindern sollen?

Jene, die die Macht hatten, gingen ja als Beispiel voran.

Der König aber konnte sich nicht wehren; ihn „unterscheidet nichts vom Sklaven, obwohl er Herr ist von allem ...".

Anno erzielt ihn sehr streng, fördert zwar Heinrichs wei-

Bote überbringt eine Nachricht. (Miniatur aus dem 14. Jh.)

tere Bildung, doch seine phantasielose, kurzsichtige, enge und unliebenswürdige Art lassen kein Verhältnis zwischen ihm und seinem Mündel aufkommen. Heinrich wird mit Anno nie so recht warm. Er kann wohl auch die Szene von St. Suitberts Werth nicht vergessen, die Demütigung, die er Anno verdankt.

Als nach einiger Zeit ein zweiter Kirchenfürst auftaucht, der im Ringen um die Macht mit ganz oben stehen will und dem die Vormachtstellung des Kölner Erzstiftes überhaupt nicht gelegen kommt, da schließt sich der junge König jenem freundlichen, duldenden und großzügigen Mann gerne an.

Annos Rivale ist der Erzbischof Adalbert von Bremen.

Der hochgebildete thüringische Grafensohn ist ein weltfreudiger und phantasievoller Mann voller hochfliegender Pläne – die schillerndste Erscheinung unter den Kirchenfürsten. Er galt als der kirchliche Beherrscher des Nordens, und seine geistliche Macht reichte über Skandinavien bis hin nach Finnland, Island, zu den Orkneyinseln und dem fernen Grönland.

Später erzählt man eine Geschichte über ihn:

Als Kaiser Heinrich III. dem Erzbischof im Jahre 1046 die Papstwürde angetragen habe, da soll jener voller Stolz abgelehnt und erklärt haben: „Wenn wir auch nicht Petri Namen führen, so haben wir doch mindestens dieselbe Gewalt, weil wir unsern Herrn und Meister niemals verleugnet haben." Er stellte sich mit dieser Antwort noch über Petrus und machte klar, daß der Herr der nordischen Kirche der wahre Apostelfürst sei. Und den Gedanken in die Tat umsetzend, forderte er dann auch, daß die Hamburg-Bremer Kirche in ein übergeordnetes „Nordisches Patriarchat" umgewandelt werde.

Rom verweigerte die Zustimmung.

Hätte man Adalberts Willen entsprochen, so wäre eine deutsche Kirche entstanden, deren Machtbereich von den Alpen bis nach Grönland gereicht, deren Rom Hamburg und deren Papst Adalbert geheißen hätte. Die gesamte Geschichte wäre wohl in anderen Bahnen verlaufen.

Dieser Grandseigneur des Nordens, von dem so manche munkeln, er sei dem Größenwahn verfallen, taucht nun am Hofe auf, um seinen Einfluß geltend zu machen.

Die Fürsten, denen Annos selbstherrliches Walten wohl schon langsam bedenklich erscheint, registrieren das mit Wohlwollen, und auch Heinrich IV. ist begeistert von Adalbert. Bei ihm ist so gar nichts von der schulmeisterlichen Pedanterie eines Anno zu spüren. Er läßt dem Knaben Freiheiten, betont, daß jeder junge Mensch solche brauche. Heinrich schließt sich diesem Gedanken gern an, und sein Leben wird von nun an zwischen verständnisvollem Gewähren und sittenstrenger Askese verlaufen. Denn noch ist Annos Einfluß stark, und trotz vielfacher Verschiedenheiten begraben die beiden Erzbischöfe fürs erste die alte Rivalität zwischen Köln und Hamburg-Bremen.

Aber die „zum Schein geschlossene Freundschaft währt nur kurze Zeit, und obwohl beider Mund von Frieden redete, so stritten ihre Herzen doch gegeneinander in tödlichem Hasse". (8)

Dazwischen wächst Heinrich IV. heran, benutzt von beiden; und er tat, „was sie ihn hießen; er erhob, wen sie wollten; er entsetzte, wen sie wollten, und mit Recht kann man sagen, daß sie nicht so sehr ihres Königs Diener als seine Herren waren". (4)

Die Reichsgewalt und das Ansehen des Königs aber gehen verloren.

Heinrich ist zwölf Jahre alt, als er Zeuge eines Ereignisses wird, das ihm wohl zum erstenmal in aller Deutlichkeit klarmacht, wie weit die königliche Autorität gesunken ist, und das ein grelles Schlaglicht auf die inneren Zustände des Reiches wirft. Als er und sein Hof sich einmal im Bistum Hildesheim aufhalten, da kommt es zwischen den Kämmerern des dortigen Bischofs Hezilo und denen des Abtes Widerad von Fulda zu einem Streit. Es geht um eine lächerliche protokollarische Frage: Wessen Stuhl steht neben dem des Erzbischofs von Mainz?

Der Abt beruft sich auf den seit Jahren üblichen Brauch, wonach er dieses Recht zu beanspruchen habe. Bischof Hezilo aber hält dem entgegen, daß er zur Zeit die Reichsgeschäfte führe, da der König sich in seinem Sprengel aufhalte, und ihm deswegen niemand vorgesetzt werden dürfe.

Nie vorher war man darüber aneinandergeraten. Jetzt aber, da jeder nach der Macht langte und selbst ein Stuhl neben dem Erzbischof ein Vorrecht bedeutete, begann man sich darüber zu streiten; ermutigt durch die „Gunst der Zeitumstände, weil jetzt, da der König noch im Knabenalter stand, jeder einzelne ungestraft tun konnte, was ihm in den Sinn kam", wie der Chronist lakonisch feststellte. (3)

Dieser Streit konnte beigelegt werden. Doch als man sich im Juni des darauffolgenden Jahres in Goslar zu Pfingsten versammelt, da ist die Atmosphäre äußerst gespannt, und nicht wenige der Anwesenden werden mit Besorgnis auf das kriegerische Gefolge Abt Widerads geschaut haben, mit welchem er in der Pfalz erschienen war, um seine angestammten Rechte zu verteidigen.

Man ahnt Schlimmes! Und wirklich – als am 7. Juni die Glocken des Stiftes St. Simon und Juda zur Vesper läuten, da erhebt sich in Gegenwart des Königs der Streit erneut.

Bischof Hezilo jedoch, durch Fuldas kriegerische Macht mißtrauisch geworden, hat den Grafen Ekbert von Braunschweig mit seinen Männern hinter dem Altar versteckt. Als nun der Streit ausbricht, da stürzen diese auf einen Wink Hezilos hin aus ihrem Versteck und treiben die Leute des Abtes mit Faustschlägen und Knüppeln aus der Kirche.

Die Fuldaer aber kehren zurück, und inmitten des Chors und der psalmodierenden Mönche kommt es zum Handgemenge; man kämpft jetzt nicht mehr mit Knütteln, sondern mit Schwertern, und in der ganzen Kirche hört man statt der Hymnen und geistlichen Gesänge Anfeuerungsschreie und das Wehklagen Sterbender.

Mitten im Getümmel steht fassungslos König Heinrich IV. Vergeblich erhebt er seine Stimme, fordert Frieden. Niemand hört auf ihn, niemand beachtet ihn. Er hat schließlich sogar Mühe, sein eigenes Leben zu retten. Von seinem Gefolge beschützt, flüchtet er in die Pfalz.

In der Stiftskirche dauert die Metzelei an, und erst die Nacht macht ihr gnädig ein Ende.

Es ist überliefert, daß man zu Anfang des 18. Jahrhunderts, als man das Bleidach jenes Gebäudes abtrug, im Gewirr der Dachsparren drei verkrümmte menschliche Skelette fand –

vielleicht die Reste von Verwundeten jenes Gemetzels, die sich in die Sicherheit des Dachgebälks geflüchtet hatten und hier gestorben waren?

Dergleichen Vorfälle wie in Goslar schädigen das Ansehen Annos (von dem nicht bekannt ist, ob er bei jenem Ereignis anwesend war), fördern dadurch automatisch die Position Adalberts; und in einer Urkunde, die kurz nach dem blutigen Pfingstfest ausgefertigt wird, ist Anno als „Erzieher", Adalbert aber als „Schutzherr" Heinrichs IV. genannt.

Und die Situation verändert sich noch weiter zu Adalberts Gunsten, als Anno im Mai 1064 Deutschland verläßt, um an einer Synode in Mantua teilzunehmen. Seine Widersacher nutzen die lange Abwesenheit, um gegen ihn zu intrigieren, und als er aus Italien zurückkommt, da ist seine Stellung erschüttert. Die Reformgegner und treuen Anhänger des Königtums machen gegen ihn Front, weil er zu Mantua den Reformpapst Alexander II. in seinem Amt bestätigt und dessen Haltung, die darauf hinauslief, daß der deutsche König bei Papstwahlen kein Mitspracherecht habe, unwidersprochen hingenommen hatte.

Am Hofe regiert jetzt Adalbert.

Hatte Anno bei allem, was er tat, nicht nur persönliche Bereicherung, sondern auch die Schwächung der Krone im Auge, so hielt Adalbert nach wie vor an seiner unwandelbaren Königstreue fest. Er sah sich als den Bewahrer und Verwalter von Krongut, auch wenn er manchmal eine etwas merkwürdige Vorstellung von dieser Aufgabe hatte. Ein großzügiges Leben fordert seinen Preis, und so lebt der Erzbischof zum großen Teil von Einkünften, die eigentlich dem König zustehen. Eines aber ist Adalbert klar: Seine Machtstellung im Norden könnte durch zu mächtige Fürsten leicht untergraben werden. Deshalb ist ihm an einer Beschränkung ihrer und einem Ausbau seiner Macht gelegen. Dazu benutzt er den König, der bald vollends auf Adalberts Seite gerät.

Und Heinrich IV. lebt auf. Er beginnt, das so lange entbehrte „Leben“ in vollen Zügen zu genießen. Kein Wunsch, der ihm nicht erfüllt wird. Umgeben von einer Schar gleichgesinnter Altersgenossen, lebt er seine Pubertät aus. Er tut das so gründlich, daß er, wie berichtet wird, mit vierzehn Jahren zum erstenmal ein Kind zeugt.

Nun fühlt er sich als Mann – noch aber ist es eine Illusion, die durch ein anderes Ereignis unterstrichen wird.

Erzbischof Adalbert, von dem böse Zungen behaupten, er habe das lockere Leben Heinrichs IV. bewußt gefördert, um ihn leichter zu seinem Werkzeug machen zu können – dieser „Freund der Jugend“ war ein hervorragender Sachwalter der königlichen, das heißt der eigenen Macht. Und als solcher veranlaßt er eine Demonstration des deutschen Königtums gegen das noch immer rebellische Ungarn.

Ein Heer setzt sich in Marsch, um dem im Exil am deutschen Hof lebenden Prinzen Salomon, dem zukünftigen Schwager Heinrichs IV., endlich auf den Thron zu helfen und die an der „Pforte des Reiches“ erlittene Schlappe wettzumachen.

Es ist kein großes Unternehmen. Ein paar hundert Panzerreiter vielleicht, dazu Fußknechte, der Troß – an der Spitze aber reitet der König.

Die Deutschen fallen klirrend in Ungarn ein und machen ohne nennenswerte Gegenwehr Salomon dort zum König. Sein Neffe Geza, der andere Kronanwärter, flieht nach Polen.

Innerhalb weniger Tage ist das Ungarn-Unternehmen beendet.

Die kampferfahrenen Reiter und Kriegsknechte werden wohl darüber nur gelächelt haben, war es doch eher ein Ausflug als ein Krieg – für Heinrich IV. aber ist dieser Zug sicher ein gewaltiges Erlebnis. Die Nächte inmitten des Heerlagers, die Geschichten am Feuer, die Gemeinschaft mit Hunderten von Männern, die ihm gehorchen; zum erstenmal erlebt er das Gefühl des Triumphes, der Macht und des Erfolgs, den er in jugendlichem Ungestüm wohl weniger den Heerführern als vielmehr sich selbst zuschreibt.

Zum erstenmal fühlt er sich als König! Knapp dreizehn Jahre ist er damals alt. Bald soll er nach dem fränkischen Recht mündig werden.

Am Hofe weben und bestätigen sich derweil die Vormünder, suchen Positionen und Macht für die Zeit nach Heinrichs Mündigkeit zu sichern: Anno, Adalbert und auch wieder seine Mutter Agnes.

Alle drei haben sie am Schicksal Heinrichs IV. und dem des Reiches gewirkt: die eine schwach; die beiden anderen ehrgeizig und dabei vielfach gegen die Interessen des Königs. Der aber will nun endlich selbst herrschen!

Vom Werden eines Königs

Vor dem Tode preise niemanden glücklich,
denn erst an seinem Ende
wird der Mensch erkannt.
(Jesus Sirach 11, 28)

Der mündige Herrscher

In der Osterwoche des Jahres 1065 herrscht in Worms am Rhein eine feierliche Atmosphäre. Wieder einmal befindet sich der Hof in der Stadt und mit ihm eine ganze Reihe von Reichsfürsten, deren klangvolle Namen dem kommenden Fest Glanz verleihen sollen.

Hochauf ragt der rote Sandsteinbau des Domes Sankt Peter, dessen vier kräftige Rundtürme über die sich inmitten heiterer Rebenlandschaft sanft zur Rheinebene hinabsenkende Stadt blicken, mahnend an die Allmacht und Allgegenwart Gottes.

In jener Osterwoche, genauer am 29. März, einem Dienstag, wird Heinrich IV. zu Worms auf Betreiben Adalberts feierlich mit dem Schwert umgürtet und damit nach altem fränkischem Recht für mündig erklärt. Nun kann er seine Ratgeber selbst auswählen – das ist es, was Adalbert will.

In der Brust des großgewachsenen, schlanken, dunkelblonden Jünglings toben wohl stolze Gefühle, als er im Dom vom greisen Erzbischof Eberhard von Trier den kirchlichen Segen erhält. Dröhnend geben die Glocken die Kunde ins Land, reichen sie von Gotteshaus zu Gotteshaus weiter – Paulskirche, Andreasstift, Martinskirche... Selbst in der Synagoge der Wormser Judengemeinde werden die Rabbiner für den neuen Herrscher gebetet haben, hoffend auf Ruhe und Frieden unter seiner Regierung. Noch wissen sie nicht, was ihnen in wenigen Jahrzehnten bevorstehen wird.

Jetzt erst ist Heinrich wirklich König!

Und der erste, der den königlichen Zorn zu spüren bekommt, ist Erzbischof Anno. Lange hat der Knabe mit zusammengebissenen Zähnen seine ohnmächtige Wut gegen den Kölner Asketen unterdrücken müssen – jetzt bricht sie alle Dämme.

Kaum hat Herzog Gottfried von Lothringen ihn mit dem Schwert umgürtet, als Heinrich IV. es auch schon gegen Anno zieht. So viel Haß, solch auflodernde Wildheit schlägt dem Kölner entgegen, daß er erschrocken zurückweicht. Heinrich will Rache – Rache für eine gestohlene Kindheit, für die Schande von St. Suitberts Werth, für all die Jahre, die ihn Anno fast wie einen Gefangenen gehalten hatte.

Nur mit Gewalt und durch gütiges Zureden der Mutter, die eigens zur Feier nach Worms gekommen ist, kann man den erregten König besänftigen. – So jedenfalls berichtet es Lampert von Hersfeld. Still und mit innerer Genugtuung mag Adalbert die Szene beobachtet haben. Die moralische Schuld an jenem Ausbruch unbändigen Hasses aber trifft ihn genauso wie das Opfer selbst.

Beispiellose Verwöhnung, die jegliches Gefühl für Maß vergessen ließ, auf der einen Seite; Strenge bis zur Verschüchterung auf der anderen – das Ergebnis war ein Jüngling voller sprunghaften Temperaments, impulsiv und ideenreich, wild und ungezügelt, geschult im höfischen Ränkespiel, der an nichts glaubte als an seine königliche Majestät.

Zwischen Bibel und Dirnen, Askese und Orgie, Depression und Euphorie sucht er seinen Standpunkt.

Adalbert, nun nicht mehr Schutzherr, sondern Berater des Königs, hilft ihm dabei; und es ist wohl in erster Linie ihm zu verdanken, daß Heinrich IV. in politischen Kategorien zu denken beginnt. Seine erste Lektion erhält er kurz nach der Schwertleite, und die zu begreifen kostet ihn noch Mühe.

Siegel
Heinrichs IV.
von 1060 bis 1066

Noch vor Heinrichs Mündigsprechung war still und ohne großes Aufsehen der Bischof Benzo von Alba am Hofe in Quedlinburg erschienen und hatte um eine Audienz gebeten. Als Gesandter des Cadalus von Parma, den Agnes dereinst zum Gegenpapst erhoben, Anno aber dann so schmählich im Stich gelassen hatte, schilderte der wortgewaltige Kleriker dem König und dessen engsten Vertrauten die gefährliche Macht Hildebrands, sprach von den Zuständen in Italien, von den Normannen ... Er wußte, wie er den jugendlichen König zu nehmen hatte; und als er schloß: „Doch jetzt bist du, Gott sei Dank, zu den Jahren der Reife gelangt; jetzt hast du zu zeigen, ob du die väterliche Erbschaft würdig vertreten kannst!", da hatte er Heinrich IV. schon gewonnen.

Voller Lust, seine neue Macht zu zeigen, fordert dieser nun einen Italienzug. Im Herbst, so wird festgelegt, soll der Aufbruch sein, und Petrus Damiani deutet in einem Brief dezent an: „Gott lasse Dich demnächst vom königlichen zum kaiserlichen Rang emporsteigen!“

Deutschlands Adel beginnt sich wieder einmal für einen Romzug zu rüsten.

König Heinrich IV. scheint es nur noch eine Frage der Zeit, bis er höchsten Ruhm, die Kaiserkrone, erhält.

Das grämliche Gesicht Adalberts übersieht er, dessen Bedenken wischt er beiseite.

Doch mit Geduld weiht der Erzbischof den jungen tumben König in die Ränke der großen Politik ein, erklärt ihm Entscheidungen und ihre Folgen, spielt Varianten durch.

Er sieht die Gefahren, die jenseits der Alpen lauern, weiß, daß dort im Moment nichts zu gewinnen ist.

Eine offene Stellungnahme für Cadalus wäre eine Kampfansage an die Reformpartei. Solch eine Politik aber würden die Reichsfürsten nie unterstützen, und die erste Regierungshandlung des mündigen Königs wäre wohl zugleich auch seine letzte.

Mit Heeresmacht von der Lombardei aus die Reformer in Rom anzugreifen und zu verjagen wäre auch nicht möglich. Im Heer befänden sich Erzbischof Anno und Herzog Gottfried, und die würden dergleichen nie zulassen.

Was aber bliebe dann?

Das, was Anno und der lothringische Gottfried versuchten: Heinrich IV. sollte die Kaiserkrone aus der Hand Papst Alexanders II. entgegennehmen. Damit wäre das Reformpapsttum anerkannt, der König aber zu einem bloßen Anhängsel Roms herabgesunken!

Ob Heinrich IV. Adalberts Erklärungen wirklich bis in die Einzelheiten verstanden hat, ist zu bezweifeln; immerhin aber scheint ihm in groben Zügen klargeworden zu sein, worum es eigentlich geht – um eine Schwächung seiner Macht! Die Macht aber will er behalten!

Schon rüstet man zum Aufbruch. „Da siehe, als der Augen

blick, sich in Bewegung zu setzen, eingetreten war, kam in großer Eile ein Bote unseres Herrn, des Königs, ... zu uns. Derselbe hat uns von seiten unseres Herrn, des Königs, die Anzeige gebracht, daß dieser das, wozu die Vorkehrungen getroffen waren, auf den nächstfolgenden Herbst verschoben habe."

In Rom nimmt man diese von Erzbischof Anno an den Papst gesandte Nachricht gelassen auf. Ein deutscher König mit Heeresmacht in Italien ist ein Risiko, das man ohnehin nicht gerne eingehen wollte, und Hildebrands Bewunderer Petrus Damiani hatte wegen seines Briefes an Heinrich IV. schon einen gehörigen Rüffel einstecken müssen.

Erzbischof Anno aber nimmt die ganze Angelegenheit persönlich. „Es hat nämlich ihm (Heinrich IV.; W. L.) und seinen Getreuen, jenen, sage ich, welche er jetzt lieber als seine Vertrauten hält, gefallen, daß die Angelegenheit in Italien ohne unsere (seine und Gottfrieds; W. L.) Anwesenheit hinreichend in Stand gebracht würde."

Er hat recht.

Eine Politik zur Stärkung des Königtums, wie sie Adalbert verfolgt, geht nun mal nicht mit ihnen, sondern nur gegen sie.

Der Sturz Adalberts

Zu Beginn des Jahres 1066 taucht am nächtlichen Himmel ein Komet auf. Lange ist er zu sehen und stachelt die Phantasien und Ängste der Menschen an. Kommendes Unglück vermutet man, Krieg, Epidemien und Hungersnöte. Wie ein böses Omen steht der leuchtende Schweifstern am Himmel – und zumindest für Erzbischof Adalbert ist er wirklich ein Bote heraufziehenden Unheils.

Seine Tage am Hofe sind gezählt.

Zu mächtig ist er den Großen des Reiches geworden, zu

sehr fürchten sie seinen Einfluß auf den König, zu unbequem ist er für ihre Politik.

Der Adel hatte die Annehmlichkeiten einer faktischen Unabhängigkeit bereits in vollen Zügen genossen und war nicht bereit, auch nur ein Stückchen von der neuen Freiheit wieder herauszugeben. Von den zahlreichen Burgen aus, die überall im Lande errichtet wurden, übte er ungeniert Hoheitsrechte, die eigentlich dem König zustanden.

Die Grafen, die einst vom König ernannt worden sind und als königliche Verwaltungsbeamte auch wieder abgesetzt werden konnten, betrachteten ihre Grafschaften nun mehr und mehr als Erblehen; und in den Rodungsgebieten entstanden gar ohne königliche Verleihung neue Grafschaften, die sich der Krone zu nichts verpflichtet fühlten. Ein anderes beliebtes Mittel zur Erweiterung der Macht waren Vogteien.

Als mehr oder minder aufgedrängte Schutzherren maßten sich weltliche Große die Geschäftsführung und die Gerichtsbarkeit über Kirchen- und Klostergüter an, über die sie dann recht frei verfügten. Das gesamte wirtschaftliche Geschehen wurde von ihnen kontrolliert, und die so „Beschützten" gerieten immer stärker in ein Abhängigkeitsverhältnis zu ihrem Vogt, dem es in erster Linie natürlich um seine persönliche Bereicherung ging. Nicht nur, daß er Klostergut als Lehen an seine Vasallen vergab, er ließ sich den „Schutz" auch gut bezahlen, wie eine Aufstellung des Klosters Siegburg beweist. Dessen Vogt erhielt bei seinem Aufenthalt auf Klostergütern täglich 2 Scheffel Weizen, 1 Faß Wein, 2 Faß Bier, 2 Schweine, 1 Ferkel, 2 Gänse, 4 Hühner, 20 Eier und 6 Scheffel Hafer.

Wen wundert es, daß viele Klöster auf ihre Vögte nicht gut zu sprechen waren?

Bei Adalbert fanden ihre Klagen offene Ohren. Er stand all diesen Umtrieben des Adels im Wege, und mit Besorgnis beobachteten die großen Herren wie auch der niedere Adel sein neuestes Werk: Er veranlaßte eine Aufstellung aller Güter,

Goslar, Kaiserpfalz

die durch frühere Herrscher eingebracht worden waren und daher der Krone gehörten. Der logische zweite Schritt konnte nur sein, daß die Krone diese Güter wieder in ihren Besitz nehmen wollte.

Wer war da seiner Ländereien noch sicher?

Fälschungen von Urkunden waren in jener Zeit nicht selten. Wer also wußte, ob Adalberts begehrliche Blicke nicht auch auf dem eigenen Besitz ruhen würden?

Herzog Gottfried von Lothringen, Herzog Rudolf von Schwaben, der Bayernherzog Otto von Northeim, Erzbischof Siegfried von Mainz und Adalberts alter Gegner Anno von Köln erkennen, daß sie jetzt handeln müssen, soll St. Suitberts Werth nicht vergebens gewesen sein.

Am Hofe ahnt man davon nichts.

Heinrich IV. hält sich in Goslar auf und erprobt seine Macht an dem aufsässigen Abt Udalrich von Lorsch, der sich weigert, die Abtei an Adalbert zu übergeben.

Als die Erzbischöfe die Regentschaft übernommen hatten,

da griffen sie als erstes nach den großen Reichsabteien. Siegfried von Mainz vereinnahmte Seligenstadt, Erzbischof Anno Malmedy und Stablo, Adalbert Lorsch und Corvey.

Nach außen rechtfertigten sie diesen Schritt dadurch, daß sie erklärten, in den betreffenden Klöstern seien die Sitten verfallen und nur eine starke Hand könne dem entgegenwirken.

Die starke Hand waren sie selbst. Die betroffenen Klöster, die sich oft unversehens verschachert sahen, ließen sich dergleichen Eingriffe nur widerwillig bieten.

Bekannt ist etwa die spektakuläre Aktion der Mönche von Stablo, die, zum Äußersten entschlossen, mit den wundertätigen Gebeinen ihres Klosterheiligen Remaclus als Prozession während einer Mahlzeit des Königs und Annos aufmarschiert waren. Mit Wehklagen und Gebeten trugen sie ihre Beschwerde vor, und sie vergaßen nicht, auf die Wunder ihres Heiligen hinzuweisen, der jeden, der sich an ihm verginge, strafen könnte.

Der König, um Gerechtigkeit bemüht und wohl vor der Wundermacht des Heiligen zurückschreckend, versprach eine Klärung.

Anno aber, der seinen Besitz schwinden sah, erklärte: „Du kannst alle Schuld ruhig auf mich wälzen ... Im übrigen mußt du nicht so leichtgläubig sein. Solche Wunder werden vielfach erfunden, um uns einzuschüchtern."

Die Mönche aber, die wohl um ihre Sache fürchteten und sich von ihrem Schutzheiligen im Stich gelassen sahen, sollen diesen Heiligen jämmerlich beschimpft haben. „Da sieht man, was du kannst, nichtsnutziger Alter!" Und dann drohten sie ihm, daß sie ihn nicht eher zurücktragen würden, als bis er die Habe seiner armen Knechte zurückgewonnen hätte.

Der Heilige scheint ein Einsehen gehabt zu haben:

Einen Tag später erhalten die Mönche von Stablo nach neuerlichem Vorstoß an des Königs Tafel ihre Güter wieder.

„So nimm in Gottes Namen dein Geschenk zurück!" – mit

diesen Worten soll Erzbischof Anno dem König den Hirtenstab überreicht haben. Heinrich legte ihn auf den Schrein des Heiligen.

Stolz und voller Freude schleppten daraufhin die Mönche die wundertätigen Knochen ins Kloster zurück.

Abt Udalrich von Lorsch aber hat zur Zeit leider keinen so aktiven Heiligen zur Verfügung, der ihm sein Kloster schützen kann. Er verläßt sich daher lieber auf irdische Gewalten und weigert sich einfach, die Abtei an Adalbert zu übergeben.

Heinrich IV. ist verblüfft, glaubt, mahnen zu müssen: „Heinrich, durch Gottes Gnaden König, versichert Udalrich einstweilen noch seiner Gunst. Wir wundern uns, dich, dem mehr als allen Gehorsam ziemt, ungehorsam zu sehen, ohne daß du bedenkst, was du bist ...“ (9)

Udalrich aber bleibt unbeeindruckt, verstärkt seinen Widerstand noch, so daß der König ungnädig anfragt: „Wir wundern uns, mit welcher Dreistigkeit und auf wessen Zuspruch hin du unsere Abtei gegen unseren Willen behalten willst ...“ (9)

Wer da im Hintergrund dem Abt den Rücken gestärkt hat, wird Heinrich plötzlich klar, als er im Januar 1066 eine Aufforderung der Reichsfürsten erhält, sich auf einem Fürstentag in Tribur am Rhein einzufinden. Auf solchen Fürstentagen wurden nach althergebrachter Sitte von weltlichen wie geistlichen Fürsten dringende Fragen der Reichspolitik erörtert und nötigenfalls gemeinsame Schritte erwogen. Da es allen auf solchen Fürstentagen Anwesenden zumeist nur um eigene Vorteile ging, kam es höchst selten vor, daß man sich wirklich einigte – in Tribur scheint das allerdings anders gewesen zu sein.

Es ist beileibe keine freundliche Bitte, sondern eine schroffe Vorladung, die den König erreicht, und man macht sich auch nicht die Mühe, durch diplomatische Wendungen die Ziele, die man verfolgt, zu verbergen.

Ganz offen wird erklärt: Der Erzbischof Adalbert ist von all seinen Ämtern zu entlassen!

Falls der König aber dem Fürstentag fernbleibe oder sich weigere, den Erzbischof vom Hofe zu entfernen, so werde er abgesetzt!

Der Vorgang ist bisher ohne Beispiel in der Geschichte der deutschen Herrscher, und zur Zeit Heinrichs III. hätte kein Fürst, dem seine Stellung und sein Leben lieb waren, gewagt, solchen Ton anzuschlagen.

Die Zeiten aber haben sich geändert, und mit ihnen änderte sich der Respekt vorm König. Heinrich IV. verspürt das auf dem Wege nach Tribur wieder einmal am eigenen Leibe.

In Ingelheim war einer der Vertrauten des Königs mit Angehörigen des Hersfelder Klosters aneinandergeraten und bei einem Handgemenge schwer verwundet worden. Ohne sich groß um die Schuldfrage zu kümmern, nötigten ihn die anwesenden Bischöfe, sich schuldig zu bekennen. Anderenfalls drohten sie ihm mit Verweigerung der heiligen Kommunion.

Heinrich IV. muß zusehen, hat nicht die Macht, die Gewalttat, deren Opfer einer seiner Vertrauten geworden ist, zu ahnden.

Vor diesem Hintergrund scheint es geradezu naiv, wenn Erzbischof Adalbert glaubt, in Tribur durch sein persönliches Auftreten die Sache zu seinen Gunsten entscheiden zu können.

Sehr schnell muß er feststellen, daß er gegen die geschlossene Front der Herzöge und Erzbischöfe nichts ausrichten kann. Durch üble Künste habe er den König an sich gebunden und zu seinem Werkzeug gemacht, sagen sie, werfen ihm Habsucht und alle Grenzen überschreitendes Machtstreben vor.

Der König sitzt hilflos dabei, als der Vertraute seiner Jugend wie ein übler Verbrecher abgekanzelt wird.

Hier in Tribur ist er nicht mehr Herrscher, sondern Gefangener. Er merkt das spätestens, als er in Adalberts Plan einwilligt, heimlich in der Nacht Tribur zu verlassen und von Goslar oder einem anderen sicheren Ort aus den Kampf gegen die Empörer aufzunehmen. Jeder seiner Schritte wird beobachtet. Die Flucht scheitert.

Der Fünfzehnjährige muß mit ansehen, wie Adalbert mit Fußtritten und Prügeln traktiert wird, und ihn hat in diesem Augenblick wohl nur ein Gedanke beherrscht: Rache!

Schon am nächsten Tag jagt man den einst so mächtigen Erzbischof von Hamburg-Bremen aus der Pfalz. Gedemütigt und nur durch die Zusicherung freien Geleits – eine letzte Gunst des Königs – vor dem Zugriff vergeltungssüchtiger Adliger geschützt, begibt er sich in sein Erzbistum. Doch noch hat er die Prüfung nicht durchgestanden.

Die Kunde vom Fall des Erzbischofs drang auch tief ins Slawenland, wo man nun eine Möglichkeit sah, sich gegen die Kolonisationsbestrebungen, die unter Erzbischof Adalbert eifrig vorangetrieben worden waren, zur Wehr zu setzen. So mächtig war der Christengott wohl doch nicht, wenn er seinen Diener derart im Stich ließ.

Bewaffnete slawische Scharen fielen ins Erzbistum Hamburg-Bremen ein. Kirchen, Klöster, Stifte gingen in Flammen auf. Ein Grenzkrieg, durch Adalberts starke Hand jahrelang unterdrückt, bricht mit Wucht aus.

Der fast sechzigjährige Erzbischof sieht sein Werk untergehen. „Sein Gebaren, das zwar schon immer von den Gewohnheiten anderer Sterblicher abgewichen war, wirkte ... widermenschlich, unerträglich und so, als sei er ein anderer geworden... Nach jenem Tag, meine ich, wurde er von Scham, Zorn und Schmerz übermannt, und zwar mehr, als das ein kluger Mann darf. Er fand keinen Weg, wie er den verlorenen Besitz der Kirche wiedergewinnen konnte, und aus übergroßem Kummer wegen seiner vielfältigen Ängste wurde er, ich wage nicht zu sagen: toll, aber doch seines Sinnes nicht mehr mächtig.“ (8)

Wenn auch Anno von Köln triumphiert – seine frühere Stellung erreicht er nicht wieder. Mit ihm kann und will Heinrich IV. nicht zusammengehen.

Ganz allmählich tauchen in seiner Umgebung andere Leute auf – Leute, die, wie er, den Annos und Gottfrieds nicht trauen.

Neue Berater

Im Mai 1066 mag sich unter den Fürsten des Reiches kurzzeitig eine nervöse Spannung und wohl auch freudige Erwartung breitgemacht haben – der König ist schwerkrank.

Umschwärmt von ratlosen Ärzten, geschwächt von Aderlässen und Heiltränken liegt der Fünfzehnjährige in der Pfalz von Fritzlar und dämmert anscheinend seinem Ende entgegen. Die ärztliche Kunst erklärt sich außerstande, etwas zu tun; und so läßt man Gottes unerforschlichem Ratschluß freie Bahn.

Und während man Messen liest und Gebete zum Himmel schickt – die einen für die Genesung des Königs, die anderen für seinen Tod –, bezwingt Heinrich IV. die Krankheit.

Was jetzt aber vor die Fürsten tritt, ist nicht mehr das hilflose Werkzeug anderer – es ist der König.

„Wie er indes zu der Alters- und Geistesstufe sich entwickelt hatte, daß er unterscheiden konnte, was ehrenwert und was schimpflich, was nützlich sei und was nicht, und sich vergegenwärtigte, was er auf Veranlassung der Fürsten getan hatte, verwarf er viele seiner Handlungen, und was davon sich ändern ließ, das änderte er, der ein Richter seiner selbst wurde", schreibt sein Biograph. (4) Es hieße aber den Jüngling zu überschätzen, wenn man wirklich glauben wollte, daß es nur seine Einsicht gewesen wäre, die ihn zur Wandlung veranlaßte.

Sicher: die Erziehung, die er genossen hatte, war gut. Er

sprach Latein, las gern, liebte die Wissenschaft, interessierte sich für Musik und Baukunst und konnte seine Urkunden selbst lesen und unterschreiben (was durchaus nicht bei allen Herrschern der Fall war). Das alles aber ist nicht automatisch die Voraussetzung für eine kluge Politik. Die neue Richtung seines Handelns kam woanders her.

Das Verhältnis eines großen Teils der Menschen untereinander wurde im Mittelalter durch den Lehensverband geregelt. Leute, die mehr Land besaßen, als sie bearbeiten konnten, verliehen es, oder besser, gaben es zu Lehen an wirtschaftlich Schwächere. Die Bande des Lehenswesens hatten ebenso eine wirtschaftliche wie eine militärische Seite, denn der Vasall erhielt sein Lehen unter der Bedingung des Dienstes für seinen Herrn. Gegenüber diesem hatte er sich mit einem Treueid zu binden, ihm militärische Gefolgschaft zu leisten. Dafür wiederum stand er unter dem Schutz seines Lehnsherrn.

Es existierte – zumindest theoretisch – ein System moralischer Verpflichtungen und band die Menschen durch ein Geflecht von Treuegelöbnissen und Schutzgewährungen.

Die Praxis aber sah anders aus.

War ursprünglich das Lehen nach dem Tode seines Inhabers eingezogen und neu vergeben worden, so bürgerte sich bald der Brauch ein, es vom Vater auf den Sohn übergehen zu lassen. Die Erblichkeit der Lehen aber ließ dann jede Gegenleistung als unnötig erscheinen. Der Treueid verflachte zur bloßen Formalität, und viele der Lehensleute suchten sich ihren Verpflichtungen zu entziehen. Immer öfter passierte es, daß Lehnsherren Rücksicht auf ihre Vasallen nehmen mußten, zumal diese oftmals von verschiedenen Herren Lehen genommen hatten und sich schon deshalb nie so recht festlegen konnten. Andere Vasallen wieder vergaben ihrerseits Lehen aus ihrem eigenen Besitz, hatten Untervasallen; und es kam vor, daß Lehen so klein waren, daß ihre Inhaber kaum von den Einkünften leben konnten.

Man stellt sich die Lehensgesellschaft am besten als eine Pyramide vor, an deren Spitze der oberste Lehnsherr, der König, steht und deren Basis eine Vielzahl von kümmerlich wirtschaftenden Vasallen bildet. Jede einzelne Schicht dieser Pyramide focht verbissen für ihre Interessen und suchte sich den Forderungen der ihr übergeordneten Schichten zu entziehen.

Aus dieser Situation und der Erkenntnis heraus, daß man sich auf die Vasallentreue nur begrenzt verlassen könne, ging man im deutschen Reich schon früh dazu über, Unfreie, die auf den Besitzungen ihrer Herren lebten, mit Aufgaben in Verwaltung, Hofhaltung und Verteidigung zu betrauen.

Grafen, Bischöfe, Äbte und auch der König hoben solche Männer niederer Herkunft empor, und da diese ihre Karriere einzig ihrem Herrn verdankten, dadurch mit ihm auf Wohl und Wehe verbunden waren, standen sie in Treue zu ihm.

Solche unfreien Dienstleute nannte man Ministerialen.

(Aus diesen nichtadligen Dienstleuten, die ihren Herren im Krieg zu Pferde dienten, entwickelte sich schließlich der Ritterstand mit seiner spezifischen Lebensweise und Kultur.)

Das Ansehen, das die Ministerialen genossen, hing ganz von der Stellung ihres Herrn ab. Am geachtetsten waren die Reichsministerialen, die Dienstleute des Königs.

Und eben solche Ministerialen sind es, auf die sich Heinrich IV. in immer stärkerem Maße zu stützen beginnt.

Sofort nach Adalberts Sturz hatte der König begonnen, sich mit neuen Ratgebern zu versehen, vorwiegend Ministerialen. Schon vorher war deren Einfluß am Hofe stetig gewachsen, und sie werden auch nicht ganz unbeteiligt am Sturz Adalberts gewesen sein, der ihrem Emporkommen im Wege gestanden und ihre Interessen kaum vertreten hatte.

Diese neuen Ratgeber sind es, die nun auf Stärkung des Königtums orientieren, denn ihnen liegt daran, die Zentralgewalt sicher und fest zu machen. Das bedeutet für sie eine Stärkung der eigenen Position. Es ist anzunehmen, daß aus dieser Richtung auch der Hinweis an Heinrich IV. kommt, den mit dem Hause Savoyen geschlossenen Vertrag nun endlich zu erfüllen und seine Verlobte Bertha zu heiraten.

Der König fügt sich.

In der Pfalz von Tribur finden sich, vom bevorstehenden Fest angelockt, Fürsten, Bischöfe, Äbte und andere hohe Herren mit ihren Gefolgen ein.

In bunter Schar umstehen sie das Brautpaar, das einander feierlich versprochen wird; die Kirche gibt ihren Segen dazu. Dann zieht man in langer Prozession zum Palast hinüber, wo das Hochzeitsmahl stattfinden soll.

Und während sich im Hof der Pfalz und vor dem Tor die Armen der Umgegend sammeln, die ein biblisches Recht auf die „Brosamen von der Herren Tische" haben, rangelt man sich im dämmrigen Saal beim Schein von Kienfackeln auf den Plätzen an der Tafel zurecht. Es geht rustikal zu, und Adel verpflichtet hier keineswegs zu gutem Benehmen. Die Tischsitten sind rauh. Des öfteren kommt es bei solchen Freß- und Sauforgien zu Streitereien, die recht handgreiflich ausgetragen werden. Um sich langes Suchen nach Schuldigen zu ersparen – was ohnehin kompliziert war, da sich hinterher nie einer erinnern konnte –, hatte schon Karl der Große verordnet, daß für einen Totschlag bei Tisch die Zechgenossen verantwortlich seien. Man wird sich trotzdem kaum zurückgehalten haben, denn der Kaiser hatte weiter verfügt, daß die Sache niederzuschlagen sei, wenn mehr als sieben Zecher am Tisch gesessen hätten. Er wollte wohl nicht seinen Adel ausrotten.

An blanken Eichentischen, in deren eingearbeitete Vertiefungen Brot, Fleisch oder Fisch serviert wird, beginnt das vielstündige Mahl. Man ißt mit den Fingern, benutzt Brot als Unterlage – Teller gibt es nicht.

Die Speisenfolge dieses Hochzeitsmahles ist nicht überliefert, aber sie könnte ungefähr so ausgesehen haben: Als ersten Gang gibt es Eiermus mit Pfefferkörnern, Safran und Honig, Hirse, Gemüse, Hammelfleisch mit Zwiebeln, gebratenes Huhn mit Zwetschgen.

Jeder nahm, was er wollte; dann wurden die Schüsseln an die Armen gegeben, die sich darüber hermachten, während im Saal der zweite Gang von Pagen hereingeschleppt wurde. Stockfisch in Öl, Bleie in Öl gebacken, gesottener Aal mit Pfeffer, gerösteter Bückling mit Senf. Der dritte Gang: sauer gesottene Speisefische, kleine Vögel, in Schmalz gebacken, Schweinskeule mit Gurke und Rettich. Es ist kräftige Kost, die gereicht wird – doch sind es alles Dinge, die leicht zu beschaffen waren: Fisch, Geflügel, Wild. Der einzige Luxus sind die Gewürze. Damit allerdings geht man äußerst großzügig um. Zimt, Pfeffer, Safran, Nelken, Rosinen, Zitronen verwendet man in Mengen und völlig wahllos, ohne Gespür für geschmackliche Nuancen. Üppige Verwendung teurer Gewürze zeigte den Reichtum des Gastgebers. Geschmeckt hat das allerdings sicher recht merkwürdig!

Formal war die Ehe Heinrichs IV. mit Bertha von Turin in der Pfalz von Tribur mit rauschendem Fest und kirchlichem Segen zwar geschlossen worden, das öffentliche Beilager aber, mit dem der Sitte der Zeit entsprechend die Ehe erst als vollzogen galt, soll ausgefallen sein.

Bertha, so heißt es, wäre noch zu jung gewesen.

Die Zwölfjährige, die am Hofe aufgewachsen ist, mit Heinrich gespielt hatte und in all den Jahren vielleicht sogar eine Zuneigung zu dem schlaksigen Jungen entwickelt hat – für einen Tag tritt sie in Tribur aus dem Schatten des Hoflebens, um gleich darauf wieder in ihn zurückzusinken. Heinrich IV. beachtet sie nicht. Sie ist für ihn zwar nun Gattin, aber nicht Frau. Mit der Hochzeit war der „Staatsräson“ Genüge getan; er hatte nach außen hin sein Erwachsensein demonstriert – von Liebe war nicht die Rede. Diese – oder besser, was er dafür hält, sucht er woanders, und mit Sicherheit verbringt er in den nächsten Jahren weniger Zeit mit Bertha als mit seinen neuen Räten.

Man weiß wenig über diese königlichen Räte.

Von einigen kennt man die Namen: Graf Eberhard von Nellenburg, Graf Werner, Benno, Kuno, Udalrich... Andere bleiben völlig im Verborgenen, und ein Chronist klagt, es seien Leute dunkler Herkunft.

Diese Leute, deren „dunkle Herkunft" sich auf die Tatsache bezieht, daß sie keinem der großen Geschlechter entstammen, bekommen immer mehr Einfluß auf des Königs Politik. Und dieser Einfluß führt immer weiter weg von den Fürsten, so daß ein Geschichtsschreiber feststellt: „Seit einer langen Zeit schon hatte der König begonnen, alle Mächtigen zu verachten, dagegen Niedriggeborene durch Reichtümer und Rechte emporzuheben, und nach deren Rat erledigte er, was zu verrichten war; von den Vornehmen aber ließ er selten jemanden an seine geheimen Dinge heran. Und weil jetzt vieles nicht der Ordnung gemäß geschah, entzogen sich die Bischöfe, Herzöge und die anderen Großen des Reiches den Angelegenheiten des Königs." (6)

Neben diesem Standesproblem wird der Hof von einem zunehmenden Generationskonflikt beherrscht. Viele von Heinrichs IV. Beratern sind junge Leute, und die sehen manche Dinge sicher ähnlich wie er.

Der düstere Ernst des „schwarzen Heinrich", die dürre Askese Annos werden hinweggefegt; der Hof wird zu einer Stätte der jungen Generation.

Ohne Hemmungen geht man daran, Althergebrachtes über den Haufen zu werfen. In die zähe, unbewegliche Reichspolitik fährt mit einem Male ein frischer Wind, dem rasch die Taten folgen. Man tut vieles – oft ist es fruchtbar, oft auch furchtbar.

Denn bei allem jugendlichen Eifer, bei aller Opposition gegen das Alte – es reicht nicht, nur jung zu sein, nur erneuerungswillig, nur tatkräftig. Und als man merkt, daß zum Elan die Erfahrung gehört, da wird es bereits zu spät sein; da sind die Leute, die man hätte brauchen können, zum großen Teil schon im Lager der Gegner.

Vielen ist die Ungezwungenheit am Hofe ein Dorn im Auge, und es mangelt nicht an Verleumdungen und übler Nachrede. Wieder beginnt man sich lang und breit über Heinrichs IV. unsittlichen Lebenswandel auszulassen, weiß von Skandalen und Unzucht, Völlerei und Verfall zu berichten. Und als der selbstbewußt gewordene König dann gar den verjagten Erzbischof Adalbert, diesen Verderber der Jugend, an den Hof zurückruft, da beschwört man das düstere Bild Sodoms herauf. „Ich könnte die vielen Fälle namentlich aufzählen, in denen er (Heinrich IV., W. L.) mit Nonnen und Äbtissinnen Unzucht getrieben hat, wenn ich nicht hohe Rücksichten zu nehmen hätte“, teilt ein Mönch dem Salzburger Erzbischof mit; und dann, erschaudernd vor soviel Verworfenheit: „Schlimmer aber als all das sind die Dinge, die er mit Männern getrieben hat, nachdem er der Weiber überdrüssig war.“

Das skandalöse Leben Heinrichs IV. füllt so manchem Chronisten die Seiten, und sonderlich jene, die ihm nicht gewogen waren, schwelgen regelrecht in den Schilderungen seiner Verworfenheit und überbieten sich gegenseitig im Erfinden schauerlicher Geschichten. Wäre all das wahr, was man ihm vorwirft – Roms Kaiser Caligula wäre ein tugendhafter Waisenknabe gegen diesen König.

Sicher, Heinrich ist kein Kind von Traurigkeit. Man hat ihn zu lange wie einen Gefangenen gehalten. Nun glaubt er, das Versäumte nachholen zu müssen. Er ist jung, und er tut das, was ihm Spaß macht. Daß er dabei allerdings so manches Mal wohl doch etwas übertrieben hat, muß selbst sein anonymer Biograf zugeben: „Man vermischte Wahres mit Falschem“, sagt er.

Noch einmal bekommen die wilden Gerüchte Nahrung, als ruchbar wird, daß der König sich scheiden lassen will.

Vielleicht ist diese Entscheidung eine Konsequenz seiner neuen Haltung – vielleicht aber hat er auch nur ein anderes Mädchen kennengelernt und zum erstenmal gespürt, was Liebe ist.

Es muß ihm jedenfalls sehr ernst gewesen sein, denn zu Worms auf einem Fürstentag im Juni 1069 verhandelt der König zuerst heimlich mit dem Erzbischof von Mainz über diese Angelegenheit. „Der Bischof willigte ein, und in öffentlicher Sitzung bekennt der König: er stehe sich mit seiner Gattin nicht gut; er wolle die Augen der Leute, die er lange getäuscht habe, nun nicht weiter täuschen; er könne keine Schuld von ihrer Seite benennen, deretwegen sie zu Recht die Scheidung verdiene; aber er sei – er wisse nicht, durch welches Geschick, durch welche göttliche Fügung – außerstande, die eheliche Gemeinschaft mit ihr zu vollziehen.“ (3)

Nun sind Scheidungen zu jener Zeit nichts Außergewöhnliches. Doch normalerweise ist man bemüht, augenscheinliche Gründe (mögen sie auch noch so schmalbrüstig sein) wie Kinderlosigkeit, Untreue oder zu nahe Verwandtschaft beizubringen. Daß sich jemand scheiden lassen will, weil er meint, er passe nicht zu seiner Gattin, verwundert. Dieses Gefühl haben wohl sehr viele. Aber des Königs Wunsch muß erst einmal ernst genommen werden. Nach Michaelis will man den Kasus auf einer Synode zur Entscheidung vorlegen.

Papst Alexander II., der vom Mainzer Erzbischof in jener Angelegenheit um Rat gefragt worden ist, nimmt freudig diese Gelegenheit wahr, um als Schiedsrichter in Deutschland aktiv zu werden, und sendet als seinen Legaten Petrus Damiani zu der bewußten Synode.

Der sittenstrenge und wohl auch sehr dogmatische Petrus hat für Heinrichs Begehren erwartungsgemäß nicht das geringste Verständnis. Im Gegenteil! Er ermahnt den König dringlich, auf seinen Ruf zu achten, als Vorbild voranzugehen, um nicht Urheber von Verbrechen zu werden – nein, aus der Scheidung wird nichts.

Damit Heinrich aber nicht etwa auf die Idee käme, sich über diesen Spruch hinwegzusetzen, droht der Einsiedler-Legat, daß der Heilige Vater solchen Frevler nie zum Kaiser krönen werde! Das überzeugt.

„Wenn das für euch unabänderlich und ein für allemal feststeht, so werde ich selbst mir ein Gebot auferlegen und so, wie ich kann, die Last tragen, welche ich nicht abzuwerfen vermag." (3) So läßt Heinrich verlauten.

Aber die hier noch so demütig ertragene Last wird im Laufe der Zeit leichter. Mit den Jahren beginnt Heinrich IV. allmählich einen Zugang zu Bertha zu finden. Ihr Verhältnis bessert sich. Sie wird ihm schließlich eine treue Gefährtin werden; und als sie 1087 stirbt, da hat sie dem König drei Söhne geboren: einen, dessen Name nicht bekannt ist und der gleich nach der Taufe starb, im April 1071; im Februar 1074 Konrad; im Januar 1081 Heinrich.

Bis dahin aber wird sie noch so manche Prüfung an der Seite ihres Mannes durchzustehen haben, und sie wird sie alle mit Geduld und großer Standhaftigkeit ertragen.

Ob Heinrichs neue Ratgeber die Stärkung der Persönlichkeit des Königs in der von ihm verfolgten Richtung wollten, ist fraglich. Ihnen schwebte mit Sicherheit anderes vor. Sie suchten nach Bundesgenossen, hofften, sie in den Bischöfen des Reiches zu finden.

Der Verfall der Reichskirche

Eine wichtige Rolle im feudalen Gefüge kam den Bischöfen zu. Da hohe Geistliche in der Regel weder verheiratet waren noch legitime Kinder hatten, konnten sie weder ihr Amt noch ihr Lehen vererben. Über Jahrzehnte hinweg waren sie so zu Stützen der Zentralgewalt geworden. Denn schon Kaiser Otto der Große hatte in seinem Kampf gegen die machthungrigen Herzöge in Bischöfen und Äbten Helfer gefunden, und unter seiner Regierung hatte das „Reichskirchensystem" erstmals feste Gestalt angenommen. Danach übte der König Hoheitsrechte auch über geistliche Gebiete aus, setzte Bischöfe und Äbte dank seiner ihm von Gott verliehenen Machtbefugnisse in ihre Ämter ein und forderte von ihnen nicht unbeträchtliche Leistungen zur Stützung der Zentralgewalt. Als Gegenleistung gestand er Bischöfen und Äbten eine Vielzahl von Privilegien zu und übertrug ihnen Grundbesitz zu Lehen oder auch zu eigen, so daß sich bald Herrschaften zu bilden begannen, in denen Bischöfe oder Äbte die Königsgewalt stellvertretend ausübten: die sogenannten Immunitäten.

Die Herzogtümer wurden immer mehr von solchen Gebieten durchsetzt, gleichsam von innen her unterminiert. Zwischen dem Königtum und den Vertretern der Kirche bestand eine feste Bindung, und eine Aufgebotsliste aus dem Jahre 981 zeigt, auf welche Kräfte der Kaiser sich im Kampf verlassen wollte.

Da war festgelegt, wer wie viele Panzerreiter zu stellen habe: Die Erzbischöfe von Mainz und Köln sowie die Bischöfe von Straßburg und Augsburg je 100; die Erzbischöfe von Trier und Salzburg sowie der Bischof von Regensburg je 70; die Äbte von Fulda und Reichenau je 60; die Bischöfe von Worms, Konstanz, Freising je 40... Demgegenüber hatte der gleichen Liste zufolge das Herzogtum Niederlothringen nur ganze 20 Reiter aufzubieten.

Es war daher ein erster Schritt zur Konsolidierung der Königsmacht, als Heinrich IV. sich anschickte, die Bischöfe des Reiches wieder fester an die Krone zu binden. Er strebte eine Neuordnung des deutschen Episkopats an, und es ist nicht zu übersehen, daß man an den entscheidenden Stellen des Hofes großen Wert darauf legte, nur königstreue Männer mit einem solchen geistlichen Amt zu belehnen. Und auch daß man dafür oft reichlich zahlen mußte, war unter den Bewerbern kein Geheimnis. Der Hof brauchte Geld, und man nahm es, wo man es bekommen konnte – ob mit oder ohne Wissen des Königs ist unklar. Es ist aber sicher, daß Heinrich IV. in anderer Beziehung durchaus kräftig zulangte. Er beschlagnahmte den

Nachlaß verstorbener oder abgesetzter Bischöfe und verlieh Kirchengüter an Hofbeamte.

In Straßburg bestieg ein Mann namens Werner den Bischofsstuhl und verdankte diese Tatsache wohl allein der Verwandtschaft mit einem der königlichen Räte; der Ministeriale Benno, von dem noch zu reden sein wird, wurde Bischof von Osnabrück; und Adalbero, der Bruder des Königsschwagers Rudolf von Schwaben (dieser hatte nach dem Tode von Heinrichs Schwester Mathilde die Schwester Berthas geheiratet) bekam als neuer Bischof von Worms Gelegenheit, seine gewaltige Leibesfülle auf einem einträglichen Posten zu pflegen. (Er war so dick, daß bei seinem Tode die Kunde ging, er sei im eigenen Fett erstickt.)

Stützen des Königtums sollten sie allesamt sein – aber nicht in jedem Fall wird sich das bewahrheiten. Manch einer der neuen Bischöfe beginnt, nachdem er das Amt hat, eigene Pläne zu verfolgen, will keine Abhängigkeit vom König.

Eifrig wirken Heinrichs IV. Räte an der neuen Politik. Offensichtlich sind ihnen viele Mittel recht, denn in Trier geschehen merkwürdige Dinge.

Hier ist am 15. April 1066, einen Tag vor Ostern, Erzbischof Eberhard nach fast neunzehnjähriger Amtszeit während des Gottesdienstes gestorben.

Annos Neffe Konrad, von dem Kölner für diesen Posten vorgesehen und vom König bestätigt, bereitet sich also vor, sein neues Amt anzutreten. Ein Kirchenfürst im Sinne der neuen Politik wird Konrad sicher nicht; vielmehr soll er Annos Position kräftigen – und so ist es den königlichen Räten wohl ganz recht, daß sich die Trierer Bevölkerung gegen den neuen Oberhirten wendet.

Konrad, der sich in Begleitung des Bischofs Einhard von Speyer und einiger Bewaffneter auf dem Weg nach Trier befindet, scheint diese Unruhen nicht weiter ernst genommen zu haben. Als die beiden Geistlichen in Bitburg, nördlich von Trier, ihr Nachtlager aufschlagen, um für die am nächsten Tag stattfindende Inthronisation ausgeruht zu sein, da müssen sie bei der Einteilung der Wachen nicht sonderlich aufgepaßt haben. Noch in derselben Nacht dringen die Trierer unter Führung eines Grafen Theoderich in die Unterkunft, jagen Einhard und das Gefolge davon und führen Konrad gefangen auf die Moselburg Uerzig. Hier wird er nach zweiwöchiger Haft ermordet.

Bauern finden später seine Leiche.

Daß die Gewalttat an Konrad im Sinne der Trierer war, ist zu bezweifeln. Sie ging wohl eher auf Kosten Theoderichs, der allerdings, für sich allein gesehen, auch kein rechtes Motiv besaß. Die einzigen, die ein solches hatten, saßen bei Hofe.

Der König tobt, als er von dem Verbrechen erfährt, schwört Rache und will in seinem ersten Zorn Trier entvölkern. Seine Räte aber, ansonsten stets auf die Wahrung der königlichen Autorität bedacht, besänftigen ihn.

Aus Trier aber kommt die Nachricht, daß man Udo von Nellenburg zum Erzbischof gewählt hat. Er ist der Sohn des königlichen Rates Eberhard von Nellenburg...

Nicht immer ist man so erfolgreich.

Als im November 1069 der Konstanzer Bischof Rumold das Zeitliche segnet, da sind sich Domkapitel und Gläubige einig: Der Domherr Siegfried wird neuer Bischof. Der König jedoch verwirft diesen Vorschlag und schickt statt dessen den Magdeburger Domherrn Karl an den Bodensee. Und damit der Süden, der ohnehin etwas aufmüpfig scheint, wieder straffer ins Gefüge der Reichskirche gepreßt werde, setzt Heinrich IV. im Kloster Reichenau den Hildesheimer Meginward als Nachfolger des verstorbenen Abtes ein.

Die dortigen Mönche wie auch die Gläubigen des Bistums Konstanz zeigen sich nicht begeistert von den königlichen Anordnungen. Hinter vorgehaltener Hand munkelt man von beachtlichen Summen, die Karl und Meginward gezahlt haben; und im übrigen wolle man den neuen, ungeliebten Obrigkeiten das Leben schon schwer machen.

Nachdem Abt Meginward von seinen Mitbrüdern mit allerlei Ungehorsam und Widrigkeiten verunsichert worden ist und Bischof Karl von den Einkünften des Bistums kaum einen roten Heller zu sehen bekommt, so daß er sich am Kirchengut vergreifen muß, um seine Schulden zu zahlen, mischt sich eine höhere Instanz in den Zwist. Erzbischof Siegfried von Mainz verweigert Karl die Weihe, die ein Bischof zur Vollstreckung der kirchlichen Handlungen braucht. Er verlangt eine Prüfung der Gerüchte!

Nun hätte Siegfried als oberster deutscher Kirchenfürst durchaus das Recht gehabt, diese Angelegenheit auf einer Synode zu entscheiden; aber dazu ist er nicht der Mann. Von gelegentlichen Anwandlungen übertriebener Religiosität einmal abgesehen, ist er dem weltlichen Leben durchaus eng verbunden und erkennt die machtpolitischen Realitäten. Weder will er sich mit dem König anlegen noch mit dem Papst, vor dem er sich erst kürzlich vom Vorwurf der Simonie reinigen mußte. Er wird sich hüten zu entscheiden.

Erzbischof Siegfried unterrichtet den Papst, bittet um einen Urteilsspruch.

Aber auch Karl appelliert an Rom.

Damit ist die oberste Entscheidungsgewalt des Papstes von beiden Seiten anerkannt.

Heinrich IV. muß sich wohl ganz erschrocken gefragt haben, ob er da wirklich den richtigen Mann zum Bischof gemacht habe. Nun, Rom ist weit, und der Fall Karl zieht sich hin. Der König, von Bischöfen auf die Angelegenheit hin angesprochen, sagt, er habe sich bei der Sache keine Käuflichkeit zuschulden kommen lassen. Sollte Karl hinter seinem Rücken mit Leuten des Hofes Geschäfte gemacht haben, um sich ihre Fürsprache zu sichern, so sei das nicht seine, des Königs, Angelegenheit.

Es besteht kein Grund, an diesen Worten zu zweifeln.

Karl aber streitet nach wie vor alle Vorwürfe ab. Langsam jedoch dämmert wohl den königlichen Beratern die Erkenntnis, daß er der Sache Heinrichs IV. mehr schade als nutze.

Sie sagen's ihm wohl auch, denn eines Morgens verkündet Karl unversehens, er wolle von dem Amt zurücktreten. Man solle niemandem einen Bischof aufzwängen.

Der neue Bischof von Konstanz, Otto, ein Stiftsherr von St. Simon und Juda in Goslar, ist nicht minder königstreu als Karl; aber er versteht besser mit den Konstanzern umzugehen. Jedenfalls hört der Streit auf.

In Reichenau hatte Abt Meginward inzwischen die Querelen ebenfalls über und legte sein Amt nieder. Der Nachfolger Ruotbert aber langt wieder tief in die Kasse, um den Posten zu bekommen. Es mag wohl ähnlich zugegangen sein wie bei der Abtwahl in Fulda.

Dort „erhob sich ein großer Streit zwischen Äbten und Mönchen, die von verschiedenen Orten her zahlreich zusammengeströmt waren. Wie in einem feierlich angesagten Kampfspiel lief jeder da mit aller Kraft um die Wette: Der eine versprach goldene Berge, ein anderer ungeheure Lehen aus dem Fuldaer Klosterbesitz, ein dritter außergewöhnliche Dienstleistungen für das Reich – o Zeiten, o Sitten ..." (3)

In der Reichenau aber kehrt nach Meginwards Rücktritt kein Friede ein. Der rebellische Ruotbert, der sich beharrlich weigert, kirchlichen Vorladungen zu folgen, wird schließlich von einer Synode abgesetzt und gebannt.

Der Verlierer ist das Königtum.

Heinrich IV. hatte in dieser Auseinandersetzung nicht im geringsten daran gedacht, seinen Platz inmitten der Reichskirche einzunehmen. Er überließ die Prozesse der Geistlichkeit und stand kampflos zurück. Ohne es zu ahnen, spielte er dem Papsttum damit einen Trumpf in die Hand, den es zu nutzen wußte.

Die königliche Macht gegenüber Bischöfen und Äbten, das zeigte sich nun, ließ sich nicht wiederherstellen. Man war in der Regel nicht mehr bereit, sich Maßnahmen des Herrschers unwidersprochen gefallenzulassen. Der Versuch, nach fünfzehn Jahren des Lockerlassens die Zügel wieder anzuziehen, scheiterte.

Die Schwächung der Zentralgewalt in Deutschland aber hatte Roms Macht gestärkt; und diese Macht gebrauchte es. Sein Eingreifen förderte die bereits vorhandene Desorganisation der deutschen Kirche und untergrub die Autorität des Königs.

Noch einmal aber bietet sich Heinrich IV. eine Möglichkeit, in Italien und auch in Rom aktiv zu werden, die schon verlorenen Positionen zurückzuerobern.

Richard von Capua war mit seinen Normannen in die römische Campagna vorgedrungen und bedrohte jetzt die Heilige Stadt. Er forderte unverblümt vom Papst die Würde eines Patricius von Rom, das heißt die weltliche Herrschaft über die Stadt.

Papst Alexander konnte sich darauf natürlich nicht einlassen – das Papsttum hatte sich nicht aus den Fesseln des römischen Adels befreit, um sich gleich darauf normannischen Abenteurern auszuliefern. Rom suchte Schutz vor jenen, die es einst hatten schützen sollen. Zwei Mächte gab es, die helfen konnten: Herzog Gottfried und König Heinrich IV.

Da Gottfried, der mächtigste Fürst Italiens, mit solch einem Kriegszug ohne Zweifel seine Machtstellung noch mehr ausbauen würde, letztlich wohl gar zu einer Gefahr für das Papsttum werden könnte, entschied man sich im Lateran für das kleinere Übel: den deutschen König. Da war das einzige Risiko Cadalus von Parma; doch hoffte man auf Anno und andere deutsche Kirchenfürsten, die ein Zusammengehen mit dem Gegenpapst schon verhindern würden.

In Deutschland rüstete man also erneut zum Italienzug.

Gottfried aber, der Intrigant aus Lothringen, will den Saliersproß nicht als Retter des Papsttums in Italien haben. Hier herrscht er, und hier schafft er Ordnung!

Noch bevor König Heinrich IV. seinen Zug beginnt, zieht

Gottfrieds Heer schon südwärts. Dem König läßt er ausrichten, es sei ein altes Recht der Markgrafen von Toscana, dem König voranzuziehen. In Wahrheit aber nimmt er dem jungen Herrscher jegliche Möglichkeit zum Handeln. Er treibt die Normannen zurück – aber nur so weit, daß er in Rom unentbehrlich wird.

Der König bleibt in Deutschland. Und bald gerät er zum erstenmal mit den in Rom wirkenden Reformern aneinander.

Der Anlaß für den Streit liegt in Mailand. Hier hatte Erzbischof Wido, der ständigen Unruhen müde, 1070 sein Amt niedergelegt. An seiner Nachfolge entzünden sich die Gemüter.

Die Reformkräfte in der Stadt und in der Lombardei, die von ihren Gegnern verächtlich Pataria – nach dem Viertel der Lumpensammler – genannt werden, haben völlig andere Vorstellungen von einem Erzbischof als der hohe lombardische Klerus und der deutsche Hof. Mailand aber ist schließlich nicht Konstanz. Hier kann man einen Verlust der eigenen Position nicht so schnell verschmerzen.

Wer Mailand besitzt, beherrscht die Lombardei, beherrscht Italien. Ernennt Heinrich IV. hier den Erzbischof, so ist die Pataria – und hinter der steht Rom – in Gefahr, alles bisher Erreichte zu verlieren; stellt hingegen die Pataria den Kandidaten, so ist der Verlust Mailands und der Lombardei für das Reich besiegelt.

Ein Konflikt ist unvermeidbar.

Und so kommt es: Heinrich IV. macht Gottfried, einen Geistlichen aus der Umgebung Widos, zum Erzbischof; die Pataria erhebt den Kleriker Atto in dieses Amt. Die Folgen sind Unruhen.

Rom stellt sich auf Attos Seite; der König fordert die lombardischen Bischöfe auf, seinem Kandidaten zu helfen – die beiden Gewalten gleiten rollend aufeinander zu. Zum erstenmal stehen sich päpstliche und königliche Interessen direkt gegenüber.

Aber noch kann der Konflikt begrenzt gehalten werden.

Die Fronten klären sich

Erhebe dich, du Richter der Welt;
vergilt den Hoffärtigen, was sie verdienen!
(Psalm 94,2)

Land für den König

Während der Herrscher des Reiches ruhelos von Pfalz zu Pfalz zieht (Kaiser Karl der Große soll auf diese Weise zwischen 768 und 814 angeblich mehr als 80 000 Kilometer zurückgelegt haben!), sitzen die Fürsten und adligen Herren auf ihren Gütern, befestigen ihre Burgen und leben vom wirtschaftlichen Aufschwung ihrer Herrschaftsgebiete.

Sie haben, was dem König fehlt: eine Basis für ihre Macht.

Heinrich IV. weiß, daß er nur dann den Fürsten mit Erfolg entgegentreten kann, wenn er auf der gleichen Machtgrundlage aufbaut wie sie. Und so sind die kommenden Jahre geprägt vom Verlangen, dem Königtum in Deutschland ein Territorium zu schaffen... Die beste Möglichkeit dafür bot sich im sächsisch-thüringischen Raum.

Fast die gesamte wald- und wildreiche Harzgegend mit ihren Pfalzen, Königshöfen und Silbervorkommen gehört dem salischen Haus. Von Goslar und Bodfeld bis zum Kyffhäuser, von Eschwege bis zur Saale, von Pöhlde und Mühlhausen bis an die Mulde, von der Werra bis zu den sumpfigen Elbniederungen liegen Königsgüter. Und Sachsen ist ein Land, „an Frieden und Fruchtbarkeit einem blühenden Paradies vergleichbar".

Daß es mit dem Frieden nicht soweit her war, wird man bald sehen: was aber die Fruchtbarkeit betrifft, hat der Chronist mit seiner Einschätzung durchaus recht.

Auch bei Hofe weiß man das; erhält man doch von den sächsischen Krongütern mehr als das Doppelte dessen, was die bayrischen und fränkischen zusammen einbringen.

Die Bedeutung eines Gutes wurde in jener Zeit nicht an seiner Größe gemessen, sondern an seiner Leistungsfähigkeit. Je nach Gebiet, klimatischen Bedingungen und Bodenverhältnissen waren für die Güter sogenannte „Dienstbarkeiten" (Servitien) errechnet worden, die ihren Wert ungefähr ausdrückten. In Sachsen bestand zum Beispiel eine einzelne solche „Dienstbarkeit" aus 30 Schweinen, 3 Rindern, 5 Ferkeln, 50 Hühnern, 50 Eiern, 90 Käsen, 10 Gänsen, 5 Fudern Bier, 5 Pfund Pfeffer, 10 Pfund Wachse und Wein.

Je nachdem, mit wieviel Dienstbarkeiten ein Gut belegt war, mußte es jährliche Abgaben liefern. Da in Sachsen 20 Krongüter bekannt sind, die jedes um die 20 Dienstbarkeiten aufzubringen hatten, wird klar, welche Bedeutung diesem Bereich zukam.

Und hier in Sachsen, wo sowohl die territorialen als auch die ökonomischen Voraussetzungen am günstigsten sind, beginnt Heinrich IV. den Hebel seiner Territorialpolitik anzusetzen. Die Methoden, derer er sich bedient, sind mannigfaltig und wohl auch nicht immer ganz korrekt.

Was der Adel einst befürchtet hatte, wird nun wahr – der König beginnt anhand von Adalberts Verzeichnis Güter zurückzufordern. Besonders der reiche Besitz des sächsischen Herzogs- und Königshauses der Liudolfinger, der zwar der Krone gehörte, im Verlaufe der Zeit aber vom sächsischen Adel größtenteils vereinnahmt worden war, erregt die Aufmerksamkeit Heinrichs. Schritt für Schritt bringt er sich mit sogenannten Inquisitionsverfahren wieder in den Besitz dieser Güter.

In diesen Verfahren (die mit der erst 150 Jahre später gegründeten, gegen die Ketzer gerichteten kirchlichen Inquisition nur die Wortbedeutung gemeinsam haben: Befragung) werden die Rechte der Krone durch Zeugenaussagen festge-

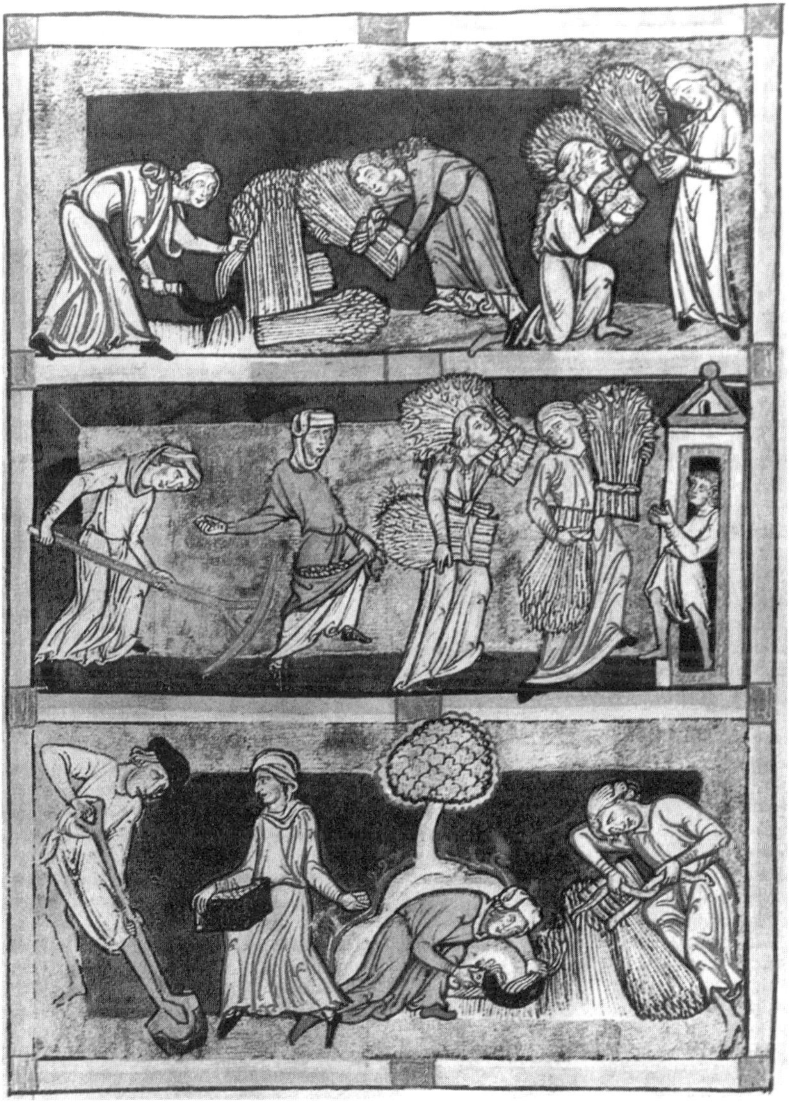

Getreideernte (Miniatur aus „Speculum virginum“, Ende 12. Jh.)

stellt und belegt – eine Methode, die die sächsischen Großen mit Recht als Zumutung ansehen. Denn Zeugen finden sich stets in ausreichender Menge, die gegen geringen Lohn aussagen, was genehm ist. Mancher sächsische Herr wird in solchen Verfahren Ländereien verloren haben, die nie der Krone gehört hatten.

In die weiten, dichten Harzwälder dringen mit königlichen Rodungsprivilegien ausgestattete Bauern ein; Siedlungen entstehen, deren Bewohner sich auf der Suche nach Silber in die Berge wühlen. Die einst so geschlossenen Gebiete der sächsischen Herren bekommen immer mehr Löcher, und mit düsteren Gedanken beobachtet man des Königs Aktivitäten.

Allerorten geht Heinrich IV. daran, die neuerworbenen Besitzungen zu sichern und zu schützen. Pfalzen und Burgen werden zu Stützpunkten seiner Macht. Quedlinburg, Nordhausen, Eckartsberga sind schon lange in königlichem Besitz; andere Burgen wie die Lüneburg oder Volkenroda bei Mühlhausen nimmt er dem Adel ab – die meisten aber läßt er neu errichten: Wigantstein, Moseburg, Sachsenstein, Spatenburg, Heimburg, Hasenburg... Manch eine ragt noch heute als Ruine; von anderen sind nur die Namen geblieben, und niemand weiß mehr, wo sie einst standen.

Die bekannteste Burg aber, die Heinrich IV. errichten läßt, ist die Harzburg. Am Nordrand des Gebirges, südöstlich von Goslar, reckte sie sich auf einem zwischen zwei Talsenken vorgeschobenen Bergriegel in den Himmel. Von dunklen, unwegsamen Wäldern umgeben, wird die einsame Burg des Königs Lieblingsplatz. In ihrer Kapelle läßt er die Gebeine seines jüngeren Bruders Konrad und seines kurz nach der Geburt gestorbenen ersten Sohnes beisetzen; die Wohnräume werden mit königlichem Luxus ausgestattet. Es ist eine neue Art von Burgen, die da entstehen und bei manchem sächsischen Edlen ein Kopfschütteln hervorrufen.

Die oft auf steilen Felsenhöhen über strategisch wichtigen Punkten gelegenen „festen Häuser“ des Adels waren bisher nach einfachen Prinzipien errichtet worden. Diese waren nicht sonderlich neu; doch in stolzem Beharren hatte man jahrhundertelang an den überkommenen Vorstellungen festgehalten, sie zuerst in Holz, später dann mehr und mehr in Stein gefaßt. Der Bergfried, ein hoher, fester Turm, im Notfall letzte Zuflucht, bildete das Zentrum der Anlage – und für so manchen Herrn war das auch schon alles. Der vom Wind umbrauste, mauerumwehrte Turm war Aufenthaltsort und Zuflucht. In seinem Kellergeschoß verhungerten die Gefangenen; darüber schliefen Knechte, waren Vorräte gehortet, hauste der Burgherr mit seiner Familie. Durch die glaslosen Fensterluken ging der Blick bei schönem Wetter weit übers Land; im Herbst und Winter aber wehte der Wind Kälte und Nässe herein, die von den hölzernen Fensterläden nur unvollkommen zurückgehalten wurden. Finster war es, feucht und ungemütlich, und das Kaminfeuer im einzig heizbaren Gelaß des Turmes vermochte die Menschen, die beim blakenden Kienlicht beieinanderhockten, nicht zu erwärmen. Oft werden sie nach den Vögeln Ausschau gehalten haben, die, vom Süden kommend, den Frühling ankündigten... Wohlhabendere Herren hatten dann zu Füßen des Turmes Wohn- und Wirtschaftsgebäude errichten lassen, lebten nicht ganz so beengt, etwas bequemer – doch kam es letztlich darauf nicht an. Die dicken, kalten und immer etwas feuchten Mauern sollten vor Feinden schützen, wer immer das auch war: der ins Land brechende Ungar, der Slawe, der kriegerische Nachbar oder gar der aufmüpfige Hörige.

Die Burg diente der Verteidigung.

Was aber waren das nun für merkwürdige Anlagen, die der König da errichten ließ? Wo hatte man jemals gehört, daß eine Burg solch eine Vielzahl von Höfen hatte! Ein jeglicher mit Türmen und Bastionen, Wehrgängen und Mauern zur Verteidigung gerüstet – eine Burg für sich. Man konnte solch einen Hof erobern, doch die Burg besaß man dann noch nicht.

Bauarbeiten (Miniatur aus einer Ausgabe des Alten Testaments, um 1240)

Geistiger Kopf dieses gewaltigen Bauunternehmens ist Benno II., Bischof von Osnabrück. Ob er von seinem bischöflichen Amt sehr viel verstanden hat, weiß man nicht genau; doch in vielen anderen Dingen zählt der Vertraute Heinrichs IV. zweifellos zu den fähigsten Köpfen seiner Zeit. Er ist sowohl in Verwaltungsangelegenheiten und Diplomatie als auch in der Landwirtschaft, der Kriegskunst und im Bauwesen bewandert.

In jungen Jahren war er als Pilger in Palästina gewesen, und dort hatte er – so erzählte man – auch die Befestigungen der Sarazenen gründlich kennengelernt. Er erkannte das Neue dieser Anlagen. Jetzt erinnert er sich daran. Auf den Höhen des Harzes entstehen Abbilder der Wüstenforts.

Benno II. ist rastlos, aber leider auch skrupellos und ohne Mitleid für das Volk. Er sieht in ihm wohl weniger Menschen als vielmehr Kräfte, mit deren Hilfe er sein Werk gestalten kann. Er ist besessen. Die Burgen sollen fertig werden – etwas anderes gilt nicht!

Tag für Tag, Woche für Woche, Monat für Monat, Jahr für Jahr schleppen die zum Bau beorderten Hörigen Steine, karren Erde, roden Wurzeln. Sollen sie die Felder des Nachts bestellen, die Burg ist wichtiger!

Man hat errechnet, daß an der Burg Kyffhausen tausend Hörige über sechs Jahre lang täglich zwölf Stunden geschuftet haben müssen! Stein auf Stein fügt sich. (Im übrigen wird zur Verbindung ein normales Kalk-Sand-Gemisch verwendet – kein Ochsenblut, keine Eier, kein Quark!) Die Mauern wachsen in die Höhe; und noch ehe sie das Blut anrennender Feinde netzt, schmecken sie das Blut ihrer Erbauer. Als die Burgen dann fertig sind, breit und drohend über der Landschaft liegen, haben die Bauern selbst die Symbole ihrer Unterdrückung errichtet.

Der König legt schwäbische Ministerialen in die neuen Burgen, und die führen sich stellenweise auf wie Besatzer im besiegten Land. „Täglich machten sie Ausfälle und raubten alles, was sie in den Dörfern und auf den Feldern fanden, erhoben unerträglich hohe Abgaben und Steuern von Wäldern und Feldern und trieben oft, angeblich als Zehnt, ganze Herden weg. Die Landesbewohner selbst, darunter viele hochgeborene und überaus wohlhabende, zwangen sie, ihnen wie gemeine Hörige Dienste zu leisten ... Wenn einer von ihnen wagte, über diese schmachvolle Behandlung zu klagen, ... dann legte man ihn gleich in Fesseln, als hätte er ein schweres Unrecht gegen den König begangen." (3)

Der Chronist Lampert von Hersfeld, der dies berichtet, war alles andere als ein Anhänger Heinrichs IV., und seine „Annalen" sind durchaus parteiisch – doch bei dieser Schilderung wird er recht haben. Das Kloster Hersfeld liegt in unmittelbarer Nähe der Ereignisse, und Lampert erfuhr so manches aus erster Hand. Vermutlich aus begüterter Familie stammend, war Lampert im März 1058 als Mönch ins Kloster Hersfeld gekommen und machte sich einige Jahre später einen Namen als Geschichtsschreiber. Aus seiner Feder stammen einige heute leider verschollene Schriften, eine bruchstückhaft überlieferte Geschichte seines Klosters und „Annalen" – eine der Hauptquellen für die Zeit von 1040 bis 1077. Hinter einem gewandten Stil und scheinbarer Objektivität verbirgt sich jedoch ein treuer Parteigänger der Fürstenopposition, der kaum eine Gelegenheit ausläßt, um den König zu diskreditieren. Die noch im vorigen Jahrhundert so hochgerühmte Zuverlässigkeit Lamperts von Hersfeld muß heute in manchem angezweifelt werden. Kritisch betrachtet bieten seine „Annalen" jedoch eine Fülle von interessanten Nachrichten.

Lampert aber ist nur einer von vielen, die aus jenen Tagen berichten. Sorgsam registriert man in den Klöstern die Ereignisse der Zeit. Hier sind die geistigen Zentren des Landes, hier pflegt und achtet man das Wissen in einer Welt dumpfer Ignoranz. Voller Staunen und Achtung wird man noch nach langer Zeit von jenem gelähmten Jungen sprechen, der 1020 siebenjährig im Kloster Reichenau Aufnahme gefunden hatte und den seine späteren Schüler das „Wunder der Welt“ nannten. Lebenslang an den Tragstuhl gefesselt, kraftlos und so schwach, daß er gefüttert werden mußte, mit einem angeborenen Sprachfehler kämpfend, vollbrachte er in seiner Hinfälligkeit Unvorstellbares. Hermann der Lahme, wie ihn seine Brüder nannten, war einer der bedeutendsten Geister seiner Zeit. Er befaßte sich mit Geometrie, Mechanik, Arithmetik, Astronomie, Musik, Zeitgeschichte ... Einundvierzig Jahre war er alt, als er starb – er hinterließ ein Werk, das noch nach Jahrhunderten Staunen hervorrief.

Doch nichts von dem, was man in den Klöstern tut, tut man aus bloßem Selbstzweck. Sorgsam geführte Urkundenbücher belegen alte Rechte; das Verstehen der Zeitläufe macht es möglich, wichtige Entscheidungen zum rechten Augenblick zu treffen; die Arithmetik hilft, die Einnahmen besser zu berechnen; der komplizierte Turnus der Gottesdienste und ihre liturgische Gestaltung verlangen Aufzeichnungen, in denen all die unzähligen Einzelheiten festgehalten werden; die Termine für kirchliche Feste müssen genau eingehalten werden, ohne Uhr! Und immer weiß man Hilfe: „Am Weihnachtstag bereite dich vor, die Glocken zu läuten, wenn du die Zwillinge auf dem Schlafsaal gleichsam liegen und den Orion über der Allerheiligenkapelle stehen siehst. Und wenn am 1. Januar der Helle Stern im Knie des Arktophylax (Arkturus im Sternbild des Bootes; W. L.) den Zwischenraum zwischen dem ersten und zweiten Schlafsaalfenster erreicht hat und gewissermaßen auf dem Dachfirst liegt, dann gehe und zünde die Lampen an!“

Solche Weisungen erhält der für den Beginn der Gottesdienste verantwortliche Bruder – das war angewandte Astronomie. Sorgsam werden in den Klöstern die Bewegungen des Himmels und der Erde registriert.

Zu Beginn des Jahres 1070 scheint sich vielen Chronisten drohendes Unheil anzukündigen. In weiten Gebieten des sächsischen Landes wächst der Unmut über des Königs Vorgehen. Der Adel, der sich einerseits der Leistungen, die ihm die Bauern erbringen sollten, zum Teil beraubt sieht, andererseits mehr und mehr seine politisch-staatliche Funktion verliert, fühlt sich vom König hintergangen. Ein böses Murren liegt über Sachsen. Es steigt aus den Hütten der Bauern und aus den Burgen der Herren – und es ist nur noch eine Frage der Zeit, wann es zu einem schrillen Schrei wird.

Otto von Northeim

Einer der mächtigsten Feudalherren des Reiches ist der Bayernherzog Otto von Northeim. Der aus alter sächsischer Familie stammende Fürst wird von seinen Bewunderern als umsichtiger, kluger Mann und tapferer Krieger gepriesen; ihm weniger gewogene Zeitgenossen nennen ihn allerdings selbstsüchtig und rücksichtslos, undankbar und nur auf den eigenen Vorteil bedacht. Diese Charakteristik traf fast auf alle Fürsten zu, und sie hebt den Northeimer kaum über seine Standesgenossen hinaus.

Er hätte wohl auch für die Krone nicht mehr bedeutet als seine Genossen in Schwaben oder Kärnten, wenn da nicht etwas gewesen wäre, was ihn mit der königlichen Politik in direkten Konflikt bringen sollte: Die am West- und Südrand des Harzes gelegenen Besitzungen und Lehen Ottos behinderten die Schaffung eines geschlossenen Königsterritoriums!

Dieser Umstand bestärkt den Verdacht, daß die nun folgenden Ereignisse eine wohldurchdachte, großangelegte Intrige waren.

Freilich ist unklar, wieweit Heinrich IV. eingeweiht oder gar maßgeblich beteiligt war; vermutlich ging der ganze Plan jedoch von seinen Räten aus, und der jugendliche König wußte so gut wie nichts von dem, was man da zusammenbraute.

Heinrich IV. hatte ein durchaus gutes Verhältnis zu Otto von Northeim. Die archaische Gestalt dieses Kriegers, seine gerade Art, die kalte Höflichkeit, die Arroganz – all das beeindruckt den König. Nach all den Erzbischöfen und Geistlichen, nach der frommen Mutter ist Otto von Northeim der erste wirkliche Mann für ihn. Wer will es ihm verdenken, wenn er in ihm sein Vorbild sieht? Während sich andere Fürsten, grollend über die Bevorzugung der Ministerialen, vom Hofe fernhalten, geht der „ungekrönte Herrscher Sachsens" selbstsicher dort nach wie vor aus und ein. Mit Mißfallen sehen Adalbert und die königlichen Räte dieses Hinwenden des jungen Königs zum Northeimer. Sie fürchten (wohl mit Recht!) den Einfluß der sächsischen Aristokratie auf Heinrich IV., ahnen eine Änderung der bisherigen Politik.

Doch es gibt bei Hofe genügend Leute, die den Bayernherzog nicht mögen. Aus dieser Richtung kommen schon bald erste Vorstöße, die geschickt des Königs Abneigung gegen Otto von Northeim wecken sollen. St. Suitberths Werth wird genannt; Adalbert bringt seinen Sturz zur Sprache; besonders aber wird ein Vorkommnis hochgespielt, das – die Reizbarkeit Heinrichs einkalkuliert – zu vielen Maßnahmen Anlaß geben kann:

Während eines Aufenthalts des Königs auf einem der Güter Ottos war der königliche Erzieher Kuno Opfer eines nächtlichen Überfalls geworden. Keiner weiß, wer der oder die Täter waren, und es ist durchaus möglich, daß Otto dahintergesteckt hat. Ihm lag ja daran, Leute, deren Einfluß beim König er fürchten mußte, auszuschalten. Jenes Ereignis nun, das schon geraume Zeit zurückliegt, wird plötzlich wieder aktuell.

Unter dem Schutz von Vertrauten des Königs taucht am Hofe ein gewisser Egino auf und behauptet, die Wahrheit über jenen nächtlichen Vorfall zu kennen. Es sei überhaupt nicht gegen Kuno gegangen, erklärt er dem erschrockenen König, sondern vielmehr gegen ihn, Heinrich, selbst! Man habe nämlich gehofft, er werde auf Kunos Hilferuf hin herbeieilen. Dabei sollte er dann niedergestochen werden.

Der König ist erschüttert.

Ungerührt aber sagt Egino weiter aus, er habe von Herzog Otto den Auftrag gehabt, diesen Anschlag auszuführen, und nur seinem Zögern sei es zuzuschreiben, daß Heinrich noch am Leben sei. Und zur krönenden Schlußszene legt er dem König ein Schwert zu Füßen, gesteht unter Tränen der Reue: Dieses Schwert habe er von Herzog Otto erhalten, um damit die Bluttat zu verüben! Der unschlüssige König glaubt immer mehr an den Verrat Ottos, zumal Egino sich sofort bereit erklärt, die Wahrheit seiner Behauptung im Zweikampf gegen den Herzog zu verteidigen.

Egino, „an dem außer seiner Unverschämtheit nicht Rechtes war", ein kleiner Freier mit bescheidenem Vermögen und üblem Ruf, war durchaus der Typ, den man mit solch einem Mordanschlag in Verbindung bringen konnte. Zudem belastete er sich durch seine Aussage ja selbst – die Welt des Mißtrauens, in der der König lebt, fordert ihren Preis.

Drei Wochen nach Pfingsten stehen sich auf einem Fürstentag in Mainz Kläger und Beklagter gegenüber, wird der Bayernherzog des Hochverrats beschuldigt.

Es mag mancher der Anwesenden mit Befremden vermerkt haben, daß man einem Menschen wie Egino so ohne weiteres Glauben schenkt, obwohl Otto jegliche Beschuldigung von sich weist. (Nach späteren Aussagen soll er Egino nicht einmal gekannt haben!) Aussage steht gegen Aussage, und um eine Entscheidung herbeizuführen, erkennt man auf ein Gottesurteil: einen Zweikampf.

Gott als höchster Richter – ein Zeichen dafür, wie tief die Religion das Alltagsleben der Menschen durchdrungen hat.

Der Ausgang von Duellen entschied Rechtsstreitigkeiten; Tragen von glühenden Eisen in bloßen Händen urteilte über Schuld oder Unschuld. Die Justiz jener Zeit machte sich kaum die Mühe von langwierigen Untersuchungen – sie übergab im Zweifelsfalle Verdächtige an Gott, und der entschied. Von Vaterschaftsproblemen bis zu Fragen der Rechtgläubigkeit billigte man ihm durchaus Kompetenz zu. Was er tat, war recht getan! Im Falle Ottos von Northeim gegen Egino würde das nicht anders sein!

Aber es kommt nicht zum Kampf zwischen dem Herzog und seinem Ankläger. Otto weigert sich, und das ist wohl kaum Angst vor der Geschicklichkeit Eginos – dafür ist er ein zu guter Kämpe. Sein Standesbewußtsein verbietet ihm vielmehr, sich so zu erniedrigen. Außerdem ist Otto von seinen Freunden, Bischöfen und anderen Fürsten gewarnt: Wenn er nach Goslar käme, wo der Zweikampf stattfinden solle, werde er auf keinen Fall, auch wenn er seinen Gegner besiege, lebend von dort zurückkehren... Es mag durchaus etwas an dieser Warnung sein.

Als alle Versuche, den König zur Zurücknahme dieses Zweikampfes zu bewegen, scheitern, zieht Otto sich auf seine Güter zurück.

„Er zog es also vor, seine Würde, wenn auch widerrechtlich, zu verlieren, als sich einem solchen Gericht zu unterziehen, wo, wie er wußte, dem Recht Gewalt geschehen würde." (10)

Am 1. August 1070, dem Termin für den Zweikampf, steht Egino gerüstet und gewappnet allein in den Schranken des Kampfplatzes. Sein Gegner tritt nicht an. Somit ist für den König und alle Anwesenden erwiesen, daß Otto von Northeim schuldig ist.

Die einzige Schwachstelle im Plan gegen den Bayernherzog ist umgangen. Denn immerhin hätte es ja sein können, daß Otto gekämpft und gar gesiegt hätte – aber so gut kannten seine Gegner wohl den Stolz des Northeimers.

Eginos Rolle ist damit ausgespielt. Drei Jahre später wird vermeldet, er sei bei einem Straßenraub ergriffen und in Ketten herumgeführt worden. Und Lampert von Hersfeld sagt, die Beraubten hätten ihn ergriffen und geblendet...

Einen Tag nach dem ausgefallenen Zweikampf wird Otto

von Northeim des Hochverrats für schuldig befunden. Er verliert all seine Güter und auch die bayrische Herzogswürde.

Und nun zeigt sich, daß neben dem König noch andere Kräfte gegen Otto am Werk gewesen sein müssen. Denn noch ehe Heinrich IV. ein Heer gesammelt hat, um gegen den Geächteten zu ziehen, brechen jene Hofbeamten, denen Otto im Wege gestanden hatte, mit stattlicher Macht gegen ihn auf.

Burg Hanstein an der Werra wird zerstört; die Besatzung der Burg Desenberg ergibt sich dem König; in Westfalen plündern und verwüsten königliche Scharen die Besitzungen von Ottos Frau Richenza – doch wie fast immer in den Kriegsläufen jener Zeit trifft es am härtesten die Unschuldigen.

Während seine Gegner in Westfalen hausen, lauert Otto mit seiner Schar versteckt in den Tiefen des Thüringer Waldes, fällt in Königsländereien ein und verteilt die Beute unter seine Anhänger. Die Zeche in diesem Kampf zahlen die Bauern.

Den Gegner in offener Feldschlacht zu schlagen ist nur eine, zudem unsichere Möglichkeit – ihm seine Machtgrundlagen zu zerstören ist weitaus wirkungsvoller. Und so gehen Dörfer und Höfe in Flammen auf, brennt das Land, wird die Ernte niedergestampft, Vieh abgeschlachtet, führt man Menschen fort.

Otto zieht die Werra abwärts. Bei Eschwege liegen die Erschlagenen aus der Schar des Grafen Ruotger, der sich dem Northeimer in den Weg gestellt hatte, in der Septembersonne. Die Wölfe haben gute Tage.

Mit Magnus, dem Sohn des Sachsenherzogs Ordulf, verbündet, lauert Otto von Northeim auf einem Bergrücken zwischen Diemel und Fulda, igelt sich ein. Von Nordwesten zieht der König mit Truppenkontingenten aus Hessen, Thüringen und Sachsen heran ... Aber noch ehe es zur Schlacht kommt, wird zwischen Heinrich IV. und dem Geächteten ein Waffenstillstand vereinbart. Otto verspricht, sich dem König zu unterwerfen.

Die Gründe für diese Entscheidung sind undurchsichtig, aber man kann wohl annehmen, daß es ein taktisches Zurückweichen war. Der Northeimer wollte sich nicht ohne Bundesgenossen in einen Kampf mit der Zentralgewalt einlassen. Partner aber hatte er – außer Magnus – nicht.

Der wegen seines Einflusses und seines Reichtums von vielen Fürsten mit Mißtrauen beobachtete Northeimer bleibt allein, ja ein Teil der sächsischen Herren geht sogar gegen ihn vor – „wegen privater Feindschaft", wie Lampert sagt. Gerade der mittlere Adel, auf dessen Kosten Otto seinen Besitz zu vergrößern gedachte, mag es als gerechte Strafe angesehen haben, daß dem Überheblichen endlich einmal die Schranken gewiesen wurden. So vermerken nicht nur der König und dessen Räte, sondern auch große Teile der Fürsten voller Freude, wie Otto von Northeim Pfingsten 1071 zu Halberstadt demütig um Gnade bittet. Mit ihm knien am 12. Juni in der neu aufgebauten Domkirche der Stadt, die bei der Feuersbrunst 1060 völlig zerstört worden war, Magnus von Sachsen und dessen Genossen.

Der König kennt Gnade. Otto erhält seine Eigengüter zurück – die Reichslehen aber verliert er. Das Ziel, nämlich das königliche Gebiet im Harz auszubauen, ist erreicht.

Während Otto mit Friedensschwüren dem König von nun an die Vasallentreue gelobt, wird Magnus unter starker Bedeckung auf die Harzburg hinweggeführt.

Es herrscht wieder Frieden im Land. Aber es ist ein schwacher Frieden!

Der Verbündete der Fürsten

Hatte Otto von Northeim auch nur geringe Unterstützung beim sächsischen Adel gefunden – nach seinem Sturz kommen diesem oder jenem doch trübe Gedanken. Wie stark ist die eigene Position? Immer deutlicher tritt die Entfremdung zwischen König und Fürsten zutage – nicht nur in Sachsen. Die hohen Herren sind mißtrauisch geworden.

Der Sturz Ottos von Northeim, offensichtlich auf Betreiben königlicher Räte, macht sie zurückhaltend. Waren sie bisher schon nicht sonderlich gut auf Heinrichs IV. Ministerialenpolitik zu sprechen, ziehen sie sich nun immer mehr vom Hofleben zurück.

Herzog Rudolf von Schwaben, Berchtold von Kärnten und auch der neuernannte Bayernherzog Welf IV. machen sich rar.

Noch aber bereitet das dem König kaum Kopfzerbrechen, glaubt der, die Zurückhaltung der großen Reichsfürsten entspringe der Furcht vor seiner Gewalt. Er merkt nicht, daß diese Zurückhaltung wachsender Machthunger und immer stärker werdende Ablehnung der Zentralgewalt ist.

Und Erzbischof Adalbert, der kluge Ratgeber und Politiker – längst vom König in seine alte Funktion zurückberufen –, der auch im Streit mit Otto von Northeim vermittelt hatte, schickt sich an, diese Welt für immer zu verlassen ... Noch einmal kommt er zur Fastenzeit 1072 nach Goslar, in die Pfalz, wo er so viele wichtige Staatsgeschäfte abgewickelt hatte, von der aus er zwei Herrschern gedient – Heinrich III. und Heinrich IV. Er ist schon so gebrechlich und schwach, daß er sich in einer Sänfte tragen lassen muß. Am 16. März 1072 stirbt er um die Mittagszeit.

Obwohl der Tod des Erzbischofs die königliche Politik nicht mehr so sehr trifft, muß Heinrich IV. doch tief berührt gewesen sein. Er hat an seinem Erzieher und späteren Ratgeber sehr gehangen, und auch Adalbert hegte wohl eine echte Zuneigung für seinen Schützling.

Als er sich „wegen der Unsauberkeit seiner Krankheit" (er litt an Ruhranfällen) jeglichen Besuch verbat, da ließ er nur eine Ausnahme zu: Heinrich IV. Oft soll dieser am Bett des fast siebzigjährigen Greises gesessen haben, dem er soviel verdankte. Gestorben ist Adalbert allein. Er hatte einmal gesagt, daß alle, die vor ihm den erzbischöflichen Stuhl von Bremen innegehabt hatten, dunkler und unadeliger Herkunft gewesen seien. Er allein wäre würdig gewesen, sogar den apostolischen Stuhl zu besteigen. Diese Selbstüberschätzung, sein Drängen nach Macht hatte ihn zu Fall gebracht – in einem Punkt aber hatte er wohl recht: An Weisheit und „Weltklugheit", vielleicht auch an menschlichen Qualitäten übertraf er viele seiner Amtsbrüder.

Adam von Bremen, der „Tacitus des Nordens" – ein oberdeutscher Mönch, der seit 1066 dem Bremer Domkapitel angehörte – setzt seinem Gönner ein literarisches Denkmal von beeindruckender Gewalt. „O trügerisches Glück des menschlichen Lebens! O verabscheuungswürdiges Haschen nach Ehre! Was nützt dir jetzt, du ehrwürdiger Vater Adalbert, all das, was du immer geliebt hast; der Ruhm der Welt, das Zusammenströmen vieler Menschen, die Erhabenheit des Adels? Denn allein liegst du in der hohen Pfalz, ganz verlassen von all den Deinigen." (8)

Lampert von Hersfeld, der nicht zu den Anhängern Adalberts gehörte, sieht es allerdings anders. Lakonisch stellt er fest: „Endlich einmal tat er durch seinen Tod, was er im Leben niemals vermocht hatte, dem hartnäckigen Haß der Menschen Genüge." (3)

Adam aber, um die Schwächen seines Herrn wohl wissend, erhob warnend die Stimme gegen dessen Ankläger: „Mögen derartige Leute sehen, daß sie nicht blindlings über jenen urteilen, da sie doch wissen, daß in zweifelhaften Dingen kein ein für allemal gültiges Urteil gefällt werden kann, und es heißt: Wenn Du den anderen richtest, verdammst Du Dich selbst!" (8)

Nun, da Erzbischof Adalbert tot ist, macht sich eine allmähliche Annäherung zwischen dem König und den Fürsten bemerkbar. Sie geht allerdings mehr von Heinrich IV. aus, der wohl glaubt, zur Stabilisierung der Verhaltnisse die Fürsten wieder fester an sich binden zu müssen. Vielleicht hat ihn der Verlust seines wichtigsten Beraters verunsichert, will er Konflikten ausweichen. Die Fürsten aber stellen sich vorerst taub, und nur durch Vermittlung der Kaiserwitwe Agnes, die wieder einmal in Deutschland ist, und auf Fürsprache Abt Hugos von Cluny kommt es in Worms schließlich doch zu einem Treffen. Viel allerdings bringt es nicht. Der König versöhnt sich mit Rudolf von Schwaben, und er erklärt sich sicherlich auch einverstanden damit, daß er sich künftig eifrig in die Pflichten seines Herrscheramtes schicken wolle und die vom Heiligen Vater verkündeten Gebote Gottes befolgen werde – das aber ist dann auch schon alles. Nach wie vor halten Heinrichs Ratgeber an ihrer Politik fest, und nach wie vor versuchen die Fürsten, den König von diesen Ratgebern zu trennen. – Wenig später erhalten sie Unterstützung.

In Rom verhängt Papst Alexander II. – auf ausdrücklichen Wunsch der Kaiserin Agnes, die um das Seelenheil ihres Sohnes besorgt ist – den Bann über fünf von Heinrichs Räten. Sie haben den König von der Gemeinschaft der Kirche entfernt, heißt es.

(Es wäre ungerecht, wollte man Agnes unterstellen, daß sie aus politischen Motiven gegen den eigenen Sohn vorgegangen wäre – in ihr brannte der Geist von Cluny, und wenn der Herrscher sich gegen den Willen Gottes, wie Agnes ihn verstand, verging, dann mußte man alles versuchen, ihn auf den rechten Weg zurückzuführen!)

Der Bann ist der erste offene feindliche Schritt Roms und zugleich auch eine Warnung. Er signalisiert dem König, daß man eine weitere Einmischung in Kirchenbelange nicht länger dulden werde.

Die Konsequenzen sind weitreichender, als Agnes es sich in ihrem frommen Sinn träumen läßt. Indem Rom sich anmaßt, mißliebige Ratgeber des Königs aus seiner Umgebung zu entfernen, mischt es sich deutlich in Angelegenheiten des Reiches und stellt sich damit auf die Seite der Fürsten, die eine

Schwächung der Zentralgewalt anstreben. Vereint will man den König bezwingen.

Jener Teil von Deutschlands Geistlichkeit aber, der nicht gewillt ist, sich Roms radikalen Reformen zu unterwerfen, sieht sich in der Hoffnung getrogen, in den Fürsten Partner zu finden. Ihm bleibt nur der König.

Und so schart sich ein großer Teil des Episkopats um Heinrich IV., der nun alles daransetzt, der Krone treu ergebene Männer in wichtige Stellungen zu bringen.

Ernüchtert von den Folgen seines Wormser Auftritts, schwenkt er wieder von der Versöhnung ab, die nur Unterwerfung bedeutet hätte. Bremen erhält in Liemar einen zuverlässigen und königstreuen Erzbischof; sein Amtsbruder in Mainz wird mit Privilegien günstig gestimmt; selbst Anno von Köln erfreut sich nun wieder königlichen Wohlwollens.

So stehen schließlich auf der einen Seite Rom, unterstützt von Deutschlands Fürsten – auf der anderen der König mit den Resten der Reichskirche.

Die gebannten Räte, nach wie vor im Hofdienst und des Königs Gunst sicher, scheren sich nicht um den Spruch des Papstes, zumal Alexander II. kurz nach der Fastensynode 1073 stirbt.

Alles ist offen. Man wird abwarten.

Alexanders langjähriger Gegner Cadalus von Parma ist schon ein Jahr vorher von der Bühne abgetreten – ein unglücklicher, gebrochener Mann. Es war das erstemal, daß ein vom Kaiser ernannter Papst sich nicht durchsetzen konnte.

Von nun an sollte das immer so sein.

Gregor VII.

Ich bin gekommen, daß ich
ein Feuer anzünde auf Erden;
was wollte ich lieber,
als es brennete schon.
(Lukas 12,49)

Als man sich am 22. April 1073 in Rom anschickt, die sterbliche Hülle Papst Alexanders II. in der Gruft der Salvatorkirche im Lateran zur letzten Ruhe zu betten, wird die feierliche Atmosphäre der Beisetzung durch einen plötzlich auftretenden Tumult gestört. In der Menge werden an verschiedenen Stellen unvermittelt Rufe laut: „Hildebrand sei Papst!"

Als habe er nur darauf gewartet, ergreift Kardinal Hugo Candidus das Wort: „Männer, Brüder! Ihr wißt, daß seit den Tagen unseres Herrn, des Papstes Leo (IX.; W. L.) dieser Hildebrand es ist, der die heilige römische Kirche erhöht und diese Stadt befreit hat. Deswegen, weil wir für den römischen Pontifikat weder einen Besseren noch überhaupt einen solchen, der gewählt werden mag, haben können, so wählen wir diesen, den in unserer Kirche ordinierten, euch und uns bekannten und in allen Dingen erprobten Mann." (11)

Und unter dem Jubel des Volkes, dem Zureden der Kleriker verkündet man feierlich: „Der heilige Petrus hat den Papst Gregor erwählt."

Habemus papam – wir haben einen Papst!

So die Berichte von der Wahl Hildebrands.

Doch ganz so spontan, wie es uns die Überlieferung glauben machen will, haben sich jene Vorgänge in Rom wohl doch nicht zugetragen.

Nach dem Tode Alexanders II. waren sich die Führer der Reformpartei sofort einig, daß nur einer der Ihren zum neuen Papst erhoben werden dürfe. Eine ordentliche Papstwahl, wie sie der Form halber von den Kardinälen für den dritten Tag nach Alexanders II. Beisetzung angeordnet worden war, barg allerdings einige nicht zu kalkulierende Risiken.

Die römische Adelsopposition, die königstreu gesinnten Kräfte, nicht zuletzt auch die große Masse des durch Simonie- und Eheverbot verbitterten lombardischen Klerus – kurz alle, die sich dem Diktat der Reform nicht beugen wollten, bildeten für eine Papstwahl einen erheblichen Unsicherheitsfaktor. Es liegt deshalb die Vermutung nahe, daß man sich für einen anderen Weg entschieden hatte.

Einer der führenden Köpfe bei diesem streng geheimen Unternehmen war der erwähnte Kardinal Hugo Candidus, ein genialer Intrigant und Hintertreppenpolitiker, dem die Zeitgenossen in seltener Übereinstimmung Unzuverlässigkeit, Wankelmut und Verlogenheit bescheinigen. Dieser Organisator von Volksaufläufen und Palastrevolutionen hat wohl auch bei der Unruhe in der Salvatorkirche die Hände im Spiel gehabt, als das Volk (besser: die unters Volk gemischte Kumpanei Hugos) Hildebrand zum Papst ausrief und damit ein Ergebnis herbeiführte, über das sich die Führer der Reformpartei schon lange einig waren. Unklar freilich bleibt, ob Hildebrand davon gewußt hat.

In all seinen Äußerungen jedenfalls stellt er sich unwissend. Fast entschuldigend schreibt er über jenen Vorfall: „Wie die Wahnsinnigen stürmten sie auf mich ein, ließen mir weder Zeit noch Möglichkeit, zu Wort zu kommen oder Rates zu pflegen, sondern ... rissen mich mit Gewalt auf den Platz des apostolischen Regiments, dem ich bei weitem nicht gewachsen bin.“ (12) Die Wahl aber nimmt er an, auch wenn sie gegen das von Nikolaus II. verkündete Papstwahldekret verstößt.

Gregor nennt sich der neue Papst – und eben dieser Name,

der noch während des Tumultes in der Salvatorkirche gebraucht wird, legt den Verdacht nahe, daß Hildebrand doch von dem bevorstehenden Ereignis gewußt hat. Papstnamen sind Programme, und auch Hildebrand hat keinen beliebigen angenommen, sondern den seinen mit Bedacht gewählt. Wie aber sollen die Massen in der Salvatorkirche den Papstnamen gewußt haben, wenn er ihnen nicht vorher mitgeteilt worden war? Gregor VII. – ist der Name eine Reverenz an jenen Gregor VI., mit dem Hildebrand einst ins Exil gegangen war? Wohl erst in zweiter Linie. Eher wird Hildebrand sich auf Gregor I. besonnen haben, jenen römischen Bischof um die Wende des 6. zum 7. Jahrhundert, der für den Ausbau der päpstlichen Macht die Befolgung eines Satzes Kaiser Konstantins I. gefordert hatte. Der soll nämlich den Konzilsvätern von Nicaea gesagt haben: „Ihr seid Gott gleich, da ihr vom wahren Gott eingesetzt wurdet. Es ist nicht recht, daß wir über Gott zu Gericht sitzen."

Hier wollte Gregor VII. ansetzen!

Und noch in einer anderen Beziehung ist die Namenswahl eine versteckte Kampfansage an den deutschen Hof. Indem Hildebrand sich Gregor VII. nennt, sanktioniert er die Rechtmäßigkeit Papst Gregors VI., hebt damit nachträglich dessen auf der Synode von Sutri erfolgte Absetzung durch Kaiser Heinrich III. auf. Aber darüber macht sich kaum einer Gedanken.

Der auffallend kleine, bleiche Mann, über dessen Häßlichkeit seine Gegner spotten, hat die Fünfzig schon überschritten, ist nach den Maßstäben der Zeit fast ein Greis. Zwanzig Jahre hat er der Kurie gedient, war mehr und mehr die Seele der päpstlichen Politik geworden – nun stellt er sich an ihre Spitze. Und wie eine Sturmböe fegen seine Worte über die Welt: „Verflucht ist der Mensch, der sein Schwert zurückhält vom Blute; denn nicht um irgendeines Menschen willen werde ich das Gesetz Gottes hintanstellen oder von der Bahn des Rechts weichen!"

Es gibt genügend Stimmen am Hofe Heinrichs IV., die dem König dringend raten, die Wahl des neuen Papstes nicht zu bestätigen, statt dessen gegen ihn vorzugehen, da er mit der Art seiner Wahl kirchliche Gesetze verletzt habe. Leute, die Gregor VII. kennen, warnen vor seiner Heftigkeit; und Bischof Gregor von Vercelli, der Kanzler Italiens, macht deutlich Front gegen den neuen Papst. Abt Walo von St. Arnulf bei Metz aber denunziert den Bischof sofort pflichteifrig: „Jener Teufel von Vercelli macht mit seinen Spießgesellen heftige Bemühungen, daß du auf dem Stuhle Petri nicht bestätigt werden sollst; denn der Elende fürchtet, daß bei deinem bekannten Eifer, in welchem du gegen die Feinde der Kirche zu erglühen pflegst, jetzt seine Schandtaten, seine Laster, seine Verfehlungen zur Verurteilung anstehen."

Heinrich IV. aber erkennt die Wahl an (obwohl dies ohnehin nur ein rein formaler Akt ist). Gerade jetzt, wo in Sachsen der Geist des Aufruhrs umgeht, will der König Frieden mit Rom, möchte auf jeden Fall verhindern, daß die Fürsten im neuen Papst einen Partner finden. So wichtig ist ihm das gute Einvernehmen mit der Kurie, daß er sogar in der Mailänder Angelegenheit nachgibt. Im Beisein vom königlichen Gesandten erhält der neue Papst seine Weihen.

Daß das vom König angestrebte gute Einvernehmen allerdings auf tönernen Füßen steht, macht Gregor VII. in einem Brief an Herzog Gottfried den Buckligen (den Sohn des verstorbenen bärtigen Gottfried) deutlich. Anfang Mai 1073 teilt er diesem mit: „Es steht uns nämlich nicht frei, um persönlicher Gunst für irgend jemand Gottes Gesetz hintanzustellen oder vom Pfad der Richtigkeit um menschlicher Gunst willen zurückzuweichen, da der Apostel spricht: Wenn ich den Menschen gefallen möchte, würde ich nicht ein Knecht Gottes sein. Galater 1,10." (12)

Mit wachsender Besorgnis werden Heinrichs IV. Räte bald schon Gregors Bestrebungen registriert haben, die Kirche zum Herrscher über weltliche Reiche zu erheben. In Ungarn,

Dänemark, Kroatien, England, Spanien und Frankreich versucht der Papst mit wechselndem Erfolg, die Oberhoheit Roms durchzusetzen, fordert die jeweiligen Herrscher auf, ihm den Vasalleneid zu leisten. Der rebellische deutsche Adel vermerkt das mit Interesse.

Gregor VII. ist kein sanfter, friedlicher Papst, kein Nur-Theoretiker. Er packt zu, stürmt vorwärts, will vernichten und neu bauen, will priesterliche Würde über weltliche Macht erheben. Dafür scheinen ihm auch kriegerische Maßnahmen gerechtfertigt. Das „bellum iustum" – der gerechte Krieg – des Kirchenvaters Augustinus ist für Gregor nicht mehr nur von den weltlichen Mächten zu führen. Auch die Kirche selbst hat das Recht dazu, und es ist die Pflicht der Gläubigen, für die Kirche zu kämpfen und deren Macht auszudehnen.

In diesem Zusammenhang taucht erstmals ein Gedanke auf, der Jahre später eine gewaltige Bewegung entfachen wird: der Plan, mit einem abendländischen Ritterheer unter Führung des Papstes in den Orient zu ziehen, die römische Kirche mit der byzantinischen zu vereinigen und die Ungläubigen zu schlagen – ein Kreuzzug! Noch aber ist die Zeit dafür nicht gekommen.

Die Reformbewegung ist mit Gregor VII. in eine neue Phase getreten; religiöse Ideen der Zeit verdichten sich zu realpolitischen Ambitionen. Die geforderte Freiheit der Kirche wandelt sich immer mehr zur Herrschaft der Kirche. Die Christenheit soll sich bedingungslos Rom unterordnen.

Damit nimmt eine tiefgreifende Umschichtung aller bisher gültigen Werte ihren Anfang. Gregor VII. wird dafür die Fundamente legen.

Er beginnt einen Pol zu schaffen, um den die Welt sich künftig drehen soll. Was bisher Mittelpunkt der Welt war, wurde damit zum Gegenpol!

Von Rom aus frißt sich ein schwelender Brand in die Welt!

Der Sächsische Krieg

> ... deshalb schmiedeten sie Pläne,
> wie sie ihn entweder vernichten
> oder des Thrones entsetzen könnten.
> (Vita Heinrici)

Verschwörer

Um die Jahresmitte 1073 hält sich der König mit seinem Gefolge wieder einmal in der Pfalz von Goslar auf. Er hat – wie auch sein Vater, der ja sogar sein Herz in Goslar hatte begraben lassen – eine Vorliebe für die Harzresidenz; wenn auch freilich mit ihm eine andere Atmosphäre in deren Hallen eingezogen war. Die strenge Erhabenheit des „schwarzen Heinrichs" hatte jugendlicher Ungezwungenheit weichen müssen. Die Pfalz hallte wider vom Klang der Musik und vom Lachen königlicher Gefährten, die die Großzügigkeit des Herrschers nicht genug rühmen konnten – ließ er sie doch teilhaben am Ertrag der Silberbergwerke um Goslar. Die Harzpfalz war so etwas wie eine Hauptresidenz geworden, der Mittelpunkt der neugeschaffenen Krongüter.

Der sächsische Adel aber fühlte sich dadurch noch mehr belastet, kontrolliert und gedemütigt, und schon begann man verschiedenenorts zu rüsten.

Der König sieht die Gefahr nicht. Ihn fesseln andere Dinge. Aus dem Osten ist die Kunde gekommen, daß Boleslaw von Polen in Böhmen eingefallen sei, und der König hat zur Heerfahrt gegen den Unruhestifter gerufen. Am Rhein, in Hessen und auch in Sachsen sammeln sich bewaffnete Aufgebote.

Doch während der zweiundzwanzigjährige Herrscher im

Vorgefühl kommenden Kriegsruhms in der Idylle von Goslar strahlenden Siegen und Heldentaten entgegenträumt, braut sich ganz in seiner Nähe das Unheil zusammen.

Am 28. März 1073 war Herzog Ordulf von Sachsen gestorben. Dessen Sohn Magnus, für die sächsischen Edlen unzweifelhaft der Nachfolger im Herzogsamt, befand sich aber noch immer wegen seiner Beteiligung an der Revolte Ottos von Northeim in Haft auf der Harzburg. Alle Versuche, den König zur Milde zu bewegen, waren gescheitert. Heinrich konnte natürlich überhaupt nichts daran liegen, einen so unsicheren Partner auf dem sächsischen Herzogsstuhl zu wissen. Bei den Sachsen aber wuchs der Verdacht, der König wolle selbst die Herrschaft über ihr Land antreten. Das galt es mit allen Mitteln zu verhindern!

Das seine Rechte geltend machende Königtum geriet zusehends in direkten Konflikt mit dem um seine Macht fürchtenden sächsischen Adel. Der König scheint die gefährliche Situation wohl falsch eingeschätzt zu haben, denn anders ist kaum zu erklären, daß er Ende Juni eine Abordnung sächsischer Herren, die um dringliche Audienz bei ihm nachgesucht hat, ziemlich herablassend behandelt. Er habe, so berichtet ein dem König nicht gewogener Geschichtsschreiber, „die Tür seiner Kammer verschlossen und trieb drinnen mit seinen Schranzen Würfelspiel und andere läppische Dinge, hielt es aber für nichts, so viele bedeutende Männer vor seiner Tür stehen zu lassen, als seien sie die niedrigsten Knechte". (10) Und als man dann doch miteinander sprach, war der König unnahbar und zu keinem Zugeständnis bereit.

Ob jugendlicher Unverstand oder monarchische Überlegungen diese Haltung Heinrichs IV. bestimmt haben, ist unklar – die sächsischen Fürsten jedenfalls waren auf einem Punkt angelangt, wo es ihnen geraten schien, aktiv zu werden.

„Mit diesem Tag und aus dieser Ursache heraus begann vornehmlich der Krieg; jener Tag war der Anfang aller folgenden

Übel." (10) Das schreibt der Chronist Bruno in seinem „Buch vom Sachsenkrieg". Bruno war Kleriker in Magdeburg, stand dem dortigen Erzbischof Werner und auch Otto von Northeim sehr nahe – vor allem aber war er Sachse. Voller Grimm gegen den König aus fremdem Stamm schrieb er seine Geschichte des Krieges, der für ihn nicht Rebellion ist, sondern durch Tyrannei hervorgerufene Notwehr. Doch trotz einseitiger Parteinahme erzählt auch Bruno eine Fülle von interessanten Episoden aus den wechselnden Kriegsläufen – wenn auch manchmal fehlerhaft.

Einer dieser Fehler ist die Einschätzung, daß der oben geschilderte 29. Juni Ursache des Krieges sei. Eine ungnädige Audienz konnte höchstens Anlaß, nicht aber Ursache einer solchen Erhebung sein. Die in Goslar erschienenen Fürsten hatten sich schon vorher entschieden. Mit der Geschichte von königlicher Arroganz und Unnahbarkeit schuf man sich selbst eine moralische Rechtfertigung, schob die Verantwortung für das folgende dem König zu.

„Wenn eine Heerfahrt des Königs dem Bischof angesagt ist, so wird der Bischof einen Beamten zu dem Abt schicken, der Abt wird seine Ministerialen zusammenrufen, die Ministerialen werden das folgende zusammenbringen und das Zusammengebrachte dem erwähnten Beamten an dem bestimmten Tag auf dem Platz vor dem Tor übergeben." So steht es in einer Urkunde des Klosters Maurmünster im Elsaß – ein mittelalterlicher Mobilmachungsbefehl! In Sachsen war das nicht anders.

Die Fürsten verständigten ihre Vasallen, die ihre Untervasallen; die Dienstleute wurden aufgeboten; man begann zu rüsten.

Noch ist nicht die Zeit der glänzenden Ritterheere. Freie und unfreie Dienstleute, Ministerialen bilden den Hauptteil der Streitkräfte. Als sozial nicht besonders hochstehender, wirtschaftlich oft sehr dürftig lebender Stand tun sie zum Teil Dienst an Fürstensitzen, fristen als Besatzungen von Burgen ihr Dasein oder leben auf kleinen Höfen, die sie lehensweise erhalten haben.

Langsam aber macht sich schon in jener Zeit eine Differenzierung innerhalb des Kriegerstandes bemerkbar. Die immer besser werdenden Ausrüstungsstücke sind teuer. Das eisengeflochtene Kettenhemd, der kegelförmige Helm, der große, spitz zulaufende Schild, das Schwert und nicht zuletzt das Streitroß kosten so viel, daß man mindestens ein Gut von 150 Hektar sein eigen nennen muß, um sich dergleichen leisten zu können. Das können bei weitem nicht alle, und so bildet sich neben den mehr oder minder gut ausgerüsteten Kriegsleuten bald eine Elite heraus. Noch ist das Wort „Ritter“ kaum bekannt, und eine „Ritterschaft“ als ideelle Gruppe gibt es nicht (eine soziale Gruppe war dies ohnehin nie, reichte sie doch vom Ministerialen bis zum Herzog, ja, zum König!). Aus der Kriegerelite des 11. Jahrhunderts aber wird die Ritterschaft emporwachsen, nach außen hin fast dem hohen Adel gleich, sozial und juristisch jedoch von jenem weit entfernt.

Der Kriegerstand ist eine rauhe Gesellschaft, der kaum Disziplin kennt und rasch bereit ist, sich sein vermeintliches Recht mit Gewalt zu holen. Bischof Burchard I. von Worms klagt zu Anfang des 11. Jahrhunderts, daß innerhalb eines Jahres 35 Untergebene des Bistums von ihren Genossen erschlagen worden seien. Und anderenorts war es nicht besser. Es verging kaum ein Tag, an dem nicht irgendwo im Reich kleine oder größere Herren gegeneinander Krieg führten. Im Prinzip konnte jeder eines anderen möglicher Feind sein. Der Kriegerstand lebte davon.

Mit Schwert, Schild oder Lanze bewaffnet, teils zu Fuß, teils hoch zu Roß im schimmernden Kettenhemd, ziehen im Sommer 1073 bewaffnete Trupps durch Sachsen zu ihren Stellplätzen. Das alles geschieht vor den Augen des Hofes. Aber niemand schöpft Verdacht; ist doch das Land wegen des bevorstehenden Polenfeldzugs ohnehin in kriegerischer Aufbruchstimmung.

Ende Juni dann scheint den sächsischen Verschwörern der Zeitpunkt herangereift, die Maske fallenzulassen. Länger können sie nicht mehr warten; denn ist erst einmal das königliche Aufgebot vom Rhein her auf dem Marsch nach Polen, dann ist es zu spät. Erzbischof Werner von Magdeburg, Bischof Burchard von Halberstadt und – nach anfänglichem Zögern – Otto von Northeim, die Führer des Unternehmens, rufen den sächsischen Adel und alle, die sich von königlicher Willkür beschwert fühlen, zu einem Treffen nach Hoetensleben. Laut und öffentlich klagen sie dort den König an, daß er altes Recht verletzt habe. Otto von Northeim führt das Wort. „Wollt ihr, tapfere Männer, das etwa über euch ergehen lassen? Ist es nicht besser, in tapferem Kampf zu fallen, als ein elendes und schmähliches Leben, in dem ihr dem Übermut solcher Leute zum Spott dient, schimpflich zu verlieren? ... Vielleicht scheut ihr euch als Christen, den Eid zu verletzen, den ihr dem König geschworen habt? Gut, aber dem König habt ihr geschworen. So lange er für mich ein König war und wie ein König handelte, habe ich ihm die Treue, die ich ihm schwor, rein und unverletzt bewahrt; doch nachdem er aufgehört hat, ein König zu sein, war er nicht mehr der, dem ich die Treue zu halten hatte! Also nicht gegen den König, sondern gegen den ungerechten Räuber meiner Freiheit, nicht gegen das Vaterland, sondern für das Vaterland und meine Freiheit ... ergreife ich die Waffen ...“ (10) Man kann sich förmlich den Jubel der Versammelten nach dieser Rede vorstellen.

Dann treten sie vor, künden der schweigenden Versammlung das Unrecht, das ihnen der König angetan: Otto von Northeim klagt gegen die widerrechtliche Wegnahme des Herzogtums Bayern; Markgraf Dedi von der Ostmark reklamiert Güter, die ihm Heinrich ohne Recht entzogen; Bischof Burchard von Halberstadt fordert Kirchengut zurück; Graf Hermann Billung trauert um die Lüneburg; Pfalzgraf Friedrich von Sachsen will Ländereien wiederhaben ... Lang ist die

Reihe derer, die das Wort ergreifen und Klage gegen den König führen.

Grafen, Ministerialen, freie Bauern. Sie alle schwören, ihr Recht zu verteidigen!

Heinrich IV. wird von der Entwicklung der Dinge völlig überrumpelt. Hätte er auch nur einen Verdacht gehabt, es wäre ihm ein leichtes gewesen, seine Truppenkontingente vom Rhein heranzuführen, alle Aufstandsgelüste im Keime zu ersticken. So aber erschüttert die Kunde vom Treffen in Hoetensleben die Sicherheit des Hofes in Goslar. Boten der sächsischen Fürsten überbringen Forderungen, und aufgeschreckt aus seinen Heldenträumen, verkündet Heinrich in einem letzten Versuch der Versöhnung: „Ich bringe in Ordnung, was ihr frommen Verdiensten zuwider ertrugt", dann aber fährt er, wieder ganz König, fort: „Doch wogegen ihr Klage erhebt, ist weder Unrecht noch Gewalt. Eure Gesetze und euer Recht trachte ich nicht zu zerstören; was den Armen unter Anwendung von Gewalt geraubt, fordere ich zurück und erstatte es wieder; und davon gehe ich nicht ab, wenn Gott mir das Leben schenkt ..." (13)

Er ahnt wohl, daß er damit die Sachsen nicht wird befriedigen können – und in Eile wird der Hof vom offenen Goslar in die befestigte Harzburg verlegt. Die Reichskleinodien und ein Teil des Königsschatzes werden ebenfalls mitgenommen.

Die Hoffnung, im Schutz der Burg auf das Heranrücken der rheinischen Aufgebote zu warten und dann mit Macht den ganzen sächsischen Spuk hinwegfegen zu können, soll sich aber nicht erfüllen.

Noch hat der Hof sich im neuen Domizil kaum eingerichtet, da meldet man dem König: Die Burg ist von sächsischen Truppen umstellt! Der Blick von der Höhe des Burgberges auf die Zelte des sächsischen Lagers, das Gewimmel von Kriegern muß auf Heinrich IV. deprimierend gewirkt haben. Und das sollte es auch! Den sächsischen Fürsten lag nicht viel an einer sich hinziehenden Belagerung. Sie wollten Druck ausüben, den König schnell zu Zugeständnissen zwingen.

Die Rechnung scheint aufzugehen. Von der Burg herab werden königliche Boten angekündigt – Herzog Berchthold von Kärnten, Bischof Friedrich von Münster und einige andere Herren aus des Königs Gefolge reiten ins sächsische Lager. Doch schon nach den ersten höflichen Artigkeiten muß Otto von Northeim feststellen, daß der Druck auf den Herrscher nichts gebracht hat. Er wisse nicht, so läßt Heinrich IV. den sächsischen Fürsten ausrichten, was er für Anlaß gegeben habe, daß man einen Bürgerkrieg gegen ihn beginnen wolle.

Nun, dazu haben die sächsischen Fürsten, die im übrigen stets im Namen des „sächsischen Volkes" sprechen, einiges zu sagen. Wenn sie auch vorab betonen, sie hätten keine feindlichen Absichten – von einer Position der Stärke aus erklären sie: Das sächsische Volk fordere seine alten Rechte zurück, wolle Selbstverwaltung und Freiheit (was immer sie auch darunter verstehen). Deshalb müßten die Königsburgen, die nicht zur Sicherung, sondern zur Zerstörung des Reiches erbaut seien, geschleift werden. Geschähe dies nicht, dann wolle man die Freiheit gegen aller Menschen Gewalt mit Hilfe Gottes verteidigen!

Darauf einzugehen hätte für Heinrich IV. den Verlust seiner königlichen Stellung bedeutet, denn Sachsen wäre nur der Anfang gewesen. Vom sächsischen Beispiel angeregt, hätte der Adel im gesamten Reich das Haupt erhoben, um den lästigen Herrscher ein für allemal in die Schranken zu weisen.

Noch während der Verhandlungen wird in Heinrich IV. der Entschluß gereift sein, das Blatt zu wenden. Er muß heraus aus der Eingeschlossenheit der Burg, muß mit allen Mitteln verhindern, daß der Aufstand das übrige Reichsgebiet erfaßt. Zum Rhein will er, dorthin, wo ein Heer auf seine Befehle wartet...

In der Nacht zum 11. August – von den Wachfeuern des

sächsischen Lagers dringt das Lärmen zur Burg herauf – verläßt der König in Begleitung Herzog Berchtolds von Kärnten, der Bischöfe Eberhard von Naumburg und Benno von Osnabrück sowie einiger anderer Getreuer durch einen geheimen Gang die Harzburg. Unbemerkt verschwindet der kleine Trupp im dichten Wald am Nordabhang des Burgfelsens. Heinrich „erkannte, wie gefährlich es war, mit wenigen gegen eine unzählige Kriegsmacht zu kämpfen; er achtete sein Leben höher als den Ruhm, seine Rettung höher als ein ungewisses Schicksal und entkam mit genauer Not". (4)

Eine Legende berichtet, Otto von Northeim habe des Königs Flucht aus einem Hinterhalt beobachtet, jedoch nicht eingegriffen. Das hört sich zwar sehr edel an, entspricht aber kaum der Wahrheit. Den König gefangenzunehmen hätte den Sieg bedeutet – man war auch zu jener Zeit nicht so tumb, daß man die Macht nicht ergriff, wenn sie sich darbot.

Fast zwei Tage irren Heinrich IV. und seine Begleiter durch die weglosen Wälder des Harzes. Sie rasten kaum, hasten nur immer weiter, das Reich zu retten. Bald ist die höfische Kleidung von Dornen und Ästen zerrissen; die leichten Schuhe sind durchnäßt vom Wasser der Bergbäche; Schmutz liegt auf den Gesichtern.

Als der Trupp am 12. August Eschwege erreicht, da mag ihm wohl so mancher mißtrauische Blick gegolten haben. Woher sollten die Menschen auch wissen, daß dies der König war! Kaum jemand hatte ihn schon einmal gesehen, und die Zeiten, da allerorten die Konterfeis der Herrscher hingen, waren noch weit. Und hätte einer ein Bild des Königs besessen – es hätte ihm nichts genützt. Alle derartigen Porträts jener Zeit zeigten nie den Menschen, sondern immer den Herrscher. Seine ideale Größe galt es darzustellen; für Individualität war kein Platz.

Von Karl dem Großen bis hin zu Friedrich Barbarossa finden sich in Wort und Bild stets die gleichen feststehenden

Eigenschaften, die von „fromm und gottesfürchtig“ über „gerecht und gnädig“ bis zu „mutig und überragend klug“ reichen. Auch von Heinrich IV. kann man nicht genau sagen, wie er wirklich ausgesehen hat.

Am 13. August dann fallen der König und seine Begleiter völlig erschöpft im Kloster Hersfeld auf ihre Lager.

Sie haben es geschafft! Nun soll sich alles ändern!

Ein Herrscher in Bedrängnis

Es gibt im Leben Heinrichs IV. einige Orte, an die er sich wohl nicht gern erinnert haben wird. Einer davon ist mit Sicherheit Kappel – klein, unscheinbar, von der Welt vergessen, irgendwo zwischen Hersfeld und Mainz.

Hier trifft der König am 18. August 1073 mit einem Teil der Reichsfürsten zusammen. Er ist voller Hoffnung, mit der Unterstützung ihrer kriegerischen Macht der sächsischen Rebellion ein schnelles Ende bereiten zu können. Ein tragischer Irrtum, wie sich bald herausstellt.

Denn die Herren hören dem erregten König zwar aufmerksam zu, und es gibt wohl auch einige, die bereit wären, Heinrich IV. in Waffen zu folgen, der weitaus größere Teil aber rät zur Mäßigung. Die Sachsen seien offenbar zu allem bereit, sagt man, und deswegen dürfe man nicht voreilig handeln. Es gälte alle Schritte wohl zu bedenken. Im übrigen sei die Zeit für einen Feldzug ungeeignet; das Volk müsse die Ernte einbringen...

Keiner sagt es, und doch hängt es deutlich in der Luft – die Herren sind tief befriedigt von dem, was dem König widerfahren ist. Unzweideutig hat man ihm in Sachsen die Schranken seiner Macht gezeigt; hier in Kappel will man dafür sorgen, daß er diese Schranken nicht niederreißt.

Der Traum Heinrichs IV. vom rächenden Zug nach Sachsen, vom triumphalen Erfolg und strengen Strafgericht verweht im Sommerhimmel über Kappel.

Kein demütiges Bitten, keine feierlichen Versprechungen, ja, selbst ein Kniefall, von dem ein Chronist erregt berichtet, vermögen die Fürsten dazu zu bringen, die dem König und dem Reich angetane Schande zu rächen. Sie sehen die Vorgänge ohnehin anders als der König, und niemand glaubte, daß er die Worte, die sein Mund aussprach, auch wirklich im Herzen trug. Beratungen versprach man, weckte mit einer für Anfang Oktober in Breidingen an der Fulda geplanten Heeresversammlung Hoffnungen, die man nicht zu erfüllen gedachte.

Die Fürsten schieben sich zwischen den König und die aufständischen Sachsen. Über deren Land aber brennt der Himmel.

Wenn man auch der Person des Königs nicht habhaft werden konnte – seine Macht will man nun brechen.

Das noch immer vor der Harzburg lagernde Heer teilt sich, und die einzelnen Abteilungen beginnen, Heinrichs IV. Burgen zu belagern. Der erste Schlag gilt der Lüneburg.

Die hier verschanzten Mannen des Königs sind völlig überrascht, bieten, von Hunger und Durst bedroht, schon nach wenigen Tagen die Übergabe an. Graf Hermann Billung, der das Unternehmen führt, benutzt die königlichen Dienstmannen für eine politische Erpressung: Er fordert vom König die Freilassung seines Bruders Magnus im Austausch gegen sie. Wenn nicht...

Heinrich IV. steckt in der Klemme. Läßt er Magnus frei, gibt er nicht nur ein wichtiges Druckmittel aus der Hand, sondern verliert damit auch den Anspruch auf die Besetzung des Herzogtums Sachsen. Andererseits aber widerstrebt es ihm, gerade in einer Situation, in der er jeden treuen Helfer dringend brauchen kann, das Leben der Burgbesatzung zu opfern.

Menschlichkeit siegt über politisches Kalkül – im Austausch gegen siebzig schwäbische Ministerialen verläßt Magnus die Haft. Jubelnd wird er von den Seinen empfangen, und schon bald geht der Spruch, ein Sachse sei siebzig Schwaben wert. Der Aufstand, von derartigen Erfolgen gestärkt, frißt sich übers Land.

Erzbischof Liemar von Bremen, der allen Versuchen der königsfeindlichen Partei, ihn auf ihre Seite zu ziehen, getrotzt hat, sieht sich gezwungen, sächsischen Boden zu verlassen. Die Bischöfe von Hildesheim, Minden, Münster, Paderborn fallen vom König ab, und auch die „widerspenstige und aufrührerische Magd Thüringen" rüstet gegen Heinrich IV.

Schließlich ist die Heimburg gefallen, die Hasenburg belagert, die Harzburg umzingelt. Von seinen Feinden bedroht, von den Fürsten im Stich gelassen, entschließt sich Heinrich IV. zu einem kühnen Schritt. Ende August 1073 schreibt er an Papst Gregor VII. nach Rom.

„Da weltliche und geistliche Gewalt immer ihrer wechselseitigen Hilfe bedürfen, um, in Christus richtig verwaltet, Bestand zu haben, ist es nötig ..., daß sie auf keinen Fall untereinander uneins sind... Wir aber, die wir nach Gottes Willen seit einiger Zeit das Herrscheramt ausüben, haben der geistlichen Gewalt nicht in allem, wie es sein sollte, das schuldige Recht und die ihr gebührende Stellung eingeräumt... Jetzt aber empfinden wir ... Reue und sind in uns gegangen, klagen uns an und bekennen ... unsere Sünden."

Dann nennt Heinrich IV. diese Sünden, bekennt sich schuldig, in kirchliche Besitztümer eingegriffen und simonistische Handlungen vorgenommen zu haben. „Aber jetzt, da wir allein, ohne Eure Ermächtigung, die Kirche nicht bessern können, bitten wir inständig um Euren Rat und Eure Hilfe... Wir werden Euch bei allem, so Gott will, nicht im Stich lassen, und ebenso bitten wir demütig auch Euch, der uns väterlich zugetan, daß Ihr uns freudig und gnädig in allem beisteht." (9)

War das die endgültige Unterwerfung des deutschen Königs unter Roms Botmäßigkeit? Fast mag es so scheinen – aber es ist nicht an dem.

Dieser Brief war ein äußerst geschickter diplomatischer Schachzug, der den konkreten machtpolitischen Konstellationen Rechnung trug und dessen geistige Väter wohl in Heinrichs Umgebung zu suchen sind.

Eine wichtige Stütze bei allen staatspolitischen Entscheidungen hatte der König in seiner Kanzlei. Von hier gingen Schriftstücke und Briefe aus, die sich mit Fragen der Reichspolitik beschäftigten – und diese Dokumente weisen durch ihr oft sehr hohes Niveau auf intellektuell äußerst fähige Leute hin.

Einer dieser Kanzlisten ist ein gewisser Gottschalk. Wohl aus freiem rheinischem Geschlecht stammend, war er Propst in Aachen, später im Kloster Klingenmünster, und von 1071 bis 1084 ist er als Kanzlist nachweisbar. So manches Aktenstück jener Zeit zeigt seinen unverkennbaren, natürlichen, kräftigen Stil. Streitlustig und voll scharfen Geistes verteidigt er königliche Positionen, und man schrieb ihm früher teilweise sogar die Autorschaft der „Vita Heinrici quarti“ zu. Neben ihm wirkten weitere bedeutende Leute, deren Namen meist nicht bekannt sind, deren Zeugnisse und Urkunden aber für sie sprechen. Sie alle waren Berater Heinrichs IV., Bedienstete seines „Kabinetts“.

Und in eben diesem „Kabinett“ hatte man wohl die Lage analysiert und erkannt, daß eine Schwenkung vollzogen werden müsse. Es galt, mit allen zu Gebote stehenden Mitteln einen Zusammenschluß der Fürstenopposition mit Rom zu verhindern.

Der königliche „Demuts-Brief“ kam keinen Augenblick zu früh! Denn schon hatte Herzog Rudolf von Schwaben vorsichtig beim Heiligen Vater angefragt, was man denn von einer Neuordnung der politischen Verhältnisse in Deutschland halte. Der Papst aber antwortet: „Was den König Heinrich betrifft, so sollst du wissen, daß wir ihm wohlmeinen, denn wir haben ihn zum König gewählt (!); von seinem Vater, Kaiser Heinrich seligen Angedenkens, wurde ich bei Hofe vor allen Italienern mit besonderer Ehre behandelt..." Um allerdings die Tür nicht völlig zuzuschlagen, schließt er: „Immerhin erscheint es uns nützlich, wenn wir gemeinschaftlich mit dir, der Kaiserin Agnes, der Gräfin Beatrix... und anderen Gottesfürchtigen darüber sorgfältig beraten." (12)

Die Überlegung von Heinrichs Räten, daß eine momentane Unterwerfung (denn mehr sollte es nicht sein) unter Rom das kleinere Übel wäre, erwies sich als richtig. Gregor VII. liegt nichts daran, den König, der ihm eben so offen seine Unterwerfung angetragen hat, vom Thron zu stoßen.

Die Fürsten aber erkennen sehr schnell, daß Rom einen Sturz Heinrichs IV. nicht zulassen wird. Schon wird ihre Politik vorsichtiger, signalisieren sie den sächsischen Vettern die neue Richtung.

Am 20. Oktober 1073 kommt es in Gerstungen zu ersten Verhandlungen. Der König ist ferngeblieben, denn ihm gelten die Sachsen als Aufrührer, mit denen zu verhandeln ihm nicht zusteht. Aber er hat Vertreter geschickt – Erzbischof Siegfried von Mainz, Bischof Hermann von Bamberg, Herzog Rudolf von Schwaben. Ob diese königlichen Beauftragten allerdings wirklich mit Eifer Heinrichs IV. Position vertraten, ist zu bezweifeln. Viel eher werden sie sich wohl mit den anwesenden sächsischen Fürsten auf das im Moment Machbare geeinigt haben – immer darauf bedacht, dem König keinen Triumph zu gönnen. Das Ergebnis ist entsprechend: Die Sachsen sollen dem König wegen der begangenen Gewalttaten Genugtuung geben; Heinrich IV. hingegen soll Straflosigkeit zusichern.

Damit war das Widerstandsrecht gegen Königsentscheidungen sanktioniert!

Vermutlich hat man in Gerstungen damit gerechnet, daß diese Vereinbarung bei Heinrich IV. keinen Beifall finden würde, und so legt man gleich noch fest: Sollte der König auf den Vorschlag nicht eingehen, so dürfe er auf Hilfe bei der Niederschlagung des Aufstandes nicht rechnen.

Da stehen nun die Parteien – unzufrieden mit dem Ergebnis beide. Die Sachsen, weil sie weniger bekommen sollten, als sie wollten; der König, weil er hatte verhandeln müssen, wo er Macht hätte zeigen sollen.

Da aber geschieht etwas, was sich wie die Neuauflage einer alten Geschichte anhört: Der Hof hält sich zu Nürnberg auf, als unversehens ein gewisser Regenger, angeblich einer der Räte Heinrichs IV., auftritt und den König lauthals als Urheber eines Mordkomplotts anklagt. Heinrich habe ihn und andere – so behauptet Regenger – für einen Anschlag gegen Herzog Rudolf von Schwaben und Berchtold von Kärnten gewinnen wollen. Wie gehabt, entbot er sich, seine Behauptung im Zweikampf zu verteidigen.

Die beiden Herzöge, immer eine Stütze des Königs gegen die Sachsen, drohen Heinrich sofort mit der Aufkündigung des Treueides, falls er sich nicht von dem erhobenen Vorwurf reinige. Auch andere Fürsten meiden plötzlich – wohl froh über einen Vorwand – den Hof.

Die Nutznießer der ganzen Affäre – und wohl auch die Organisatoren – sitzen auf den sächsischen Burgen. Einem König, der seinen Fürsten ans Leben will, muß man nicht treu sein! Gebeutelt von dergleichen Schicksalsschlägen, liegt Heinrich IV. krank in der Nähe von Ladenburg am rechten Ufer des Neckars. Da aber stirbt plötzlich Regenger.

Es geht das Gerücht, er habe, vom Wahnsinn umnebelt, sich selbst entleibt. Vielleicht stimmt das; vielleicht aber hat man dabei auch nachgeholfen, um zu vermeiden, daß bei dem für Januar 1074 angesetzten Zweikampf ein unerwünschtes Ergebnis herauskommt. Immerhin galt Udalrich von Gotesheim, der sich bereit erklärt hatte, für den König in die Schranken zu treten, als geschickter Kämpe. Regenger hatte seine Schuldigkeit getan – ob wahr oder unwahr, der Zweck seiner Geschichte war erreicht. Ein bißchen von dem Dreck, mit dem man den König beworfen hatte, würde schon hängenbleiben!

Davon aber ahnt Heinrich IV. nichts. Er ist so krank, daß seine Gegner wieder einmal hoffen, er stirbt. Schon verhandeln die Erzbischöfe von Köln und Mainz über seine Nachfolge.

Die neue Macht

Von einer mit sieben burgähnlichen Toren versehenen Mauer umschlossen lag Worms am Ufer des Rheins. Im Gewirr der Gassen und Gäßchen lebten, arbeiteten und starben, beteten und fluchten, hungerten und fraßen zwischen sechs- und zehntausend Menschen. Viele waren das für eine Stadt jener Zeit, und wen wundert es, daß bald der Ring der Mauer zu eng wurde, man hinauszog vor die Tore, eine neue Mauer zu errichten.

Ein Teil der Stadtbevölkerung waren Geistliche, die am Dom, am Bischofshof oder in den Kirchen Gott priesen und seinen Segen auf die Stadt herabflehten – der richtige Wormser aber war Handwerker, Händler, Kaufmann! Und deren Fleiß war es, der die Stadt hatte erwachen lassen aus einem langen, tiefen Schlaf. Nach römischen Legionärsschritten, burgundischem Prinzessinnenstreit und karolingischen Herrscherbesuchen war Worms zwar noch immer Treffpunkt für Fürsten und Könige gewesen, doch hatte es allmählich seinen Glanz verloren.

Um das Jahr 1000 registriert ein anonymer Chronist „schlimme Zeiten“ für die fast völlig verödete Stadt. Räuber und wilde Tiere seien durch die nächtlichen Gassen gestrichen; die Wölfe hätten vor aller Augen das Vieh verschlungen, und Dieben und Landstreichern sei Worms ein willkommener Platz gewesen. Keiner der Bürger aber habe sich gewagt, gen das wilde Tun und Treiben auch nur ein Wort zu sagen, denn dann überfiel man ihn des Nachts, raubte alles und ließ ihn tot oder halbtot liegen.

Unter Bischof Burchard I. war es dann aufwärts gegangen. Nicht nur, daß der Dombau begonnen wurde, der viel zum ökonomischen Aufschwung der Stadt beitrug – auch die ewigen Fehden zwischen Bischofsmacht und weltlicher Gewalt (Worms gehörte übrigens dem salischen Hause), die oft genug zu Straßenschlachten ausarteten, wurden eingestellt. Die Salier erhielten anderswo Besitz, und nur der Bischof herrschte von nun an über Worms. Der einzige Salier, dem man ständiges Aufenthaltsrecht in der Stadt gewährte, war Herzog Konrad der Rote. Der lag zur letzten Ruhe gebettet in der Krypta des neuen Domes (wo er noch heute liegt).

Die Stadt begann sich zu entwickeln. Der Weinhandel machte viele wohlhabend. In Brügge, Lüttich und Xanten schätzte man den Wormser „Roten". Im Händlerviertel am Rhein stapelten sich Felle und Töpferwaren, Tuche und Getreide, Leder und Wolle. Wormser Kaufleute zogen zu den Städten an der Maas oder querten die windigen Paßstraßen der Alpen, boten ihre Waren in der warmen Ebene des Po feil. Worms war ein Zentrum der Gegend geworden.

Mit der Entwicklung der Landwirtschaft war ein Aufblühen der Städte einhergegangen. Ursprünglich hatte der Bauer fast alles selbst gemacht. Vom Hausbau über das Herstellen der notwendigen Einrichtungsgegenstände, Töpferarbeiten, Weben bis hin zur Fertigung der Arbeitsgeräte reichte die Palette seiner Fähigkeiten. Sicher mag dieser mehr, jener weniger Geschick für solche Arbeiten gehabt haben. Es ist daher verständlich, daß nach dem allmählichen Steigen der Erträge Leute, die besonderes handwerkliches Talent besaßen, sich mehr und mehr auf ihr Spezialgebiet begrenzten und andere mit ihren Produkten versorgten. Die Handwerker, die sich herausbildeten, waren wohl in erster Linie Schmiede, Zimmerleute, Stellmacher, die nach wie vor in der dörflichen Gemeinschaft oder auf den Fronhöfen lebten und sich nach den dortigen Bedürfnissen richteten.

Der Handel aber erschloß bald neue Absatzgebiete. Entlang der Flußläufe zogen Wanderhändler durchs Land, boten ihre Waren feil, und bald entwickelten sich in der Nähe von Pfalzen, Klöstern oder Bischofssitzen regelmäßige Märkte, auf denen entweder Erzeugnisse des Handwerks angeboten wurden oder aber Handwerker und Bauern ihre Waren direkt tauschten.

Besonders die an Bischofssitzen entstandenen Städte erlangten als Märkte Bedeutung. Um Bischofsburg, Kirchen und Stiftsgebäude herum gruppierten sich – zunächst noch klein und unscheinbar – Kaufmannssiedlungen. Handwerker, die Dinge herstellten, und Kaufleute, die sie vertrieben, sie bildeten bald das Rückgrat der sich entwickelnden Bevölkerung. Ihnen gesellten sich Hörige und Dienstleute des feudalen Stadtherrn, Kleriker und ihren Herren entlaufene Bauern zu. (Die Bestimmung „Stadtluft macht frei!", das heißt „Wer auch immer ein Jahr und einen Tag in der Stadt gewohnt hat, ohne daß ihn jemand beansprucht, wird in Zukunft frei bleiben!" lockt etwa vom 12. Jahrhundert an viele Hörige in die Städte.) Aus Organisationen, Gilden und Genossenschaften bildete sich allmählich ein Bürgerverband, der bald schon dem feudalen Stadtherrn gegenüberstand.

Der neue Geist der Städte, der das feudale Geburtsprinzip durchlöcherte und die Leistung des einzelnen zum Wertmaßstab nahm, geriet in Konflikt mit dem Stadtherrn; denn dieser suchte mit allen Mitteln am wirtschaftlichen Aufschwung teilzuhaben. Oft genug stand er mit seinem lokal begrenzten Denken, seinen überspitzten Forderungen der ökonomischen Entwicklung des Bürgertums im Wege.

Die Interessen der feudalen Ordnung auf der einen, die der Handwerker und Kaufleute auf der anderen Seite – in den Städten häufte sich sozialer Zündstoff.

Als die Trierer 1066 gegen den Anno-Neffen Konrad zu den

Waffen gegriffen hatten, da war das – ungeachtet der großen machtpolitischen Hintergründe – die erste gewaltsame Auseinandersetzung zwischen Bürgern und Stadtherren gewesen. Es sollte nicht die einzige bleiben.

Auf die Kunde, daß der von seiner Krankheit genesene König auf dem Wege nach Mainz sei, geschieht in Worms etwas bisher noch nie Dagewesenes – seine Bürger greifen aktiv in die Auseinandersetzung zwischen König und Fürsten ein.

Mit großem Gepränge wird Heinrich IV. von den Wormsern in die Stadt eingeholt. Dem fast überall abgewiesenen König wird es neue Hoffnung gegeben haben, als er inmitten der jubelnden Bürger in die Stadt zieht. Diese hatten, um ihre Parteinahme für ihn noch deutlicher zu beweisen, kurz vorher die Kriegsmannen des Bischofs, die seinen Einzug zu verhindern suchten, aus der Stadt gejagt; und sie hätten den Bischof selbst gefangengenommen und ihn in Fesseln dem König ausgeliefert, wenn er nicht eiligst aus der Stadt geflohen wäre.

Es ist natürlich nicht bloße Anhänglichkeit an den König, was die Wormser so handeln läßt. Sie erkennen in Heinrich IV. einen Verbündeten im Kampf gegen ihren Stadtherrn. Bischof Adalbert, der dem 1070 gestorbenen, wohlbeleibten Adalbero im Amt gefolgt war, ist ein Gegner Heinrichs IV. Die Bürger von Worms aber geloben Heinrich IV. bereitwillig Beistand, schwören ihm Treue und erbieten sich, nach besten Kräften aus eigenem Vermögen und auf eigene Kosten zur Kriegführung gegen die Aufrührer beizutragen. Zeit ihres Lebens, so versichern sie dem König, würden sie treu ergeben für seine Ehre kämpfen!

Kaufleute, ebenso ihre Siedlungen und Märkte standen unter dem Schutz des Königs. Eigenes Marktrecht und -gericht sollten sie vor der Willkür des Stadtherrn schützen. Für die Ehre des Königs zu kämpfen bedeutete daher, für die eigene Position zu fechten. „So hatte nun der König eine sehr stark befestigte Stadt in Händen, und sie war seitdem sein Hauptquartier; sie war die Schutzwehr seines Thrones; sie war für

Dom zu Worms

ihn, wie auch die Entscheidung fallen würde, ein sicherer Zufluchtsort, denn sie war volkreich, sie war wegen der Festigkeit ihrer Mauern uneinnehmbar, sie war infolge der Fruchtbarkeit ihrer Umgebung außerordentlich reich und aufs beste mit allen für einen Krieg notwendigen Vorräten versehen." (3)

Heinrich IV. weiß dies alles wohl zu schätzen – verschafft ihm doch Worms eine Atempause, die er dringend nötig hat. Und während er Kräfte sammelt, sind Fürsten und Bischöfe über diese neue Karte im Spiel verwirrt. Schon beeinflussen die Ereignisse den Fürstentag in Mainz. Einige Fürsten sind erschreckt ferngeblieben, die wenigen anwesenden wollen sich nicht entscheiden, und so mancher von ihnen hätte sich wohl rückhaltlos der Meinung des Abtes Rupert von Deutz angeschlossen. Der nämlich erklärt um einiges später, im Jahre 1128, anläßlich eines Brandes jener Stadt, dies sei die Strafe Gottes für einen Ort, der zum Schlupfwinkel des Teufels geworden sei, eine Stätte der Handwerker und Kaufleute. Der Brudermörder Kain habe die erste Stadt erbaut, und es sei erwiesen, daß alles Böse aus der Stadt käme; fromme und weise Menschen – so Abt Rupert – hätten stets als Nomaden oder Einsiedler in der Wüste gelebt. Er kann sich mit seiner recht konservativen Haltung nicht durchsetzen.

In der von Bischof Adalbert verlassenen Pfalz, dicht neben dem Dom, nimmt der König in Worms Quartier. Bei ihm sind seine treuesten Anhänger, und allmählich beginnt sich um ihn eine erkleckliche Kriegsmacht zu sammeln. Königliche Dienstleute ziehen heran; einige Bischöfe führen ihm ihre Aufgebote zu; bewaffnete Wormser stellen sich seinem Befehl. Das Blatt beginnt sich langsam zu wenden. Jetzt ist der König nicht mehr hilflos.

Heinrich IV. weiß, was er den Wormsern verdankt. Er zeigt es ihnen am 18. Januar 1074. An diesem Tag legt er urkundlich fest: „Der königlichen Macht und Gnade geziemt es, den Dienst von allen mit gleichwertigen Wohltaten zu beantwor-

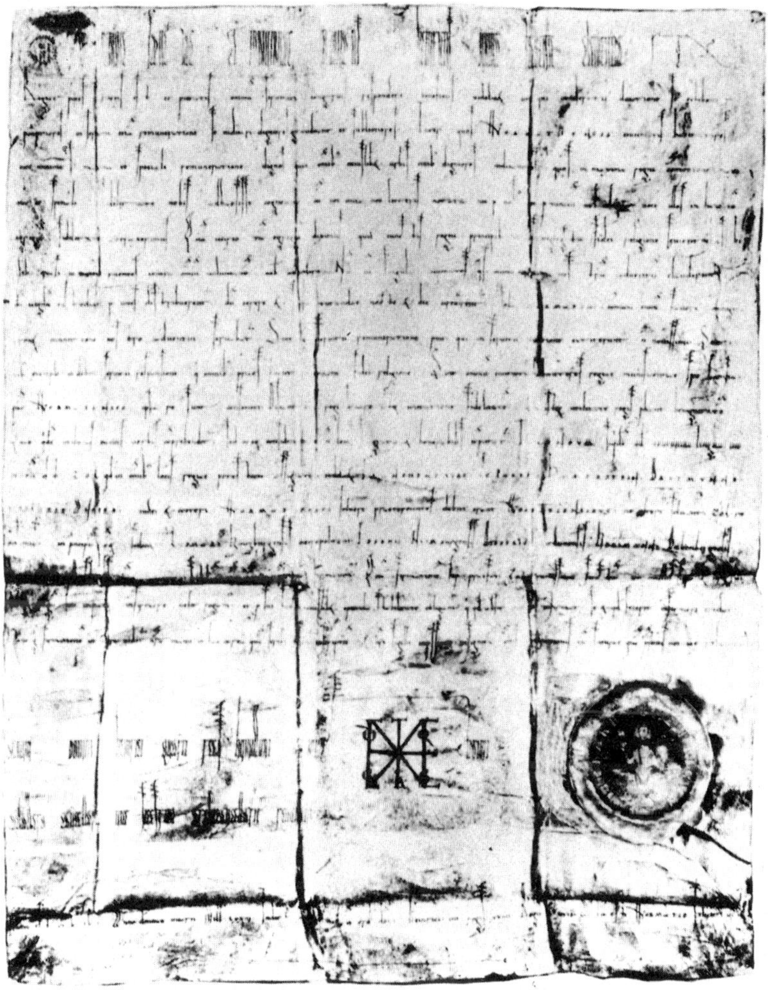

Urkunde Heinrichs IV., in der er die Worms gegebenen Privilegien bestätigt

ten, auf daß nämlich die, welche sich in ergebener Dienstfertigkeit als die Bereitwilligsten erwiesen, zu ihrer Freude sehen, daß sie auch in der Belohnung ihrer Dienste als die Würdigsten und Höchsten beurteilt werden. Unter diesen haben wir die Bewohner der Stadt Worms nicht einer geringen, sondern einer ganz speziellen großen Belohnung für würdig erkannt, denn wir halten sie für würdiger als alle Bürger jeder beliebigen Stadt – sie, die in der größten Erschütterung des Reiches uns mit der größten und nachhaltigsten Treue angehangen haben, ... als alle Fürsten des Reiches die heiligen Bande der Treue nicht achteten und gegen uns wüteten, ... als einzelne Städte... bei unserer Annäherung sogar ihre Tore schlossen, ... hat Worms allein mit dem Beifall aller seiner Bürger und unter dem Schutz von Waffen jeder Art uns dienstbar aufgenommen. So seien also die bei der Vergeltung ihrer Dienste die ersten, welche hinsichtlich ihrer ergebenen Dienstfertigkeit nicht als die letzten auftraten!"

Noch heute wird diese Urkunde im Wormser Stadtarchiv aufbewahrt. Der Lohn für Worms war: Befreiung von allen Abgaben an den königlichen Zollstätten Frankfurt, Boppard, Hammerstein, Dortmund, Goslar und Enger. Das bedeutete billigeren Einkauf der Waren und damit größere Verdienstspannen – ein Vorteil gegenüber der Konkurrenz aus anderen rheinischen Städten.

Die Hilfe für den König hat den Wormsern handfeste ökonomische Vorteile gebracht. An den politischen Verhältnissen in der Stadt aber ändert sich nichts. Der Stadtherr – ein neuer, von Heinrich IV. eingesetzter Gegenbischof – steht weiter über allem. Die Wormser jedoch sind zufrieden mit dem Erreichten. Noch ringt man um verschiedene kleine Privilegien; die Zeit, da das Bürgertum konkrete politische Veränderungen in den Städten anstrebt, ist noch nicht gekommen...

Wohl aber soll das „üble Beispiel" von Worms, wie es Lampert von Hersfeld nennt, bald Nachahmer finden.

Im wohlhabenden, volkreichen Köln ist die Unzufriedenheit der Bürger mit Erzbischof Annos Willkürherrschaft, mit seinem stolzen, hochfahrenden Wesen so gewachsen, daß es im Frühjahr 1074 zum offenen Konflikt kommt. Die Kölner

Bürger – denen sich Teile des alteingesessenen Adels anschließen, weil sie in dem Emporkömmling Anno einen Konkurrenten sehen – halten es für „ehrenkränkend, wenn man sie für weniger mutig erachtete und wenn sie den Erzbischof in weibischer Geduld so lange mit tyrannischem Hochmut über sie schalten ließen“, ihn, „der so oft Widerrechtliches anordnete, so oft Unschuldigen das Ihre wegnahm, so oft die ehrenwertesten Bürger mit den unverschämtesten Worten anfuhr.“ (3)

Und so begann es: Der Bischof Friedrich von Münster hatte auf Einladung Annos das Osterfest 1074 in Köln verbracht. Als er sich nach den Feierlichkeiten nun anschickt, an sein Stift zurückzukehren, befiehlt Anno kurzerhand, das Schiff eines Kölner Kaufmanns zu entladen und dem Münsteraner für die Reise zur Verfügung zu stellen. Dies ist zwar ein Recht, das dem Stadtherrn in der Regel zustand, doch der Sohn des Schiffseigners vertreibt mit einigen Freunden die Leute Annos. Der Streit weitet sich aus, und bald sammelt sich das Volk in hellen Scharen, dringt ins erzbischöfliche Palais ein, schlägt dort alles kurz und klein, fegt die wenigen bewaffneten Knechte Annos beiseite und schreit nach dem Erzbischof. Der hat mit Mühe Zuflucht in der Domkirche gefunden, ist dann von hier ins angrenzende Haus eines Domherrn geschlichen, das einen Hinterausgang in der Stadtmauer hatte. Als die aufgebrachte Menge den Dom stürmt und einen fälschlich für den Erzbischof gehaltenen Kleriker verprügelt, ist Anno schon auf dem Wege nach Neuß.

Köln ist frei. Boten machen sich auf den Weg zum König, um ihm die Stadt zu Füßen zu legen, getreu dem Satz der Wormser Urkunde: „Die Bewohner aller Städte aber mögen durch die Hoffnung auf königliche Freigebigkeit, wie sie die Wormser hiermit nunmehr gewonnen haben, erfreut werden. Sie alle sollen an deren Beispiel lernen, dem König ihre Treue zu bewahren.“

Doch in Köln wartet man vergeblich auf den Salier. Statt

seiner erscheint am 26. April, einem Samstag, Erzbischof Anno mit Bewaffneten vor der Mauer. An der Spitze seiner Vasallen und eilends zusammengerufener Bauern, denen man den Zug gegen Köln als gottgefälliges Werk gepriesen hat, marschiert er in die Stadt.

Ein strenges Strafgericht beginnt. Blendungen, Auspeitschen, Enteignungen, Geldbuße – Kölns Bürgerschaft erlebt schlimme Tage, und viele wohlhabende Kaufleute ziehen es vor, die Stadt zu verlassen. Sie wollen Hilfe beim König holen. Doch Heinrich IV. greift nicht ein. Er kann es nicht. Zu unsicher ist die Situation in Sachsen, zu sehr nimmt sie all seine Kräfte in Anspruch, als daß er sich mit Erzbischof Anno anlegen könnte. Außerdem: Aus den Bindungen der feudalen Ordnung kann auch Heinrich IV. sich nicht lösen. Das Bürgertum ist ihm letztlich fremd, und wenn er sich mit ihm liiert – wie im Fall Worms –, dann ist es auch zu seinem Vorteil. Köln aber bot ihm weder Waffenhilfe noch Geld. Was sollte ihm diese Stadt?

Die Haltung Heinrichs ist typisch für viele Vertreter der damaligen feudalen Ordnung. Sie wissen nichts Rechtes anzufangen mit der neuen städtischen Macht – einer Macht, die nicht ins überkommene, altväterliche Bild passen will. Für viele kommt diese Macht vom Teufel; andere sind schwankend; einige aber beginnen sich zu arrangieren, den eigenen Vorteil wohl ahnend.

Das Jahr 1074 ist erst wenige Tage alt. Aus Sachsen kommen üble Nachrichten. Die Hasenburg ist in großer Bedrängnis (wenig später wird sie fallen); vor der Spatenburg, der Harzburg und Volkenroda lauern die Belagerer.

So bricht Ende Januar 1074 Heinrich IV. mit seinem „Krämerheer“ nach Sachsen auf.

Dieser Monat Januar ist sehr hart. Solch strenge Fröste liegen über dem Land, daß die Flüsse bis zum Grund zufrieren. Die Mühlen stehen still. Bald schon wird das Brot knapp. In den Ställen erfriert das Vieh.

Durch die eisglitzernde Welt zieht König Heinrich IV. in Begleitung Erzbischofs Liemars, der Bischöfe von Naumburg und Bamberg und anderer mit Kriegsmacht nach Osten.

Wie eine Wolke hängt der warme Atem der Krieger über dem Heer, das vom König unbarmherzig vorwärtsgetrieben wird. Heinrich will den letzten Getreuen in Sachsen Hilfe bringen. Besonders die Besatzung der arg bedrängten Harzburg, die bisher verbissen allen Angriffen getrotzt hat, wird Tag für Tag mit brennenden Augen den Horizont abgesucht haben in der Hoffnung, ein Zeichen der nahenden Truppen zu entdecken. Aber nichts rührt sich. Und sie warten, gepeinigt vom Hunger, erschöpft und ständig bedroht von Pfeilen, Speeren und Steinen der Sachsen. Diese hatten oberhalb der Harzburg eine Befestigung errichtet, von der aus sie die Verteidiger beschossen. Und wenn der Verfasser des „Liedes vom Sachsenkrieg" behauptet, die Besatzungen der Burgen „kämpften ... großartig für die Ehre des Herrn König" (3), so stimmt das nur zum Teil. Sie kämpften einfach um ihr Leben, denn Gnade war von den Sachsen kaum zu erwarten.

Unter einem klaren Winterhimmel lagert die königliche Streitmacht am Abend des 26. Januar in der Nähe des Reichsklosters Hersfeld. Merkwürdige Himmelserscheinungen vermelden die Chronisten für jene Nacht. Die Königlichen mögen sie zu ihren Gunsten deuten, die Gegner tun's mit Sicherheit auch.

Wenige Meilen nur vom frierenden Heer des Königs entfernt kampieren hinter einem bewaldeten Höhenzug bei Vacha an der Werra, genauso frierend, die Sachsen.

Mag Heinrich IV. auch vor Kampfbegier brennen – er muß

sich überzeugen lassen, daß ein Kampf gegen die sächsischen Scharen wenig erfolgversprechend wäre. Fast 40000 Bewaffnete stünden unter Otto von Northcim an der Werra, berichtet man ihm. Das ist eine Kraft, der er nicht gewachsen ist, und auch die anwesenden Fürsten erklären ihm, daß sie für solch einen Kampf die Heerfolge verweigern würden. (Mit den Zahlenangaben mittelalterlicher Chronisten muß man allerdings vorsichtig sein. Auf eine Null kommt es ihnen nicht unbedingt an. Ihnen geht es nicht um genaue Zahlen, sondern eher um die Vermittlung von Eindrücken.)

Still liegen sich die beiden Heere gegenüber, erstarrt in der Kälte, und allgemein ist zu hören, daß dies keine Jahreszeit für den Krieg sei! Unterhändler quälen sich mühsam über den Berg. Die Heere warten. Bewaffnete Trupps unternehmen Streifzüge in die Umgebung, plündern Gehöfte und Dörfer. Die Bauern verstecken sich in den Wäldern, sehen von fern ihre Hütten brennen und haben noch nicht einmal die Wärme des Feuers.

Die Verhandlungen ziehen sich hin. Endlich dann eine Erklärung: Der König soll seine Burgen in Sachsen niederreißen; alle Anordnungen, die Sachsen betreffen, sollen nur noch nach dem Rat sächsischer Stammesangehöriger entschieden werden; kein Fremder soll in Zukunft mehr in königlichem Auftrag in Sachsen herrschen; alle am Aufstand Beteiligten müßten Straffreiheit erhalten ... Wenn der König diese Punkte erfüllen werde, dann sei man durchaus bereit, ihm zu huldigen.

Das ist ein lausiger Frieden, den man ihm da bietet. Heinrich IV. weiß das; er weiß aber auch, daß seine militärische Macht für einen offenen Kampf nicht reicht. Deshalb nutzt er jede sich bietende Gelegenheit zum Kompromiß; und im Moment mag es ihm schon reichen, daß sich seine Situation nicht verschlechtert.

Am 2. Februar 1074 unterzeichnet der König in Gerstungen den ausgehandelten Vertrag und entläßt sein Heer. Glücklich wird er darüber nicht gewesen sein – aber er weiß auch, daß nichts so heiß gegessen wird, wie man es kocht. Denn im Vertrag ist ausdrücklich festgelegt, daß die königlichen Burgen erst dann niederzureißen sind, wenn die feierliche Unterwerfung und Huldigung der Rebellen stattgefunden hat.

Kommt Zeit, kommt Rat.

Vorerst feiert man Versöhnungsfeste, auf denen man sich heimlich belauert und die Pläne des anderen zu ergründen sucht.

Doch der König ist wieder König.

Von der Höhe der Harzburg herab sehen die Ministerialen endlich den Herrscher heranziehen. Er bringt den Frieden. Ob der allerdings von Dauer sein wird, bleibt abzuwarten.

Während Heinrich IV. sich seines am 12. Februar im Kloster Hersfeld geborenen Sohnes Konrad erfreut, erlebt der Frieden erste Belastungen. Heinrich IV. sucht nach Vorwänden, um seine Burgen nicht zerstören zu müssen.

Und der sächsische Adel zeigte sich durchaus kooperativ, denn ihm ging es letztlich ja weniger um die Burgen als vielmehr um die Macht, die dahinterstand. Die aber wähnte man inzwischen fest im Griff zu haben.

Also ist es auch nicht weiter verwunderlich, daß sächsische Fürsten dem König hinter vorgehaltener Hand den Rat geben, „daß er jene Hauptburg, deren Erhalt er wünschte (die Harzburg; W. L.), einem der sächsischen Fürsten unter dem Schein der Übergabe einräume, bis die Volkswut, die damals heftig loderte, etwas abflaue und dann die Burg nach seinem Wunsch unversehrt erhalten bleiben könne. Denn das Volk verlangte stürmisch, daß sie zerstört werde, und rief laut, wenn das nicht geschehe, würde es sogleich von neuem rebellieren." (10)

Ungewollt zeigt hier der Magdeburger Bruno, welch andere Kraft hinter dem Aufstand steckte – die sächsischen Bauern. –

Wie fruchtbare Oasen lagen die Dörfer im weiten, unwirtlichen Waldland. Aus Holz oder lehmgefülltem Fachwerk errichtet, drängten sich die strohgedeckten Hütten der Bauern aneinander. Durch ihre kleinen Fensteröffnungen, die im Winter mit Läden aus Holz oder Weidengeflecht verschlossen wurden, fiel nur spärlich Licht ins Innere. Aber wozu brauchte man auch Licht in der Hütte? Am Tage hielt man sich im Freien auf, und wenn es dunkel wurde, ging man zur Ruhe. Kerzen waren teuer. Zwischen rohgezimmerten Tischen und Bänken, Truhen und irdenem Geschirr, vom Rauch des offenen Herdfeuers gebeizt, oftmals mit dem Vieh, dessen Wärme im Winter wohltat, in einem Raum lebten jene, die das Land ernährten. Ihre Kleindörfer, kaum größer als zehn oder zwölf Höfe, waren über das Land getupft, in dichten Haufen oft oder an Straßen- und Wasserläufen, fast immer aber in der Nähe eines Fronhofes, der Schutz und Last zugleich war.

Die wenigsten Bauern bestellten ihr eigenes Land. Sicher: Es gab unter ihnen Freie, die keinen Herrn über sich hatten außer Gott und dem König – die weitaus größere Zahl aber bearbeitete Land, das sie vom Grundherrn erhalten hatten. Als Gegenleistung mußten sie dafür mit vielerlei Abgaben und verschiedenen Diensten für den Unterhalt der Grundherren und von dessen Gefolge sorgen. Ob es nun der zehnte Teil der Ernteerträge, genau festgelegte Mengen an Eiern, Milch, Wachs, Honig, Käse oder Geschirr, Tuch, Leder, Kleidung und Gerätschaft war, ob der Bauer auf dem Hof des Grundherrn arbeitete, Treiber-, Wach- oder Botendienste verrichten mußte – es war das Recht der feudalen Grundherren, das zu verlangen. Daß sie, ob weltlich oder geistlich, auf diesem Recht bestanden, zeigt eine Verordnung des Klosters Weingarten aus jener Zeit. Dort heißt es: „Wenn ein Zinspflichtiger, sofern er das zahlungsfähige Alter erreicht hat, es versäumt, den jährlichen Zins zu entrichten, und nach dreimaliger Mahnung sich nicht bessert, wird er ins Eigentum der

Kirche übergehen." Er wäre dann also vollends vom Kloster abhängig und würde zum besitzlosen Stand der Leibeigenen gehören.

Manch einer ging den Weg in die Abhängigkeit sogar freiwillig, um der Bedrückung und Willkür zu entgehen. Er gab sich seinem kirchlichen Herrn hin, getröstet von dem Gedanken, daß sein Tun zutiefst gottgefällig sei. Höchste kirchliche Autoritäten verkündeten, daß der Mensch geboren sei, um zu arbeiten, und daß vor Gott ohnehin alle gleich seien. Was könne es vor der Welt und vor Gott ausmachen – abgesehen vom Hochmut –, ob man frei oder unfrei genannt werde.

Nicht wenige sahen das so, und Petrus Damiani berichtet von seinem Bruder Martin, einem Laien, der sich am Altar der Heiligen Jungfrau mit einem Strick um den Hals als Leibeigener verdingt hatte. Was konnte schlimm sein an der Knechtschaft, wenn sich selbst der Heilige Vater „servus servorum Dei" nannte – Knecht der Knechte Gottes? Nur: Die Knechtschaft eines Gregors VII. sieht anders aus als die eines Leibeigenen im Fränkischen oder Thüringischen. Trotzdem: Die Menschen in den Dörfern des 11. Jahrhunderts haben gelacht und geweint, waren verliebt oder unglücklich, träge oder unternehmungslustig. Manch einem wird das Fladenbrot, der Quark und das Pökelfleisch geschmeckt, anderen wiederum mag Haferbrei, Gemüse, Käse und Frischfleisch mehr zugesagt haben. Auf dörflichen Festen maß man die Kräfte in rauhen Spielen wie Ringen oder Steinewerfen; und die Last der täglichen Arbeit wurde oft genug von Sonn- und Feiertagen unterbrochen, an denen jegliches Tun Sünde war. „Unsere Ochsen wissen, wann der Sonntag kommt, und wollen an dem Tag nicht mehr arbeiten" – so eine Redewendung der Zeit.

Solch finstre Plage und Mühsal, wie es uns manchmal scheinen will, war das Leben in den Dörfern sicherlich nicht. In der Regel erkannte der Grundherr sehr wohl, daß er die Arbeitskraft der Bauern brauchte, um aus seinem Landbesitz Nutzen zu ziehen. Das auf dieser Erkenntnis beruhende empfindliche Gleichgewicht zwischen Grundherren und Bauern mußte aber in dem Moment zusammenbrechen, in dem der Grundherr seine Forderungen über das erträgliche Maß erhöhte und damit die bäuerliche Existenz bedrohte. Daß dies durchaus vorkam, beweisen die Quellen; und es ist keine Seltenheit, daß ganze Dörfer verödeten, weil die Bauern die Gegend verließen. Vagabundierend und marodierend zogen sie dann oft durchs Land, zu schlimmen Räuberbanden zusammengeschlossen. Andere suchten sich einen neuen, verständnisvolleren Grundherrn, nahmen von diesem Land und begannen von vorn.

Die fortschreitende Entwicklung der Landwirtschaft brachte bald neue Herrschaftsformen. Von Burgen oder befestigten Fronhöfen aus breiteten die Grundherren ihre Macht auf die umliegenden Gebiete aus, beanspruchten nicht mehr nur das Recht am Boden, sondern auch das Recht zu strafen, zu verbieten, zu zwingen, zu gewähren. Jeder innerhalb der Herrschaft Ansässige hatte sich dem zu unterwerfen – ob Freier, Unfreier oder Leibeigener. Mit Hilfe von leibeigenen Dienstleuten, die als Vollzugsbeamte und Aufsichtspersonal Überwacherfunktionen innerhalb dieser Banngrundherrschaft wahrnahmen, versuchte der Herr seine Position zu festigen. Zum einen wollte er soviel wie möglich vom bäuerlichen Mehrprodukt für sich abschöpfen, zum anderen aber auch alle rebellischen Tendenzen der Bauern unterdrücken. Die hatten sich nämlich teilweise in genossenschaftlichen Verbänden zusammengeschlossen, um gegen überhöhte oder ungerechte Forderungen des Bannherrn zu protestieren.

Von der bannherrlichen Ministerialität, die nun ebenfalls auf ihre Kosten leben wollte, noch mehr bedrückt, wuchs verschiedenenorts der Widerstand. Die Bauern reagierten unterschiedlich. Entweder sie zeigten durch Passivität, daß es ohne sie nicht ging (und die Mönche des Klosters Muri im Breisgau klagten: „Sorgfalt und Achtsamkeit beim Anbau fehlen. Die

Bauern behandeln alles nachlässig, leisten mit Lug und Trug Widerstand, und was sie dem Brauch gemäß abgeben, verschlingen sie selbst wieder mit ihren Frauen und Kindern") – oder aber sie griffen zur Gewalt. Es gibt eine ganze Anzahl von Berichten, wo Bauern gegen Ministerialen oder gegen andere Bedienstete des Herrn mit Waffen vorgehen, um ihre eigenen Rechte zu verteidigen.

Seit alters her hatte die dörfliche Gemeinschaft Land zur allgemeinen Nutzung – die Allmende – besessen. In dieses Land brachen die Herren mehr und mehr ein, und besonders die sächsischen Bauern hatten darunter zu leiden. Zu den Belastungen durch die eigenen Herren kam noch jene der königlichen Ministerialen. Der König wolle, so klagt ein sächsischer Bauer, daß sie „ihr eigenes Wasser nur für Geld trinken und ihr eigenes Holz nur noch gegen Bezahlung" nutzen dürften.

Die sächsischen Herren wußten diese Stimmung unter der Bauernschaft wohl zu nutzen, von ihrer eigenen Bedrückung abzulenken und den allgemeinen Zorn mehr und mehr auf Heinrich IV. zu richten. Das Verhalten der königlichen Ministerialen, die Forderungen beim Bau der Burgen – das alles tat seine Wirkung, und so stand in Sachsen fast das gesamte Volk unter Waffen.

Das Bündnis zwischen Fürsten und Bauern aber konnte nicht von Dauer sein. War man sich über das „Wogegen" einig gewesen – beim „Wofür" schieden sich die Geister. Schließlich hatten Otto von Northeim und seine Standesgenossen keinen Augenblick daran gedacht, Forderungen der Bauern durchzusetzen. Und die merkten auch sehr bald, daß sie von ihren Bündnispartnern geopfert werden sollten. Wutentbrannt und gegen den Willen des Adels drang bewaffnetes sächsisches Volk in die Pfalz von Goslar, gelangte bis vor den König und forderte von ihm die Schleifung der Harzburg. Heinrich IV. sah sich der aufgebrachten Menge gegenüber zu der Zusage genötigt, er werde alle Befestigungen abbrechen lassen unter der Bedingung, daß die Sachsen und Thüringer ihrerseits alle Burgen, die sie unter seiner Regierung errichtet hatten, ebenfalls abbrechen würden.

Der sächsisch-thüringische Adel dachte natürlich keinen Augenblick daran, seine Burgen, die er letztlich auch zur Unterdrückung der Bauern brauchte, abzureißen. Und so blieben auch die Burgen des Königs stehen.

Im Frühjahr 1074 ergreifen dann die sächsischen Bauern die Initiative. In Waffen ziehen sie zur Harzburg, „dem Joch Sachsens", hinauf. Der Zorn, der sich in ihnen angestaut hat, muß so groß gewesen sein, daß er wie eine gewaltige Sturmböe über die Burg hereinbricht.

„Sie zerstören die Mauern, erbrechen die königlichen Schatzkammern; Schätze und neue, goldstarrende Kultgewänder, goldene Gefäße, Rauchfässer, Schalen und Herrschaftszeichen rauben sie in großer Zahl, äschern die Gebäude ein, und sogar gegen Gott wenden sie die Waffen ihrer Raserei: sie dringen in die Kirche ein, reißen von den heiligen Altären den goldenen Zierat, zerstören Bilder und Schreine, und den Geistlichen, die schon ihren heiligen Dienst versahen, reißen sie die Gewänder vom Leibe und wagen es, sie mit Schlägen zu traktieren, goldene Kreuze mit ihren blutigen Händen zu zerstückeln und die Gräber der Toten zu schänden, indem sie die Gebeine zerstreuten..." (13)

Panik befiel den Adel! Wer konnte sagen, ob der Kampf gegen den König nicht bald ein Kampf gegen die Grundherren würde? Beispiele dafür gab es.

Die Nachricht von der Zerstörung der Harzburg erreicht den König in Worms. Fast gleichzeitig mit der Kunde treffen Boten der sächsischen Fürsten ein, die beteuern, sie hätten mit der Sache nichts zu tun. Heinrich IV. aber erklärt, nach einem solchen Frevel könne er keinen Sachsen mehr als Christ ansehen. In einem Brief an Papst Gregor VII. bittet er um Hilfe gegen jene, die geweihte Altäre zerstören; und die oberdeutschen Fürsten, die bisher mit allen Mitteln versucht hatten, ihren sächsischen Vettern, so gut es ging, zu helfen, fordert er auf, gegen die Grab- und Kirchenschänder vorzugehen.

Es wird jedoch kaum das Öffnen der Gräber auf der Harzburg – sowenig man die Wirkung solchen Frevels auf das Denken und Handeln der Menschen jener Zeit unterschätzen darf! – gewesen sein, was die Reichsfürsten bewog, sich eindeutig auf die königliche Seite zu stellen. Was Sachse, was Schwabe – eine Gefahr war aufgetaucht, die der ganzen Klasse drohte. Das ist die Chance für Heinrich IV.

Und während sich immer mehr sächsische Adlige dem König zuwenden, rüsten die Bauern. Sie sind fest entschlossen zum Widerstand. Aus den verschiedensten Dörfern strömen Scharen zusammen.

Im Frühsommer 1075 sammeln sich sächsische Truppen unter Otto von Northeim und anderen Adligen wieder bei Eisenach. Von Westen her aber rückt das Heer Heinrichs IV. heran. Bischöfe, Herzöge, Grafen, kirchliche und weltliche Würdenträger haben dem König ihre Kontingente zugeführt, und kaum einer hat sich ausgeschlossen. Selbst der Abt von Fulda, der seit zwei Jahren so gelähmt war, daß er kaum einen Schritt gehen konnte, hatte sich, wie Lampert von Hersfeld berichtet, zum Sammelplatz fahren lassen. Lampert überliefert auch, daß niemals vorher im deutschen Reich von einem König ein solch gewaltiges Heer zusammengebracht worden sei. Über dem Lager wehen die Banner von Schwaben, Böhmen, Bayern, Lothringen ... Man ist zuversichtlich, will den törichten Pöbel, der mehr an Ackerbau als an Kriegsdienst gewöhnt ist, schon auseinanderjagen.

Am 9. Juni 1075 beginnt um die Mittagszeit bei Homburg an der Unstrut die Schlacht. Herzog Rudolf von Schwaben führt die erste Angriffswelle. Während die Sachsen sich völlig ahnungslos der Ruhe hingeben, bricht feindliche Reiterei über sie herein. Heillose Verwirrung herrscht in ihrem Lager, und es dauert lange, bis Otto von Northeim den Widerstand organisiert hat. Ein blutiges Gemetzel hebt an. Die Sachsen wehren sich verzweifelt. Gegen drei Uhr nachmittags beginnen sie zurückzuweichen. Die Königlichen stoßen nach. Man haut, hackt und sticht aufeinander ein, und Lampert berichtet, daß im allgemeinen Durcheinander viele die eigenen Kameraden niedergemacht hätten. Die sächsischen Edlen entkommen auf ihren flinken Rössern fast alle dem Gemetzel. Das gemeine Fußvolk aber zahlt die Zeche.

Das sächsische Aufgebot wird vernichtend geschlagen. Die Chronisten sprechen von 8000 toten Sachsen und 1500 toten Königlichen. Der Traum der sächsischen Bauern von einem Leben ohne Willkür und Bedrückung ist ausgeträumt. „Für sich selbst wollten sie kämpfen, für sich selbst, wenn Gott es zuließ, siegen, keinen anderen Lohn für ihre Kriegsverdienste von irgend jemandem erwartend als die Rettung ihrer Weiber und Kinder und die Abschüttelung des Jochs der drükkendsten Knechtschaft von ihrem Nacken“, berichtet ein Chronist.

„Ich sehe die Morgenröte“

Das Heer Heinrichs IV. zieht plündernd und brennend durch Sachsen, versetzt die Menschen in Schrecken und nimmt mit Gewalt Burgen und Städte. Bis in die Gegend von Halberstadt kommen die Königlichen, und besonders die zu ihrem Heer gehörenden Böhmen müssen so schlimm gehaust haben, daß der dortige Bischof Burchard aus tiefstem Elend, wie er sagt, um Mitleid fleht. So groß seien Kummer und Not, daß man der Heimat nie mehr froh werden könne. Mit Sicherheit will Heinrich IV. mit der Demonstration dieser Gewalt dem sächsischen Adel ein Zeichen seiner Macht geben, will ihn von allen weiteren rebellischen Gedanken abbringen und zur Unterwerfung zwingen, denn wenn er auch das Heer der Rebellen geschlagen hat, ihr Trotz ist ungebrochen. Mit seinem Vorgehen aber erreicht der König das Gegenteil.

„Denn obwohl er die, welche ihm entgegengetreten waren, in der Schlacht überwand, die Überwundenen in die Flucht schlug und die Flüchtigen verfolgte, obwohl er ihre Besitzungen verheerte, ihre Festen brach und als Sieger nach Belieben schaltete, konnten sie dennoch nicht zur Unterwerfung gezwungen werden.“ (4) Die grausame Härte Heinrichs zeugt Erbitterung, und ein Brief drückt die sächsische Stimmung aus. „Wenn er (der König; W. L.) unser Blut, bis nichts mehr davon übrig ist, zu vergießen sich anstrengt, mag er erwägen, daß das nicht leicht ohne einigen Zusatz vom Blut der Seinigen geschehen kann.“ (10)

Der König hat den Bogen überspannt. Die Sachsen weigern sich, die ihnen diktierten harten Bedingungen anzunehmen.

Im Juli muß Heinrich IV. in der Nähe von Eschwege sein Heer entlassen. Hunger macht sich breit. Die Vorräte sind teils aufgebraucht, teils durch rücksichtslose Kriegführung vernichtet. Das neue Getreide aber steht noch grün auf dem Halm. Ob es jemals die Reife erreichen wird, weiß keiner, denn schon rüsten die Parteien erneut zum Kampf...

Doch dem geschundenen, ausgebluteten Land bleibt ein neuerlicher Kriegszug erspart. Beide Seiten stehen vor großen Problemen. Heinrich IV., nach dem Sieg von Homburg in seiner Persönlichkeit und seinem Königtum gestärkt, bekommt in Gerstungen einen Dämpfer. Herzog Rudolf von Schwaben, Herzog Welf von Bayern und Herzog Berchtold von Kärnten erklären rundheraus, daß er bei einem neuerlichen Zug gegen die Sachsen auf ihre Hilfe nicht mehr rechnen könne. Was immer sie auch für Gründe angeben – wahr ist, daß sie nicht das geringste Interesse haben, die Position des Königs gegen die sächsischen Fürsten zu stärken. Der gemeinsame Feind ist geschlagen; kein Bauer bedroht mehr die gottgewollte Ordnung durch rebellisches Tun; warum soll man dem König noch Waffenhilfe leisten?

Heinrich weiß, daß er ohne die Hilfe der oberdeutschen Fürsten kaum Krieg führen kann, und wieder wird ihm wohl schmerzlich bewußt, was sein Königtum ohne die Fürsten wert ist.

Während er, von diesen Mächtigen im Stich gelassen, mit seinem ungnädigen Geschick hadert, das ihm den sicheren Sieg vorenthalten will, sind sich seine Gegner in Sachsen allerdings auch nicht mehr einig. Die Sachsen werfen den Thüringern vor, sie hätten nach der Schlacht von Homburg viele ihrer Landleute, die durch thüringisches Gebiet zogen, überfallen und geplündert; die Bauern beschuldigen die Fürsten, sie im Stich gelassen zu haben; die Fürsten beschimpfen die Bauern, die nicht gekämpft, sondern nur im Lager gesessen hätten... Wie soll man so vorm Feind bestehen?

„Im Zweifel an ihren Kräften, die ja schon durch die früheren Kriege aufs tiefste zerrüttet waren, taten sie, was der Rettung am nächsten lag: sie unterwarfen sich." (4)

Am 25. Oktober 1075 stehen sich auf einem weiten, flachen Feld bei Spier, südlich von Sondershausen, die Gegner gegenüber. Das königliche Heer hat sich in zwei Reihen aufgestellt; dazwischen wartet hoch zu Roß Heinrich IV. In langer Reihe ziehen dann die sächsischen Fürsten mit gesenktem Haupt, barfuß und ohne Waffen am Sieger vorbei in die Gefangenschaft: Erzbischof Werner von Magdeburg, Bischof Burchard von Halberstadt, Magnus von Sachsen, Otto von Northeim, Pfalzgraf Friedrich von Sachsen, Graf Dietrich von Katlenburg, Adalbert von Ballenstedt, Rüdiger von Bielstein, Sizzo von Käfernburg...

Der Krieg ist aus.

Auf den Burgen königlicher Parteigänger in Schwaben, Franken, Bayern, ja sogar in Burgund und Italien schließen sich für lange Zeit die Tore hinter den Rebellenfürsten. (Die Bewachung ist allerdings oft sehr nachlässig: Bischof Burchard von Halberstadt entkommt der Gefangenschaft, andere auch.) Ihre Güter hat der König an sich genommen, sie unter seine Gefolgschaftsleute verteilt. Nur einer entgeht dem Geschick seiner Standesgenossen nach kurzer Zeit – Otto von Northeim. Ihm gegenüber zeigt sich der König außergewöhnlich nachsichtig. Nicht nur, daß er ihn begnadigt und ihm schon bald die Haft auf einer Burg des Bischofs von Bamberg erläßt – er gibt ihm sogar einen Teil der 1070 eingezogenen Besitzungen zurück und ernennt ihn zum Statthalter in Sachsen. Von nun an vertritt der auf der wiederaufgebauten Harzburg residierende Otto von Northeim in Sachsen den König. Die schillerndste Figur der sächsischen Opposition ist nun an Heinrich IV. gebunden.

Vielleicht hat bei der Wahl Ottos für die genannte Funktion der Umstand eine Rolle gespielt, daß Heinrich IV. sich alter Freundschaft erinnerte und wohl auch wegen der Egino-Affäre ein schlechtes Gewissen hatte. Wichtiger aber war mit Sicherheit, daß Otto eine populäre Figur in Sachsen war. Sein Friede mit dem König würde vielen als Beispiel dienen.

Neu erheben sich königliche Burgen aus den Trümmern; wieder halten schwäbische Ministerialen Einzug. Alle vorher jemals getroffenen Abmachungen sind ungültig. Der Sieger diktiert den Frieden.

Sieger ist der knapp fünfundzwanzigjährige König! Stolz und glücklich muß Heinrich IV. nach diesem Triumph gewesen sein; gerächt sind alle Demütigungen, die schmachvolle Behandlung, die Beschimpfungen, die Untreue und die nächtliche Flucht von der Harzburg, Sachsen liegt am Boden.

Die Grundlagen für die Königsmacht sind gesichert. Niemand versucht mehr, die sächsischen Krongüter anzugreifen; die salische Dynastie festigt sich. Weihnachten 1075 schwören die Fürsten in Goslar dem einjährigen Sohn Heinrichs, Konrad, die Treue.

Im Zentrum des unterworfenen Landes residiert Heinrich IV. mit seinem Hof, präsentiert sich als König im Glanze einer Machtfülle wie zur Zeit Heinrichs III. Der zum Mann gewordene Herrscher hatte in den kriegerischen und politischen Auseinandersetzungen der vergangenen Jahre Gespür für Realität und diplomatisches Geschick erkennen lassen. Es war ihm gelungen, sein impulsives Wesen zu zügeln und an die Stelle spontaner Entscheidungen kühles Nachdenken zu setzen. Daß er selbst in scheinbar aussichtslosen Situationen nicht resignierte, sondern mit Zähigkeit alles daransetzte, die Lage zu seinen Gunsten zu wenden, machte ihn zum ebenbürtigen Partner für Leute wie Otto von Northeim und Burchard von Halberstadt.

Und wenn die Sachsen später auch spötteln, er, der König, habe sie nach seinem Sieg nur gestraft, wo es doch besser gewesen wäre, sie auszurotten, so spricht das nur für Heinrich IV. Denn gerade seine Zurückhaltung gegenüber seinem einstigen Feind, sein Verzicht auf grausame Rache brachte ihm Sympathien in Sachsen ein.

Er wollte Frieden, und auch Sachsen wollte Frieden. Es war am Ende.

„Welche Zeiten! Man verflucht das Land und fleht um nichts als den Tod. Die Städte sind entvölkert, die Dörfer und Höfe eingeäschert, die Wälder und Gärten verwüstet, die Weinberge ausgerodet. Krieg, Hungersnot, Pestilenz und Feuer raffen das Volk massenweise hin. Viele Edle sind verarmt und an den Bettelstab gebracht. Die Gotteshäuser stehen ringsum verödet." – Wie ein verzweifelter Aufschrei klingt die Klage eines anonymen Sachsen. Eine dumpfe, drückende Stille liegt über dem Land.

Und während sich um ihre Existenz gebrachte Bauern in den weiten Wäldern zu Banden zusammentun, während anderenorts des Königs Ministerialen von den Burgen herab das Volk drücken, während Heinrich IV. mit dem Gedanken an einen Romzug und die damit verbundene Kaiserkrönung spielt, rüstet sich die angeschlagene, doch keineswegs vernichtete Adelsopposition zu neuem Kampf. Sie wartet nur auf eine günstige Gelegenheit.

Diese und einen mächtigen Verbündeten dazu soll sie bald bekommen.

„Ich sehe die Morgenröte“, soll Heinrich IV. nach seinem Sieg über die Sachsen gesagt haben. Wenn man diesen Ausspruch auch getrost ins Reich der Legende verweisen darf, so kennzeichnet er doch treffend die Situation.

Von nun an würde es steil hinaufgehen, zu den Gipfeln der Macht. Das jedenfalls glaubte der König.

„Sein Name ist einzig in der Welt"

Dieser gefährliche Mensch maßt sich an,
Bischöfen zu befehlen wie seinen
Gutsverwaltern.
(Erzbischof Liemar über Gregor VII.)

Die große Reform der Kirche, von Rom aus in die Welt gesandt, hatte bisher wenig Erfolg gehabt. Weltliche Mächte griffen nach wie vor in kirchliche Dinge ein; der lombardische Klerus sträubte sich noch immer gegen Simonie- und Eheverbot; und auch in Deutschlands Geistlichkeit hatte der Heilige Vater bei weitem keine feste Stütze. Die deutschen Bischöfe standen mit wenigen Ausnahmen dem Reformer in Rom skeptisch gegenüber. Sahen Männer wie Erzbischof Liemar von Bremen päpstliche Anordnungen als Eingriffe in die Belange der deutschen Kirche, fürchteten andere um ihre teuer erkauften Pfründe, so fachte besonders in Kreisen der niedrigen Geistlichkeit die immer wieder geforderte Ehelosigkeit der Priester die allgemeine Empörung an. Nirgends in der Bibel war etwas gegen die Ehe gesagt. Die Evangelien berichteten sogar davon, daß die Apostel verheiratet gewesen waren, und selbst Konzilien hatten eine erzwungene Ehelosigkeit der Priester verworfen. Viele Geistliche waren verheiratet, lebten mit ihren Wirtschafterinnen im Konkubinat oder hatten Kinder. Dagegen nun wandten sich die Reformer. Doch trotz angedrohter Höllenstrafen und Exkommunikation, trotz Dekret, daß alle Pfarrerskinder Bastarde seien, trotz Beschimpfungen der Priesterfrauen als Dirnen – der Klerus blieb in jenem Fall widerspenstig, war geneigt, eher auf die

Forderungen der Natur als auf die seiner Oberen zu hören. Im übrigen berief er sich auf den Apostel Paulus, der gesagt hatte: „So sie sich aber nicht mögen enthalten, lasset sie freien. Es ist besser freien, denn Brunst leiden."

Die geforderte Ehelosigkeit der Priester war allerdings weniger eine Frage der Moral als vielmehr ein Erfordernis der Praxis. Ein Priester sollte eben ohne Bindungen an Haus und Familie, ohne Blutsbande, Familienpflichten und Familiensorgen, überall einsatzfähig sein, dem Dienst an Gott geweiht, dem Papst gehorchend. Aber eben in jenem Punkt gehorchten die meisten nicht. Der Bischof von Passau wurde bei dem Versuch, die Zölibatsgesetze zu verkünden, von seinen Klerikern verprügelt, und Erzbischof Siegfried von Mainz entging nur durch eilige Flucht dem gleichen Schicksal.

In Streitschriften polemisierte man gegen Gregors VII. Forderung – vergeblich. Bei Androhung des Banns bestand dieser auf Durchsetzung der Beschlüsse.

Die Geistlichkeit stellte sich weiterhin taub, ja die thüringischen Pfarrer erklärten Gregor zu einem Häretiker, da er der Unzucht Vorschub leistete. Sie wollten, so erklärten sie, lieber den Priesterstand verlassen als ihre Frauen; „dann möge der Herr Papst zusehen, wo er die nötige Anzahl Engel zur Führung seiner Gemeinde findet, wenn die Menschen für diese Aufgabe unwürdig sind!"

Die Forderung Roms aber blieb bestehen! Es ist daher verständlich, daß ein großer Teil von Deutschlands Geistlichkeit ein recht gespaltenes Verhältnis zu seinem Oberhirten hatte.

Niemand wird wohl über den schleppenden Fortgang der Reform unzufriedener gewesen sein als Gregor VII. selbst. In einem Brief an Abt Hugo von Cluny klagt er voller Bitterkeit, daß es ihm noch immer nicht gelungen sei, die Menschen zu bessern; es gäbe kaum einen Bischof, der nach den neuen Gesetzen im Amt bleiben könne. Er mag dabei an die lange Reihe deutscher Bischöfe gedacht haben, die er vor sich zitiert hatte oder mit denen er aneinandergeraten war.

Deutschlands Geistlichkeit war eine Kraft, die sich bisher zum großen Teil der Reform entgegengestellt hatte.

Das alte Reichskirchensystem mit dem König an der Spitze vereitelte alle Versuche des Papstes, wirksam zu werden. Die Bischöfe fühlten sich in der Mehrzahl dem König verpflichtet – Rom war weit. Die neuen Ideen hatten aber nur dann eine Chance, wenn es Rom gelang, die deutschen Bischöfe unter seine Botmäßigkeit zu zwingen.

Schon im Januar 1075 kündigt Gregor VII. neue Maßnahmen für diese Auseinandersetzung an. Auf der dann einen Monat später stattfindenden Fastensynode spricht er erneut ein strenges Simonie- und Eheverbot aus und wendet sich gleichzeitig an einen Partner, der ihn in seinem Kampf unterstützen soll: „... das Volk möge die Dienste der Geistlichkeit keineswegs mehr in Anspruch nehmen, von denen es vernimmt, daß sie die genannten apostolischen Satzungen nicht beachten." (14) Was in den lombardischen Städten von der Pataria mit Erfolg durchgeführt worden war, soll sich nun in Deutschland wiederholen. In verschiedenen Gegenden tauchen Wanderprediger auf und verkünden die päpstlichen Beschlüsse. Das Volk lauscht ihnen, und mögen sie einem zeitgenössischen Berichterstatter auch als Landstreicher gelten – sie haben Erfolg.

Der Heilige Vater hat das Volk gegen die ungehorsamen Priester aufgeboten, und das Volk gehorcht. Aufgestaute Feindseligkeiten gegen den Klerus können nun ungehindert ausbrechen. Verheiratete Priester werden verspottet, mißhandelt, vom Altar weggerissen, und es soll sogar vorgekommen sein, daß Bauern den Kirchenzehnt verbrannten, um ihn nicht in die Hände unwürdiger Priester gelangen zu lassen. Alle Proteste der Geistlichkeit, alle Hinweise auf kirchliche Schriften, wonach einem Laien kein Urteil über einen Kleriker anstünde, nützen nichts. Einer der Betroffenen klagt: „Seitdem die Welt steht, hat kein Menschenalter eine so schwere Zeit gesehen; man übersieht alle göttlichen Gebote und verschlingt uns nach Willkür." Priesterfamilien werden auseinandergerissen, Frauen stehen plötzlich ohne ihren Mann, Kinder ohne Vater da – lombardische Zustände.

Das aber ist nur der Anfang.

Da die Reform unter den bisherigen Verhältnissen sich nicht hat durchsetzen können, geht Gregor VII. daran, die Verhältnisse zu ändern; ebenfalls auf der Fastensynode 1075 soll er nach der bisherigen Auffassung das Investiturverbot ausgesprochen haben – wobei die jüngere Forschung allerdings meint, daß Gregor VII. dies erst 1078 getan habe.

Investitur wurde die Einsetzung in ein hohes geistliches Amt genannt. Seit der Zeit der fränkischen Könige war es üblich, daß die Kandidaten für ein solches Amt die Symbole ihrer neuen Stellung aus der Hand des Herrschers entgegennahmen. Die Bischöfe erhielten Stab – das Zeichen des Seelenhirten, der damit die ihm anvertraute geistliche Herde leitet – und Ring – Sinnbild für die geistliche Ehe, die er mit der ihm anvertrauten Herde einging. Die Übergabe von Krummstab und Ring war eine sakrale Handlung, und der Herrscher, der beide Symbole übergab, tat dies aus dem Bewußtsein seiner göttlichen Vollmacht heraus. Gerade diese aber zweifelten die Reformer an. Sie waren dabei, das Königtum seines geheiligten Charakters zu entkleiden. Für sie war auch der König nur ein Laie. Und ein Laie durfte keine kirchlichen Ämter vergeben!

Erstmals war das von Papst Leo IX. 1049 auf einer Synode in Reims gefordert worden: „Niemand soll ohne Wahl des Klerus und des Volkes zu einem kirchlichen Amt erhoben werden." Zehn Jahre später dann hatte Nikolaus II., der „Esel Hildebrands", schon schäfer formuliert: „In keiner Weise soll ein Kleriker oder Priester eine Kirche durch Laien in Empfang nehmen, weder umsonst noch um Geld."

Was Gregor VII. aber dann im Februar 1075 hinter verschlossenen Türen vor versammelter Geistlichkeit verkündet, läßt diese in höchste Erregung verfallen, und manchem Anwesenden mag das die offene Kampfansage an den König sein: Wenn jemand künftig ein Bistum oder eine Abtei aus der Hand eines Laien annimmt, so soll er weder Bischof noch Abt sein. Solange er dieses Amt nicht aufgibt, bleibt ihm die Gnade St. Peters und der Eintritt in die Kirche versagt. Wenn ein Kaiser, König, Herzog, Markgraf, Graf oder irgendein weltlicher Machthaber sich die Investitur eines Bistums oder sonst einer kirchlichen Würde anmaßt, so verfällt er derselben Strafe ...

Der Reformer Gregor hat über den Realpolitiker Gregor gesiegt! Daß der Politiker Gregor gewußt hat, wie dieses Verbot am deutschen Hof ankommen würde, zeigt der Umstand, daß er es zunächst noch geheimhielt; daß es dem Reformer Gregor ernst damit war, bekamen Erzbischof Liemar von Bremen und drei andere deutsche Bischöfe zu spüren, die von ihrem Amt suspendiert wurden. Und der päpstliche Blitz schlug auch ganz in der Nähe des Königs ein. Fünf seiner Räte – wohl dieselben, die schon unter Papst Alexander II. für simonistische Handlungen des Königs verantwortlich gemacht worden waren – verfielen der Exkommunikation.

Und als Gregor VII. kurze Zeit nach der Fastensynode in siebenundzwanzig Leitsätzen das Fundament der von ihm angestrebten Neuordnung der päpstlichen Gewalt vorlegt, da müssen aufmerksame Beobachter am deutschen Hof letzte Illusionen begraben haben.

Im „Dictatus papae“ fordert der Heilige Vater unumwunden die Herrschaft der Kirche. Wie Hammerschläge fallen seine Worte auf die Welt:

„Daß die römische Kirche von Gott allein begründet ist. Daß der Papst der einzige ist, dem alle Fürsten die Füße küssen. Daß er allein sich kaiserlicher Insignien bedienen darf. Daß sein Spruch von niemandem aufgehoben werden, er allein dagegen den aller anderen aufheben darf.

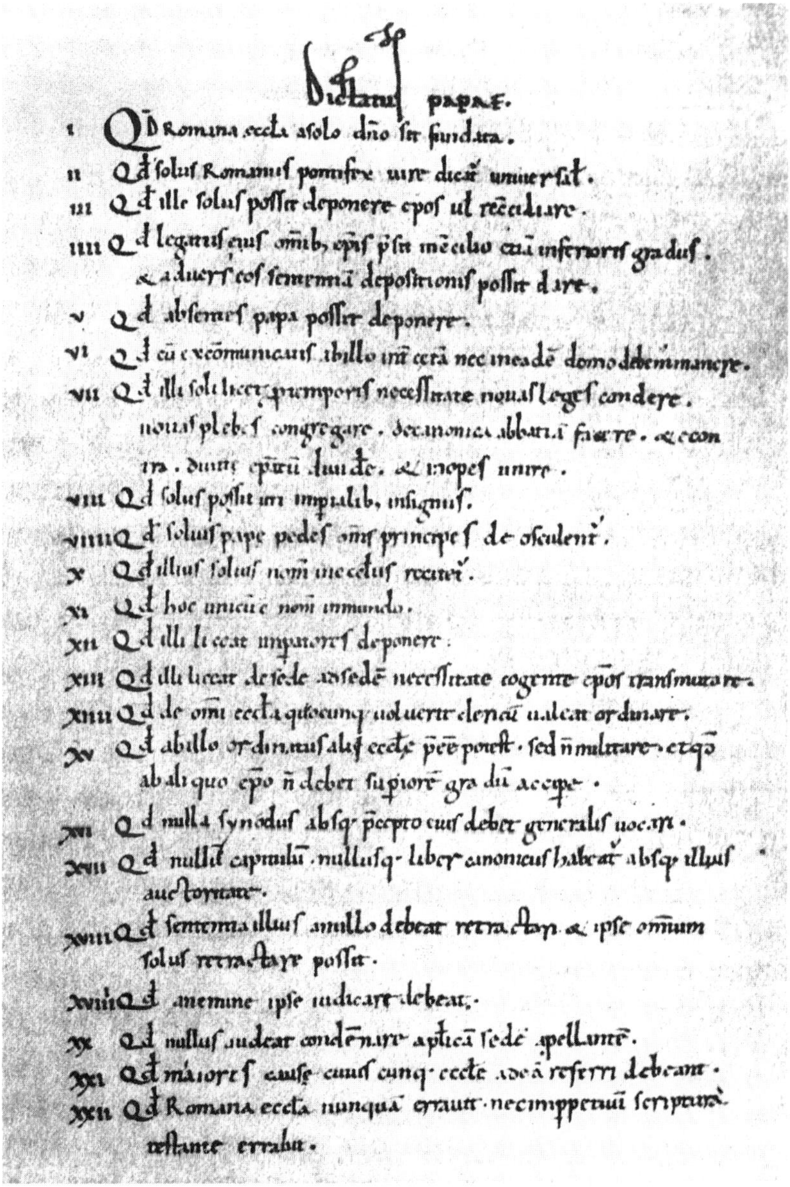

Dictatus papae.

I Quod Romana ecclesia a solo domino sit fundata.

II Quod solus Romanus pontifex iure dicatur universalis.

III Quod ille solus possit deponere episcopos vel reconciliare.

IIII Quod legatus eius omnibus episcopis presit in concilio etiam inferioris gradus. et adversus eos sententiam depositionis possit dare.

V Quod absentes papa possit deponere.

VI Quod cum excommunicatis ab illo inter cetera nec in eadem domo debemus manere.

VII Quod illi soli licet pro temporis necessitate novas leges condere. novas plebes congregare. de canonica abbatiam facere. et econtra. divitem episcopatum dividere. et inopes unire.

VIII Quod solus possit uti imperialibus insigniis.

VIIII Quod solius pape pedes omnes principes deosculentur.

X Quod illius solius nomen in ecclesiis recitetur.

XI Quod hoc unicum est nomen in mundo.

XII Quod illi liceat imperatores deponere.

XIII Quod illi liceat de sede ad sedem necessitate cogente episcopos transmutare.

XIIII Quod de omni ecclesia quocunque voluerit clericum valeat ordinare.

XV Quod ab illo ordinatus alii ecclesie preesse potest. sed non militare. et quod ab aliquo episcopo non debet superiorem gradum accipere.

XVI Quod nulla synodus absque precepto eius debet generalis vocari.

XVII Quod nullum capitulum. nullusque liber canonicus habeatur absque illius auctoritate.

XVIII Quod sententia illius a nullo debeat retractari. et ipse omnium solus retractare possit.

XVIIII Quod a nemine ipse iudicari debeat.

XX Quod nullus audeat condemnare apostolicam sedem apellantem.

XXI Quod maiores cause cuiuscunque ecclesie ad eam referri debeant.

XXII Quod Romana ecclesia nunquam erravit. nec in perpetuum scriptura testante errabit.

Dictatus Papae

Daß sein Name einzig in der Welt ist.

Daß es ihm erlaubt ist, Kaiser abzusetzen.

Daß die römische Kirche niemals geirrt hat und auch... nicht irren wird.“ (12)

Duell der Giganten

> Laß ab, ich beschwöre dich, ruhmreicher König, laß ab von dem Wagstück, das Haupt der Kirche von seiner Höhe zu stürzen!
>
> (Vita Heinrici)

Das Vorspiel

Im Frühjahr 1075 erreicht eine Abordnung der Mailänder Geistlichkeit Deutschland. Etwas unsicher über den derzeitigen Aufenthaltsort des Königs irren die Kleriker erst eine Weile durchs Land, ehe sie schließlich zu einer Audienz vor Heinrich IV. erscheinen. Der mag zwar zu diesem Zeitpunkt noch eifrig mit der Regelung sächsischer Angelegenheiten beschäftigt sein; doch was ihm die Mailänder vortragen, ist zu wichtig, als daß es unbeachtet bleiben könnte.

Erlembald, der Führer der Pataria, war bei Tumulten in der Stadt erschlagen worden, und die nun wieder stärker gewordenen antipatarinischen Kräfte bitten, müde vom ewigen Unfrieden in der Stadt, den König um Entsendung eines neuen, energischen Oberhirten.

Heinrich IV. erkennt sofort seine Chance!

Es bietet sich ihm die einmalige Gelegenheit, die italienischen Verhältnisse mit einem Schlag zu seinem Vorteil zu verändern. Worte „voll Süßigkeit und Gehorsam" hatte der Papst einst sein Entgegenkommen in Sachen der Mailänder Kirche genannt – davon kann nun nicht mehr die Rede sein.

Die Zeiten, da der König in Demut um die Gunst des Heiligen Vaters buhlen mußte, sind vorbei. Jetzt, wo das Königtum auf dem Weg zur Macht ist, liegt Heinrich daran, jegliche Einschränkung dieser Macht zurückzuweisen. Er fühlt sich stark genug, nun auch in Rom seinem Willen Geltung zu verschaffen. Frühere Versprechungen, gegeben aus politischen Notwendigkeiten, sind für ihn hinfällig. Vielleicht mag das manchem moralisch bedenklich scheinen – doch war das nicht nur eine Frage der Moral, sondern auch der Politik. So wie Heinrich IV. von den sächsischen Fürsten alle Rechte der Krone zurückfordert, so will er das auch mit Rom tun.

Noch fesselt Sachsen die Aufmerksamkeit der Menschen – Belagerungen, Schlachten, Plünderungen beflügeln die Phantasie weitaus mehr als die nüchterne Tatsache, daß Heinrichs Italienkanzler Gregor von Vercelli und Graf Eberhard von Nellenburg in die Lombardei aufbrechen. Weit in ihrem Rükken klingt der Schlachtenlärm von Homburg.

Wohl nicht einmal in Rom hat man sonderlich auf die Reise geachtet, nahm sie einfach zur Kenntnis und erregte sich wohl noch am ehesten an der Tatsache, daß der Herrscher mit Eberhard von Nellenburg ausgerechnet einen der gebannten Räte in diplomatischer Mission nach Italien sandte. Probleme aber befürchtet man im Lateran nicht. Man ist sich des Königs sicher – hat er doch erst kürzlich den Heiligen Vater wissen lassen, daß er „durch die Wohltat des Friedens“ mit ihm verbunden sein möchte. Roms Blicke ruhen zu der Zeit gespannt auf Deutschland, wo nach dem Gemetzel von Homburg der Stern des Königs strahlend emporsteigt. Danach richtet man die Maximen der eigenen Politik. Die beiden stillen Gesandten läßt man außer acht.

Sehr zum eigenen Nachteil, wie sich bald zeigen sollte.

Nach dem Tode Erlembalds war die Macht der Pataria ins Wanken geraten. Noch ehe sie sich wieder festigen konnte, erklärte Eberhard von Nellenburg im Namen Heinrichs IV. die Patarener zu Reichsfeinden; und um keinerlei Irrtümer aufkommen zu lassen, investierte der König im Spätsommer 1075 seinen Hofkapellan Thedald zum neuen Erzbischof von Mailand. Die „Krone der lombardischen Städte“ war an den König zurückgefallen. Kurz darauf investiert Heinrich IV. in Fermo und in Spoleto Bischöfe...

Seine Gesandten aber sind schon lange auf dem Weg nach Süden, an den Hof des Normannenherzogs Robert Guiskard.

Der einstige päpstliche Gefolgsmann war längst mit dem Heiligen Vater zerfallen, und als Eberhard von Nellenburg vor ihm erscheint, da verhandeln zwei Gebannte miteinander. Graf Eberhard macht dem Normannen den Vorschlag, seinen süditalienischen Besitz vom deutschen König zu Lehen zu nehmen. Wäre jener darauf eingegangen, so hätte das das Ende des Bündnisses, auf dem seit Jahrzehnten die Macht des Papsttums beruhte, bedeutet. Guiskard – „der Schlaukopf" – aber spielt nicht mit in den Plänen des deutschen Hofes. Er lehnt es ab, sich in eine Abhängigkeit zu begeben, die ihm an Vorteilen nur das bieten würde, was er ohnehin schon hat.

Von Rom aus waren Heinrichs italienische Aktivitäten mit wachsender Besorgnis beobachtet worden, und wenn auch der Plan des deutschen Königs nur zur Hälfte gelungen war – allein der Gedanke daran erschreckte die Reformer: das Papsttum zwischen lombardischem Klerus und normannischen Schwertern in der Zange und die Hebel der Zange in den Händen des deutschen Königs! Gregors VII. Reaktion auf Heinrichs IV. Italienpolitik wird neben politischen Überlegungen vor allem Ärger beeinflußt haben: Ärger über sich selbst, weil er sich so hatte hinters Licht führen lassen. Man hatte ihn belogen, man hatte Gott belogen! Der Papst fühlt sich hintergangen, und sein gekränkter Ehrgeiz ist ihm ein schlechter Berater.

Am 8. Dezember 1075 schreibt er einen zornigen Brief an Heinrich: „Gregor, Bischof, Knecht der Knechte Gottes, dem König Heinrich Gruß und apostolischen Segen..."

In den Trubel und Pomp eines Festtages, an dem man den Sieg über die Sachsen feiert, dringen zu Neujahr 1076 zwei päpstliche Legaten mit dem Schreiben des Heiligen Vaters.

Die ernsten, unnahbaren Gestalten passen so gar nicht ins übrige Bild der Feierlichkeiten, noch weniger aber der Brief, den sie überbringen. In einem der vielen winterkalten Gemächer der Reichspfalz Goslar liest Heinrich: „... haben wir dir nur mit Bedenken den apostolischen Gruß erteilt, da es heißt, daß du durch das Urteil des apostolischen Stuhles und durch Synodalbeschluß Exkommunizierten wissentlich deinen Umgang gewährst." Dem König steigt die Zornesröte ins Gesicht. „Wir ermahnen dich mit väterlicher Liebe", so liest er weiter, „daß du bedenkst, wie gefährlich es ist, ... der Ehre Christi deine Ehre voranzustellen, und daß du nicht länger ... die Freiheit der Kirche behinderst... Mögest du im Sinn haben, was Saul geschah, als er nach errungenem Sieg, ... sich seines Triumphes rühmend den Mahnungen des Propheten nicht folgend, vom Herrn verworfen wurde, und welch große Gnade dagegen König David um seiner Demut willen... zuteil wurde..." (12)

Treibt dieser Brief das cholerische Temperament des Königs schon gefährlich in die Höhe – die ihm darüber hinaus überbrachte interne Botschaft des Papstes bringt es zum Explodieren.

Alle nur erdenklichen Verleumdungen benutzend, schwingt sich Gregor VII. zum Sittenrichter über Heinrichs Privatleben empor, droht, daß dieser nach menschlichem und göttlichem Recht entsetzt werden müsse. Noch immer habe er Umgang mit seinen gebannten Räten, und entgegen allen Versprechungen erweise er sich als Gegner päpstlicher Vorschriften. Er solle sich schnellstens von jenen Verworfenen trennen, denn er wisse, was der Umgang mit einem Gebannten bedeute... Der Heilige Vater könne und dürfe nicht länger zögern, den König aus der Gemeinschaft der Christen auszustoßen, wenn dieser sich nicht von den gebannten Räten lossage. Auf der nächsten Fastensynode werde er die angedrohte Strafe verhängen, wenn der König bis dahin nicht einen deutlichen Beweis seines Sinneswandels gegeben habe.

Deutlicher konnte Gregor seinen eigenen Machtanspruch nicht ausdrücken. Er hatte dem König in drastischen Worten klarzumachen versucht, wer der Herrscher über die Menschheit sei! Sicherlich glaubte er, damit Erfolg zu haben.

Angesichts der erst kürzlich errungenen Erfolge über die Sachsen betrachtet Heinrich IV. die Haltung des Papstes jedoch als eine Zumutung. Noch während der Audienz bricht die wilde Leidenschaft des Fünfundzwanzigjährigen hervor; in einem Tobsuchtsanfall macht er Anstalten, auf die Legaten loszugehen, und die verlassen, um ihr Leben fürchtend, eilends den deutschen Hof.

Noch am gleichen Tag teilt der König die päpstliche Forderung seinen Räten und einigen anwesenden Bischöfen mit. Diese, von Rom ohnehin nichts Gutes erwartend, bestärken ihn darin, dergleichen Übergriffe nicht einfach hinzunehmen.

Wieder einmal ist die Zeit des Feierns vorüber!

So gewaltig, wie sich Gregors VII. Macht in seinem Schreiben mitteilt, ist sie eingeweihten Kreisen am deutschen Hof bei weitem nicht.

Eifrig gesammelte Erkenntnisse, diplomatische Berichte, Geheimschreiben, in Heinrichs IV. Kanzlei sorgsam zusammengefügt, ergeben ein Bild der römischen Zustände, das einen Sieg des Königs in dem zu erwartenden Kampf fast sicher erscheinen läßt. Die europäischen Staaten hatten die päpstlichen Einmischungsversuche zum größten Teil entschieden zurückgewiesen; der Klerus zeigte sich im wesentlichen gar nicht angetan von den Reformen seines Oberhirten; im Kardinalskollegium gab es nach verschiedenen Berichten ernsthafte Differenzen; und selbst Hugo von Cluny, der Taufpate des Königs und Wahrer der Reform, hatte sich vorsichtig aus der Umgebung Gregors VII. zurückgezogen, weil er in dessen Wirken mehr und mehr den hehren cluniazensischen Geist vermißte. Es bedürfe wohl nur eines Stoßes...

So jedenfalls glaubt man bei Hofe.

Man stützt sich dabei hauptsächlich auf Informationen des römischen Adels, der alle Vorgänge im Lateran mit wachem Auge beobachtet. Daß sich bei den römischen Berichten oft Schein und Sein vermischen, übersieht man allerdings. In Deutschland ist man davon überzeugt, daß die Stunde des Reformers im Lateran nun bald geschlagen habe.

Als am Weihnachtsabend 1075 in der Kirche Santa Maria Maggiore Papst Gregor VII. am kerzengeschmückten Altar feierlich die Messe zelebriert und die Menschen, voll frommer Andacht aneinandergedrängt, die Geburt des Erlösers feiern, brechen plötzlich vermummte Gestalten in die geheiligten Räume. Mit brutaler Gewalt reißen sie den Papst vom Altar weg; und ehe die erstarrte Gemeinde sich besinnen kann, schleppen sie ihn unter Hohngelächter und Schlägen davon. Roms Adel hat zugeschlagen!

In einem finsteren Turmverließ verbringt Gregor die nächsten Stunden – und vielleicht glaubt er, das sei das Ende. Die Welt hat er beherrschen wollen; soll er nun einsam im „Turm des Cencius“ enden?

Doch bald zeigt sich, daß die Kräfte, die er so oft für seine Pläne mobilisiert hatte, ihn nicht im Stich lassen. Das aus seiner anfänglichen Erstarrung gerissene Volk Roms befreit ihn noch in derselben Nacht aus seiner mißlichen Lage und führt ihn im Triumph in die Kirche zurück. Er soll dort – so wird jedenfalls berichtet – mit der Meßfeier fortgefahren sein, als wäre nichts geschehen.

Der Anschlag ist gescheitert.

Cencius, der Führer der Adelspartei, und viele seiner Standesgenossen verlassen fluchtartig die Stadt. (Ob hinter Cencius Kräfte des deutschen Hofes gestanden haben, ist nicht erwiesen; es ist allerdings gut möglich, wenn man an das eifrige Wirken Eberhards von Nellenburg in Italien denkt!)

Gegen das, was sich in den ersten Januartagen des Jahres 1076 am deutschen Königshof zusammenbraut, ist das weihnachtliche Attentat allerdings nur ein läppisches Spiel.

Heinrich IV. war nicht der „zornige junge Mann“, dessen Reaktion sich darauf beschränkte, Legaten zu beschimpfen und sich im übrigen mit den neuen Gegebenheiten sehr schnell zu arrangieren. Als äußerst begabter Politiker (vielleicht war er sogar einer der begabtesten Köpfe unter den mittelalterlichen Herrschern Deutschlands!) entwickelte er ein Konzept, dessen Verwirklichung alle drohenden Bannsprüche Roms zu hohlen Phrasen machen sollte.

Die Kräfte, die am Hofe seit jeher die Rechtmäßigkeit der Erhebung Gregors VII. angezweifelt und vor der Anerkennung der Wahl gewarnt hatten, finden in jenen Tagen offene Ohren. Und schon stellt man die Frage: Ist jene Wahl denn eigentlich überhaupt anerkannt? Der König hatte sie lediglich toleriert – es wäre nun wohl an der Zeit, sich einmal mit jenen mysteriösen Vorgängen im Rom des Jahres 1073 zu beschäftigen und zu entscheiden, ob Gregor überhaupt rechtmäßig Papst sei!

Und das mußte noch vor der zu erwartenden Fastensynode geschehen; denn würde sich erweisen, daß jene Erhebung unrechtmäßig war, dann wären auch alle gefaßten Synodalbeschlüsse nichtig!

Königliche Boten durcheilen das Land, rufen Deutschlands Geistlichkeit für den 24. Januar 1076 zu einer Versammlung nach Worms am Rhein.

Von seinem Sendungsbewußtsein hingerissen, hatte Gregor VII. einen Schritt getan, vor dem er bei nüchterner Überlegung wohl zurückgeschreckt wäre: Er hatte zwei Parteien, die er hätte entzweien müssen, noch fester zusammengebracht, und beide rüsteten nun gegen ihn – der deutsche König und die deutschen Bischöfe.

Der Termin für die Versammlung steht fest; die Richter sind benannt; niemand zweifelt am Schuldspruch.

„Steige herab, steige herab!"

Dem Ruf des Königs folgend, machen sich Mitte Januar 1076 in verschiedenen Teilen Deutschlands Kirchenfürsten auf den Weg nach Worms.

Die Jahreszeit ist für längere Reisen denkbar ungünstig, und manch einer der anreisenden Bischöfe wird im stillen den Zeitpunkt der geplanten Zusammenkunft verwünschen. Es ist kalt; Schnee liegt. Ob man nun, in dicke Pelze gehüllt, im Schlitten dahinfährt oder auf einem müden Gaul von Kloster zu Kloster trabt – Worms ist für die meisten Bischöfe weit, weit entfernt hinter Wäldern, Flüssen, Gebirgen; hinter viel Schnee und viel Kälte. Und doch reisen sie, denn sie wissen, worum es dort gehen wird. Sie alle, die durch die Januarkälte ziehen und sehnsüchtig nach den Türmen des Wormser Doms spähen, fühlen sich direkt oder indirekt von dem eifrigen Reformer im Lateran bedroht. Manche von ihnen waren schon gedemütigt worden, anderen war Strafe angedroht – das Wohl der Kirche, das für sie immer auch das eigene Wohl war, trieb sie nach Worms.

Erzbischof Siegfried von Mainz, dem im Moment wieder einmal der König näher ist als der Papst, erscheint und übernimmt den Vorsitz der Versammlung. Auch Erzbischof Udo von Trier reist an – alle anderen Erzbischöfe bleiben jedoch aus verschiedenen Gründen fern. Gebhard von Salzburg ist eifriger Gregorianer, Werner von Magdeburg sitzt in Haft, Liemar von Bremen ist vom Amt suspendiert, Anno von Köln aber hatte vor wenigen Wochen die Welt für immer verlassen. Sein Biograph arbeitete zu jener Zeit schon eifrig daran, aus dem derben Kirchenmann einen lichten Heiligen zu machen. Aus Verden und Naumburg, Hildesheim und Basel, Utrecht und Münster reisen mit mehr oder minder großem Gepränge kirchliche Würdenträger an.

Vierundzwanzig deutsche Bischöfe zählt man; einer ist aus Burgund, ein anderer sogar aus Italien gekommen.

Die Atmosphäre des Konzils ist voller Spannung.

Der König hält sich bewußt im Hintergrund. Nicht er wird hier eine Entscheidung treffen, sondern die Bischöfe, denn deren Konflikt mit Rom ist letztlich der Anfang alles Streits gewesen. Die dramaturgischen Fäden der Versammlung aber müssen irgendwo in Heinrichs IV. nächster Umgebung zusammenlaufen, denn gleich zu Beginn tritt ein Mann auf, der wohl auf Veranlassung des Hofes nach Worms gekommen ist und hier nun den Bischöfen die Entscheidung „erleichtern" soll. Es ist der Kardinal Hugo Candidus. Seinerzeit maßgeblich an der Erhebung Gregors auf den apostolischen Stuhl beteiligt, war er nun beim Heiligen Vater in Ungnade gefallen, exkommuniziert und hatte die Fronten gewechselt. In einer feurigen Rede klagt er den Papst an, sich widerrechtlich der höchsten kirchlichen Autorität bemächtigt zu haben. (Seine eigene Rolle bleibt wohlweislich unerwähnt!) Gregor VII. ist der Schuldige! Roms Bevölkerung, so teilt er sodann den Bischöfen mit, wolle diesen Papst nicht länger ertragen – kein Wort davon, daß eben jene Römer am Weihnachtsabend 1075 den entführten Gregor befreit und im Triumphzug durch die Stadt geführt hatten. Dann läßt sich Hugo über Gregors VII. Privatleben aus, spricht von Hurerei und Simonie, und man kann sich des Gefühls nicht erwehren, daß hier Gleiches mit Gleichem vergolten werden soll. Hugo zeichnet ein solches Bild vom Papst und den römischen Zuständen, das nur einen Schluß zuläßt: Im Namen Gottes und um die Ehre und Würde seiner Kirche zu retten – dieser Papst muß den Stuhl Petri verlassen!

Doch völlig überzeugend kann der Kardinal nicht gewesen sein. Denn als man zur Frage kommt, ob Gregor VII. rechtmäßig Papst sei, da melden Adalbero von Würzburg und Hermann von Metz Bedenken an. Es muß nicht unbedingt Opportunismus gewesen sein, der sie dazu veranlaßt. Vielmehr haben sie sich wohl als einzige inmitten der emotionsgeladenen Atmosphäre einen kühlen Kopf bewahrt. Wie konnte eine deutsche Synode ohne ordentliche Verhandlung, ohne den Beklagten überhaupt gehört zu haben, über einen Papst richten? Hatte der König überhaupt ein Recht, jetzt, Jahre danach, die Wahl Gregors anzufechten?

Die Einwände bleiben unbeachtet, und der Bischof von Utrecht erklärt, kein Bischof könne dem König den Treueid halten, wenn er nicht mit diesem Papst breche!

So unterzeichnen dann auch die Zögernden ein Dekret der deutschen Bischöfe an Gregor VII.

Mit heftig anklagenden Worten halten sie ihm hierin sein Wirken vor. Frieden und Liebe seien durch sein Tun aus der Kirche gewichen, denn einem üblen Anfang wäre Schlimmes gefolgt. Er habe die Flamme der Zwietracht verbreitet, habe die Ordnung der Kirche vernichtet und die Macht der Bischöfe herabgewürdigt, die seine aber emporgehoben. Habe er nicht dem seligen Kaiser Heinrich III. geschworen, niemals werde er ohne Zustimmung des deutschen Herrschers die päpstliche Würde annehmen? Man könne sich noch gut daran erinnern! „Weil also dein Amtsantritt wegen so schwerer Meineide so schändlich war, die Kirche Gottes durch deine mißbräuchlichen Neuerungen in einem so heftigen Sturm von Gefahren sich befindet und du dein Leben und deinen Wandel durch so vielfache Schmach entehrt, so verkünden wir öffentlich, daß wir dir den Gehorsam, den wir dir nie versprochen haben, auch in Zukunft nicht halten werden, und da keiner von uns, wie du öffentlich erklärt hast, dir bisher als Bischof galt, so wirst du auch keinem von uns fortan als Papst gelten.“ (15)

Der deutsche Episkopat hatte gesprochen!

Interessant ist, daß man den Papst nicht abgesetzt, sondern vielmehr erklärt hatte, er sei auf Grund seiner unrechtmäßigen Wahl nie Papst gewesen. Damit vermied man geschickt, mit der allgemein anerkannten Festlegung, wonach der römische Bischof von niemandem gerichtet werden dürfe, in Konflikt zu geraten.

Der König muß wohl geahnt haben, daß allein auf die Zustimmung der Bischöfe zu diesem Dekret nicht viel zu geben sei, und so versucht er sich jedes einzelnen von ihnen noch darüber hinaus zu versichern. Jeder der in Worms anwesenden Kirchenfürsten wird aufgefordert, eine Erklärung folgenden Inhalts zu unterschreiben: „Ich (dann wurde Name und Bistum eingesetzt; W. L.) versage Hildebrand die Unterwerfung und den Gehorsam von dieser Stunde ab und in Zukunft, und ich werde ihn von nun an weder als Papst ansehen noch ihn so benennen." (10)

Alle verfassen diesen Revers – was bleibt ihnen auch anderes übrig; doch die meisten schreiben wohl aus Furcht, und bald schon schickt dieser oder jener eine Nachricht an den Papst, erklärt, er habe in Worms dem Zwang der Not gehorchend gehandelt. Bischof Hezilo von Hildesheim läßt sich sogar etwas ganz Besonderes einfallen: Er macht neben seine Unterschrift das Zeichen eines liegenden Speeres, was soviel wie „ungültig" bedeutete.

Den König jedoch wird das Ergebnis erst einmal zufriedenstellen, und nachdem Deutschlands Bischöfe solcherart ihren Standpunkt dargelegt haben, meldet sich nun auch Heinrich IV. zu Wort.

Nicht mehr mit dem Papst, sondern mit dem „falschen Mönch Hildebrand" hat er sich zu befassen.

Dem Absagebrief der Bischöfe fügt er seinerseits ein Schreiben bei, in dem er diesen auffordert, sein Amt niederzulegen. Lange habe er sein Wirken mit Geduld ertragen, doch „hieltest du dies nicht für Geduld, sondern für Feigheit und wagtest es, dich gegen das Haupt selbst zu erheben... Diese unerhörte Verhöhnung glaube ich nicht mehr mit Worten, sondern durch die Tat zurückweisen zu müssen... Ich... spreche dir jedes Recht, das du bisher am Papsttum zu haben scheinst, ab." (9)

Dieses königliche Absetzungsschreiben wird wenig später in erweiterter und überarbeiteter Form in Deutschland ver-

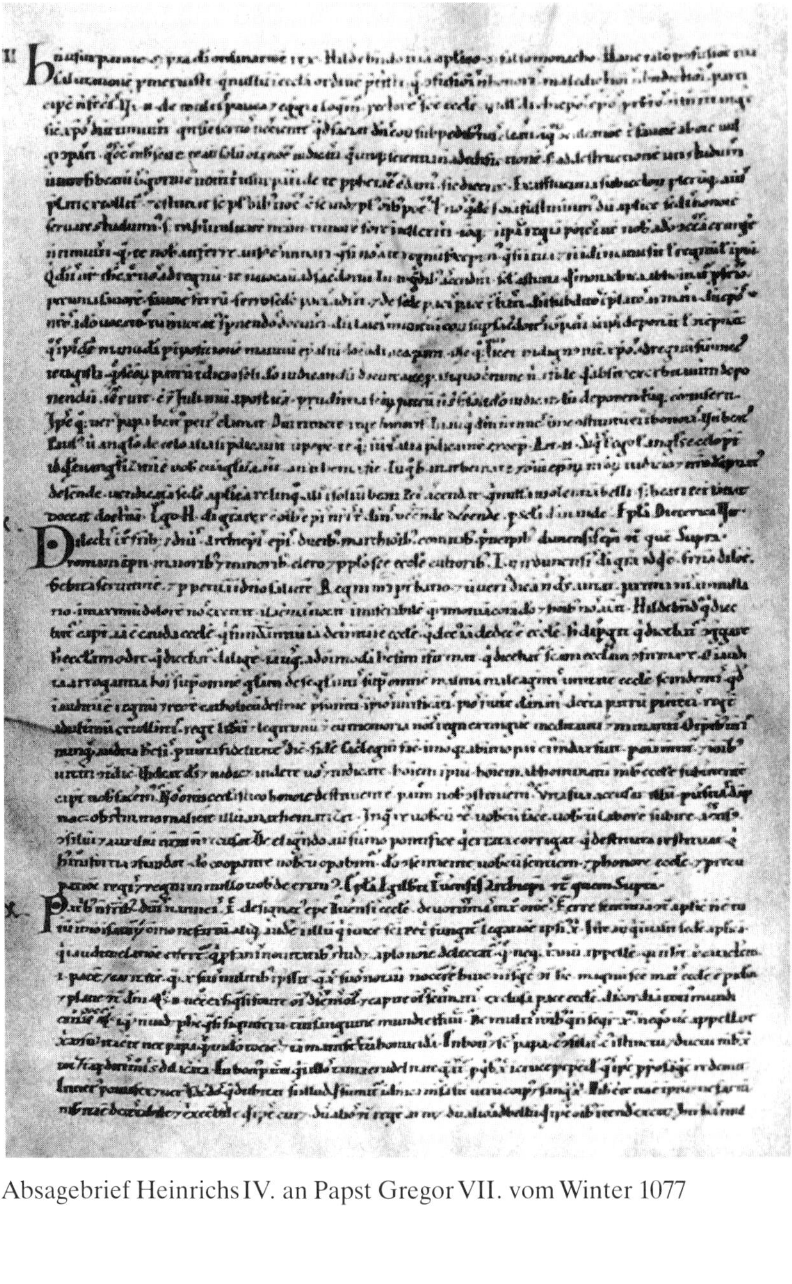

Absagebrief Heinrichs IV. an Papst Gregor VII. vom Winter 1077

breitet, um Heinrichs Vorgehen nicht nur rechtlich, sondern auch moralisch zu rechtfertigen. Der Kanzlist des Saliers, der diese Überarbeitung vornimmt, läßt ein beachtliches Gefühl für Sprache erkennen. Wie gemeißelt fallen die Sätze: „So steige du denn, der du durch diesen Fluch und das Urteil aller unserer Bischöfe und unser eigenes verdammt bist, herab; verlasse den apostolischen Stuhl, den du dir angemaßt hast. Ein anderer steige auf den Thron des heiligen Petrus ... Ich, Heinrich, durch die Gnade Gottes König, sage dir zusammen mit allen meinen Bischöfen: Steige herab, steige herab!" (9) Das sind markige Worte, und sie mögen durchaus Wirkung im Volk gehabt haben – wie aber wollte Heinrich IV. ihnen Geltung verschaffen?

Aufmerksamen Beobachtern der Wormser Beratung war sehr schnell aufgefallen, daß außer dem Lothringer Herzog Gottfried dem Buckligen kaum ein Reichsfürst der Ladung des Königs gefolgt war. Diejenigen, die die Wormser Beschlüsse hätten durchsetzen können, hielten sich bewußt zurück.

Und eben das ist Heinrichs IV. Problem.

Das Urteil von Worms hat nur dann eine Wirkung, wenn man es Rom mit Gewalt diktieren kann. Ist das nicht möglich, dann muß man mit der Zeit lächerlich wirken und die eigene Position gefährden!

Der König weiß das!

Noch von Worms aus sendet er einen Brief an die Bürger Roms, in dem er jene auffordert, gegen Gregor VII. vorzugehen. Nicht sein Blut sollten sie vergießen, zur Abdankung sollten sie ihn zwingen, denn die Abdankung sei für Gregor eine härtere Strafe als der Tod! Roms Bürger sollten zur Exekutive des Königs werden. Diese an den Realitäten vorübergehende Hoffnung mag wohl durch Berichte des römischen Adels und des Kardinals Hugo genährt worden sein – den wahren Zuständen in der Ewigen Stadt entspricht sie nicht!

Hier liegen die Grenzen der Wormser Synode: In Unkenntnis der wahren Machtverhältnisse in Rom unterschätzte man die Stellung Gregors VII. und der Idee, die er vertrat. Hatte der Papst mit seinem ultimativen Schrciben den König und den deutschen Episkopat vereint und damit einen ärgerlichen Fehler begangen – in Worms antwortete Heinrich IV. seinerseits mit einem Fehler. Ungerüstet stürzte er sich freiwillig in einen Kampf, den er nicht überblicken konnte. Sowenig wie er selbst das Investiturverbot hatte hinnehmen können, genausowenig konnte Gregor VII. des Königs Spruch akzeptieren.

Und wenn auch Herzog Gottfried der Bucklige erklärt, er wolle im Frühjahr mit Heeresmacht nach Mailand ziehen, von dort aus einen neuen Papst nach Rom führen – noch sind das nichts als Worte. Und Heinrichs Vorstellungen, an der Spitze eines Reichsheeres nach Italien aufzubrechen, haben auch einen Haken: Er hat mit jenen, die ihm das Heer stellen sollen, noch nicht darüber gesprochen.

Das Frühjahr ist noch weit, und niemand kann erwarten, daß Gregor bis dahin untätig verharrt!

Gebannt

Schwer hängt der Beschluß von Worms über den Köpfen derer, die sich Ende Januar auf die Heimreise vom Konzil machen. Auf einen langen Wagentroß verladen, rumpelt die königliche Kanzlei mit all ihren Akten und Schreiben auf den Odenwald zu. Weit voraus schon reitet Heinrich IV. mit seinem Gefolge. Hersfeld, Gerstungen, Eschwege, Pöhlde, Goslar... Er wartet auf den Frühling und auf Herzog Gottfried den Buckligen.

Der reist derweilen nach Norden, um im unruhigen Flandern nach altbewährter Methode mit dem Schwert Ordnung zu schaffen. In Schlitten oder Wagen, auf müden Gäulen quälen sich die Bischöfe ihren Residenzen zu, Freude oder Angst im Herzen über das, was in Worms geschehen ist.

Zwei Kirchenfürsten aber sind in königlichem Auftrag mit dem Wormser Dekret auf dem Weg nach Süden – Bischof Huzmann von Speyer und Bischof Burchard von Basel. Schon unterwegs muß ihnen die Gefährlichkeit ihres Auftrages immer klarer geworden sein. Als sie in Mailands Straßen die Anhänger der Pataria sehen, da befällt sie eine dumpfe Ahnung dessen, was sie in Rom erwartet. Sie hören vom vorsichtigen Taktieren einiger ihrer Amtsbrüder in Deutschland, die in Worms noch eifrig wider den falschen Papst schrien, nun jedoch schon wanken. Der Mut sinkt ihnen. Und als sie auf einer Synode in Piacenza die Zustimmung der lombardischen Bischöfe zum Wormser Beschluß eingeholt haben, da erklären sie unversehens, sie könnten auf Grund körperlicher Gebrechen und tiefer Erschöpfung nicht weiter nach Rom ziehen!

Wer aber hat den Mut dazu?

Während die beiden deutschen Bischöfe eilends den Alpenpässen zustreben, sucht man vergeblich nach einem Boten. Niemand will den gefährlichen Gang wagen.

Die Zeit aber drängt. Schon reist die Geistlichkeit zur Fastensynode nach Rom.

Erst als man einem niederen Kleriker aus Parma ein Bistum in Aussicht stellt, erklärt der sich bereit, gemeinsam mit einem königlichen Kanzleibeamten das Schreiben von Worms in den Lateran zu bringen. Der lockende Aufstieg läßt die Gefahr kleiner erscheinen.

Auf der Straße von Mailand nach Rom ziehen Roland von Parma und der Beamte Heinrichs IV. südwärts, überqueren die Apenninen und erreichen schließlich, einen Tag vor Eröffnung der Synode, die von Gästen bevölkerte Ewige Stadt.

Sie fallen nicht weiter auf, denn wer vermutet in den beiden einfachen Reisenden schon die Träger wichtiger Botschaften. Es gibt für die Römer Interessanteres!

Bischöfe aus Frankreich und Spanien werden bestaunt; mit rasselndem Gefolge reiten die Vertreter der römischen Aristokratie daher, lassen auf ihren Stadtburgen seidene Banner wehen; Pilger drängen sich durch die Gassen der Stadt, beten in Kirchen und Klöstern.

Ins bunte Gewimmel taucht der Brief Heinrichs IV. an die Römer – schon in Mailand von eifrigen Kopisten vervielfältigt.

Leicht finden sich in der Stadt Vorleser, die für geringes Entgelt das königliche Schreiben an Straßenecken und Plätzen verkünden. Die Römer aber reagieren nicht auf Heinrichs IV. Vorschlag, daß sie einen anderen, nach ihrem und ihrer Bischöfe Rat erwählt, zum Papst erheben sollen, einen Mann, der alle Wunden, die Gregor der Kirche geschlagen habe, heilen kann und will! Die Worte gehen unter im Gewirr der römischen Gassen.

Die Vorleser aber streichen ihr Geld ein und machen sich davon, andere Neuigkeiten zu verlesen.

Am 14. Februar 1076 wird mit einer feierlichen Hymne die Fastensynode eröffnet.

Noch hängen die letzten Töne in der Luft, noch sind die Begrüßungsworte Papst Gregors VII. kaum gesprochen, da meldet sich schon Roland von Parma zu Wort.

Er überreicht dem Papst das königliche Absetzungsschreiben und beginnt zu sprechen:

„Mein Herr, der König, und alle Bischöfe von Deutschland und Italien befehlen dir, von deinem Stuhl herabzusteigen, den du entgegen dem Recht durch gewaltsamen Raub innehast. Ihr aber, Römer, werdet am nächsten Pfingstfest aus der Hand des Königs einen anderen Papst erhalten; denn dieser da ist nicht Papst, sondern ein reißender Wolf!“

Roland hat sich sein Bistum verdient, und er wird froh gewesen sein, als er den Auftrag erfüllt hatte. Leider war die Sache damit für ihn aber nicht erledigt!

Ein erschrockenes Schweigen herrscht in der Kirche. Dann aber bricht der Tumult los. Johann, der Kardinalsbischof von Porto, befiehlt, die Frevler zu greifen; der Stadtpräfekt Roms zieht sein Schwert; die Versammelten springen von den Sitzen, drängen auf die Boten, reißen sie nieder. Gregor VII. selbst ist es, der eine Bluttat am Grabe des Apostels verhindet. Wohl tut ihm der Zorn der Versammelten gut, doch will er sich durch deren Unbeherrschtheit nicht sein Konzept zerstören lassen. Ein Mord an königlichen Gesandten, noch dazu in einer päpstlichen Kirche im Beisein des Heiligen Vaters, wäre ein nie wiedergutzumachender Frevel – niemand hätte danach noch Sympathien für Rom empfunden; die ersehnte Rolle als Rächer der Kirche wäre dahin. Liebet Eure Feinde – das wollte Gregor VII. der Welt demonstrieren.

Arg ramponiert, aber lebend können die Boten die Sitzung verlassen – um gleich darauf verhaftet zu werden. Ein Verfahren wegen Gotteslästerung erwartet sie, und Rolands Traum vom Bistum vergeht in einem römischen Kerker.

Gregor VII. weiß, daß im Zorn getroffene Entscheidungen meist keine klugen Entscheidungen sind, und deshalb verlegt er die Verhandlungen auf den nächsten Tag.

Eine ganze Nacht hat er Zeit zum Überlegen. Es wird für ihn eine Nacht der Entscheidung.

Rom, das still vom Schein des überm Albanergebirge stehenden Mondes umspielt wird, dieses wilde, unbändige, ewige, heilige Rom steht zu ihm. Wer will noch gegen ihn sein? Der deutsche Episkopat?

Der Papst weiß, daß er diese Front eifersüchtelnder und rückgratloser Kirchenfürsten sehr schnell spalten kann. Schon erreichen ihn erste reuevolle Botschaften deutscher Bischöfe, jener Bischöfe, die ihm in Worms erklärt hatten, er werde ihnen nimmer mehr Papst sein.

Der König wird allein stehn!

Eine lange Nacht wägt Gregor VII., läßt in Gedanken die deutschen Fürsten vor sich erscheinen: Rudolf von Schwaben, Welf von Bayern, Berchtold von Kärnten; er entwickelt, durchdenkt, forscht nach der letzten Wahrheit.

Und diese Wahrheit verkündet er andcrentags blaß und übernächtigt den von überallher herbeigeeilten Kirchenfürsten, Geistlichen, Mönchen und weltlichen Größen. Eine lange Nacht hatte er sie im unklaren gelassen, hatte ihre Spannung aufgepeitscht, hatte ganz Rom die Gelegenheit gegeben, davon Kenntnis zu nehmen, was sich nun abspielen würde.

Inmitten erschütternden, ehrfürchtigen Schweigens erhebt Gregor VII. am Altar knieend seine Stimme zum Gebet:

„Heiliger Petrus, Fürst der Apostel, neige, wir bitten dich, gnädig dein Ohr zu uns und erhöre mich, deinen Knecht, den du von Kindheit an aufgezogen und bis zu diesem Tag aus der Hand der Sünder befreit hast... Du bist mein Zeuge und meine Herrin, die Mutter Gottes, sowie Sankt Paulus, dein Bruder unter allen Heiligen, dazu, daß deine heilige römische Kirche mich gegen meinen Willen zu ihrer Lenkung hingeführt hat, daß ich keinen Raub im Sinne hatte, um zu deinem Stuhl emporzusteigen!"

Die Menge in der Kirche hält den Atem an. Lauter, fast flehend, dringlicher werden Gregors Worte. „Um deinetwillen ist mir von Gott die Macht gegeben, zu binden und zu lösen im Himmel wie auf Erden. Fest bauend also auf diese Zuversicht, zu Ehre und Schutz deiner Kiche, im Namen des allmächtigen Gottes, des Vaters, des Sohnes und des Heiligen Geistes, kraft deiner Gewalt und Vollmacht spreche ich König Heinrich, dem Sohn Kaiser Heinrichs, der sich gegen deine Kirche in unerhörtem Hochmut erhoben hat, die Regierung des ganzen Königreiches der Deutschen und Italiens ab, löse alle Christen von der Fessel des Eides, den sie ihm geleistet haben oder noch leisten werden, und verbiete jedermann, ihm als König zu dienen."

Wie ein Blitz zucken diese Worte durch die Kirche. Noch nie hatte die Welt dergleichen gehört!

Doch noch ist Gregor VII. nicht am Ende.

„...und weil er es verschmäht hat, wie ein Christ zu gehorchen, nicht zu Gott zurückgekehrt ist, den er verlassen hat dadurch, daß er mit Gebannten verkehrt, viel Unrecht tut, meine Ermahnungen, die ich um seines Heils willen – du bist mein Zeuge – an ihn gerichtet habe, verachtet und sich von deiner Kirche, die er zu spalten sucht, absondert, darum binde ich ihn an deiner Stelle mit der Fessel des Fluchs und binde ihn im Vertrauen auf dich derart, daß alle Völker wissen und erfahren, daß du bist Petrus und auf deinem Felsen der Sohn des lebendigen Gottes seine Kirche gebaut hat und die Pforten der Hölle sie nicht überwältigen werden." (12)

Stille.

Sacht senkt Gregor VII. eine Kerze zum Boden hin, erstickt ihre Flamme.

Die Antwort auf Worms ist gegeben. Heinrich IV. ist als König abgesetzt, als Christ mit dem Bann belegt. Er ist ausgestoßen aus der Gemeinschaft der Gläubigen; kein Gotteshaus steht ihm mehr offen; kein Priester wird ihm Trost spenden; seine Seele ist verstoßen aus der Geborgenheit von Gottes Hand, hinab zu Luzifer, dem Höllenfürsten.

In einer Gesellschaft, in der Mensch-Sein mit Christ-Sein gleichgesetzt wurde, war der Bann eine schreckliche Strafe, und die Angst vor der ewigen Verdammnis fraß an den Seelen der Menschen.

Zu Gregors VII. Füßen sitzt im Nonnenschleier Agnes von Poitou und lauscht mit unbeweglicher Miene der Verdammung ihres Sohnes.

Neben dem König trifft der Zorn des Heiligen Vaters auch deutsche Bischöfe. Deren Strafen zu verkünden ist nur noch ein geschäftsmäßiger Vorgang, bei dem man auf jedes Pathos verzichtet. Man ist nunmehr zur Tagesordnung übergegangen.

Erzbischof Siegfried von Mainz wird vom Amt suspendiert und vom Abendmahl ausgeschlossen, weil er versucht hatte,

„Bischöfe und Äbte des deutschen Reiches von der heiligen römischen Kirche, ihrer geistigen Mutter, zu trennen“. Das gleiche Schicksal erwartet alle Bischöfe, die dem Wormser Beschluß zugestimmt hatten. Gregor VII. ist jedoch klug genug, um zu erkennen, daß er keinesfalls in Bausch und Bogen alle deutschen Bischöfe verdammen kann. Er braucht Stützen, gerade im deutschen Episkopat – und so baut er jenen, die ohnehin schon schwankend geworden waren, goldene Brücken. Bis Petri Kettenfeier, das ist der 1. August, will er die angekündigten Strafen aussetzen, wenn die Beschuldigten bis dahin persönlich oder durch Boten ihm ihre Reue anzeigen.

Bald hebt ein reger Reiseverkehr deutscher Bischöfe nach Italien an.

Mit den lombardischen Bischöfen ist Gregor VII. allerdings nicht so großzügig. Die gibt er verloren, weiß, daß er auf deren Stimmen nie wird rechnen können. Und so stößt er sie samt und sonders aus der christlichen Gemeinschaft aus.

Der Spruch Roms erschüttert die Welt.

Die Kirche verbot nach ihren Gesetzen jeglichen Umgang mit Gebannten. Wer sich nicht an das Verbot hielt, verfiel ebenfalls dem Bann. Der Fluch hing wie eine unheilbare, ansteckende Krankheit über dem Betroffenen, und jeder mied ängstlich seine Nähe. Ein König aber, zu dem jeglicher Kontakt abgebrochen werden mußte, war regierungsunfähig! Ein innerkirchliches Zuchtmittel wurde zum politischen Hebel.

Rom aber jubelte dem Heiligen Vater zu.

Noch nie hatte er seines Anhangs so sicher sein können wie in den Tagen nach der Fastensynode.

Wen kümmerte es, daß dem Papst in dieser Form keine Gewalt über den König zustand – man war dabei, die Welt aus den Angeln zu heben.

Nun mußte sich zeigen, ob die neue Macht stark genug war, die überkommene Ordnung zu sprengen.

Man kann getrost annehmen, daß der päpstliche Spruch König Heinrich IV. nicht sonderlich getroffen hat. Er muß damit gerechnet haben; und der Wormser Beschluß war letztlich auch deshalb gefaßt worden, um einen Bann unwirksam zu machen. Für Heinrich gab es keinen Papst Gregor VII. mehr, und die Sprüche des Mönches Hildebrand gingen einen deutschen König nichts an!

In Utrecht, wo er von seiner Exkommunikation erfährt, bestimmt er: Der Mönch Hildebrand wird durch den Spruch eines deutschen Bischofs aus der Kirche ausgeschlossen.

Sehr schnell aber zeigt sich, daß die in Utrecht um den König versammelten Bischöfe dessen kühnen machtpolitischen Höhenflügen nicht folgen wollen. Trotz der markigen Worte von Worms – kaum einer von ihnen hat sich wirklich vom Papst gelöst. Fast alle erschaudern sie noch immer vor der Heiligkeit seines Amtes. Bischof Pibo von Toul, der vom König dazu ausersehen worden war, von der Kanzel des Utrechter Doms herab das Anathema zu verkünden, verläßt heimlich bei Nacht die Stadt; Bischof Dietrich von Verden schließt sich ihm an. Andere Bischöfe winden sich aus der Angelegenheit. Noch steht die Brücke nach Rom; man wird sie nicht durch leichtfertiges Handeln zum Einsturz bringen!

Einzig Bischof Wilhelm von Utrecht wischt solche Gedanken beiseite. Vor andächtig lauschender Menge verstößt er am Ostersonntag 1076 den Mönch Hildebrand aus der Gemeinschaft der Christen. Es ist eine der Fastensynode ähnliche Szene.

Statt des Heiligen Vaters und des Kardinalspurpurs bestimmen der König und sein Gefolge den Gottesdienst; und das Verdammungsurteil wird wohl hier wie dort mit der gleichen Inbrunst gesprochen worden sein.

Doch während Rom jubelte, schweigt Utrecht zu Tode erschrocken. Noch während des Gottesdienstes verdunkelt sich der Himmel. Grollend ballen sich Wolken, türmen sich, schieben sich ineinander. Ungewöhnlich ist ein Gewitter im März, und das Volk schaut betroffen in dic Höhe. Dann aber fährt fauchend ein Blitz ins Gebälk des Gotteshauses. Jammernd bringen sich die Menschen in Sicherheit.

Ein schlimmes Zeichen – wie sollte man damals auch wissen, daß der Blitz sich nun einmal zumeist hochaufragende Punkte sucht, der Dom seit jeher gefährdeter gewesen war als die flachen Hütten! Sie machen sich ihren Reim darauf, raunen sich hinter vorgehaltener Hand Gerüchte zu:

Ist's nicht seltsam, daß selbigen Tags, da der Herr Papst in Rom den Bannfluch gegen den König sprach, Herzog Gottfried der Bucklige, der treue Anhänger des Königs im Kampf gegen Rom, eine tödliche Wunde empfangen hatte? Und nun das! Noch kaum daß der Bischof Wilhelm von der Kanzel des Doms den Papst verflucht, schon fährt ein feuriger Blitz in das entehrte Gotteshaus! Es wäre möglich, daß einige unbekannt gebliebene treue päpstliche Anhänger durch diese Vorfälle und die sich daraus entwickelnden Gerüchte auf eine üble Idee gekommen sind. Denn am 27. April stirbt unter mysteriösen Umständen Bischof Wilhelm von Utrecht nach qualvollem Leiden, und der Chronist ist eifrig bemüht, seine letzten Worte unter das Volk zu bringen: „Die Teufel umstehen mein Bett, um mich davonzutragen, sobald ich verschieden bin..." (10) Eine greuliche Warnung an alle, die es noch immer mit dem von Gott verstoßenen Heinrich IV. halten! Der Tod des Bischofs ist merkwürdig...

Wenn Roms Spruch auch den König kaum beeindruckt – seine Wirkung zielt weniger auf ihn als vielmehr auf die Masse der Gläubigen.

Mag Heinrich IV. über den Mönch Hildebrand lachen! Solange der für die anderen Papst Gregor VII. ist, kann ihn dieses Lachen nicht stören.

Deshalb bemühen sich beide Parteien, ihr Tun zu rechtfertigen und den Gegner zu verunglimpfen. Von den Kanzeln der

Kirchen eifern königstreue Priester gegen den simonistischen, in übler Fleischeslust lebenden Hildebrand, der sich Gregor VII. nennt. Hier und da verliest man auch ein Schreiben König Heinrichs IV., das damals in Utrecht verfertigt worden war: „Der selige Petrus ruft aus: Fürchtet Gott, ehret den König! Du aber, der du Gott nicht fürchtest, entehrst in mir seine Ordnung.“ (9)

Durch die Kirchenschiffe hallen die Worte der Prediger, die Worte des Königs sind: „Steige herab, steige herab, der du in Ewigkeit verdammt sein sollst.“

Aus den Reformklöstern am Niederrhein aber schwärmen Mönche ins Land; aus dem Schwarzwaldkloster Hirsau treten Brüder in die Welt, einen Brief des Heiligen Vaters verkündend. „An alle, die sich unter die Schafe zu zählen wünschen, welche Christus dem heiligen Petrus anvertraut hat.“ Unerhörtes Unrecht sei der heiligen Mutter Kirche geschehen, heißt es da, und der Papst fordert alle Getreuen auf, eifrig zu beten, auf daß die Gottlosen bekehrt oder aber zerschmettert werden.

Das Volk ist hin- und hergerissen zwischen Gehorsamspflicht und Seelenheil. Daß sich die meisten schließlich für den Papst entscheiden, ist erklärlich: Der König ist von Gott eingesetzt, der Papst aber ist Stellvertreter Gottes. Er besitzt den Schlüssel zur ewigen Seligkeit, denn wen er bannt, den hat auch Petrus, der Himmelspförtner, verstoßen.

Hätte Heinrich IV. auf die Parteinahme des Volkes ohne weiteres verzichten können – der Abfall eines Teils des Episkopats trifft ihn empfindlich.

Dietrich von Verden, Hermann von Metz, Adalbero von Würzburg unterwerfen sich dem Papst; Erzbischof Udo von Trier pilgert nach Rom und ist fortan für die königliche Sache verloren.

Der Abfall ist nicht mehr aufzuhalten, auch wenn Heinrichs Kanzlist in einem Schreiben an die Großen des Reiches, in dem diese um Hilfe und die Teilnahme an einer Tagung in

Worms gebeten werden, noch einmal die königliche Gewalt begründet: „...um aus vielem nur weniges zu erwähnen: weltliche und geistliche Gewalt hat er (Gregor VII.; W. L.) sich ohne Gottes Willen angemaßt. Damit hat er Gottes gnädige Ordnung mißachtet, die dieser nicht auf einer, sondern grundsätzlich auf zwei Gewalten, und die zwei sind die weltliche und die geistliche, gegründet wissen wollte..." (9) Eindeutig wird hier, wie schon oft, die priestergleiche Würde des Königs betont, der gleichberechtigt neben dem Papst steht. Das ist die Basis von königlicher Unabhängigkeit und Souveränität. Doch die scheint längst dahin.

Nur wenige finden sich Pfingsten 1076 in Worms ein, und einige Wochen später in Mainz sieht es nicht besser aus.

Heinrich IV. muß tief betroffen feststellen, daß er fast allein steht.

Und in das Zusammenkrachen kühner Romzug-Pläne schleicht sich die Nachricht, daß sächsischer Adel aufgestanden ist, die Schmach von Spier zu tilgen.

Schon durcheilen erneut die Prediger des Aufruhrs Sachsen: Herzog Magnus und Pfalzgraf Friedrich, die den geleisteten Treueid schnell vergaßen; Bischof Burchard von Halberstadt, der seinen Bewachern entkommen war; Hermann Billung und Dietrich von Katlenburg, die verräterische Nachsicht des Metzer Bischofs aus der Haft entkommen ließ.

Und Otto von Northeim? Warum schweigt des Königs sächsischer Statthalter? Wo bleiben die Boten von der Harzburg?

Durch Böhmen zieht der fünfundzwanzigjährige König mit kleiner Heeresmacht zur Meißner Mark. Fern ist hier in den ewigdüstren böhmischen Wäldern der große Streit mit Rom, den er im Moment nicht gewinnen kann. Die Mark Meißen aber wird er nehmen – ein kleiner Sieg in Sachsen. Viele kleine Siege werden einmal zum großen Triumph!

Sommerhitze flirrt über den böhmischen Bergen.

Fremdländisches Kriegsvolk des dortigen Herzogs Wratislaw verstärkt den königlichen Zug. Wehe dir, Meißen!

Der König lagert, wartet auf den Zug des Northeimers. Träge fließt die Mulde zwischen bewaldeten Hängen, schwillt nach tagelangem Sommerregen, wälzt sich nun lehmbraun und wild dahin. Drüben steht der Feind.

Boten kommen, berichten vom Verrat des Northeimers. Der sächsische Statthalter hatte sich auf die Seite seiner Landsleute geschlagen.

Nur das gurgelnde Wasser trennt Heinrich IV. und seine Schar vom sächsischen Heer, das keinen Übergang findet.

Geschützt durch den Fluß, zieht Heinrich sich nach Böhmen zurück, weiter nach Regensburg, von dort nach Worms. Hier, in der treuen Stadt will er abwarten, was weiter geschieht. Die geheimen Nachrichten, die bei ihm eingehen, sind wenig ermutigend.

Sachsen schickt Boten an Gregor VII. nach Rom, und in Ulm treffen sich süddeutsche Fürsten mit päpstlichen Legaten ... Rudolf von Schwaben, Berchtold von Kärnten, Welf von Bayern und der alte Gegner Otto von Northeim – die Führer der Fürstenopposition machen Front gegen den König.

Wer will ihnen noch Untreue vorwerfen?

Der Papst hat den König abgesetzt und alle Untertanen vom Treueid entbunden – die Zeit, den lästigen Salier loszuwerden, scheint nun endlich gekommen.

Am 16. Oktober 1076 treffen sich in Tribur die Fürsten des Reiches zur Beratung. Auch Legaten des Papstes sind angereist.

Jenseits des Rheins in Oppenheim lagert mit einer kleinen Streitmacht der König. Boote pendeln über den Fluß, schaffen Verbindungen zwischen den Parteien. Die Verständigung ist kompliziert, denn jeder Verkehr mit dem exkommunizierten König ist ja untersagt. Niedere Mönche spielen Boten, tun danach hektisch Buße. Durch viele Münder gehen des Königs Worte, viele Ohren hören die Antworten. Die Verhandlungen sind zäh. Der König hofft, die Legaten und die Fürsten zu entzweien. Doch die Zeit verrinnt, und mit ihr schrumpft die Schar der Getreuen Heinrichs IV. Manchmal scheint es, als würden die Kontrahenten mit Waffengewalt übereinander herfallen – und einzig der König bewahrt sich noch ein Gefühl für Würde, bittet die Fürsten, doch wenigstens die Insignien der königlichen Majestät zu achten, denn die habe er nun einmal rechtmäßig empfangen und könne sie daher auch nicht ohne die höchste Schande aller verlieren. Sie sollten nicht zulassen, daß der Glanz des deutschen Reiches, der in all den vergangenen Jahrhunderten sich fleckenlos erhalten habe, nun durch den Makel eines so schändlichen Vorgangs befleckt werde. Schließlich aber resigniert Heinrich, verspricht, dem Papst den schuldigen Gehorsam zu erweisen. „Und insoweit eine Schmälerung deiner oder deines Stuhles Ehre von uns ausgegangen zu sein scheint, will ich dafür sorgen, daß sie durch ehrerbietige Genugtuung wiedergutgemacht wird." (15)

Kein Wort mehr vom „falschen Mönch" und von ewiger Verdammnis – Heinrich IV. hat die Opposition gegen Gregor VII. aufgegeben. Wort für Wort hatten die Fürsten das Schreiben diktiert, und doch ist es einem Kanzlisten des Königs gelungen, beim Abschreiben des Briefes noch einen zusätzlichen Absatz hineinzuschmuggeln. In Rom muß Papst Gregor höchst erstaunt lesen: „Es ziemt sich indessen auch für deine Heiligkeit, das, was man über dich verbreitet und wodurch der Kirche Ärgernis bereitet wird, nicht zu ignorieren, sondern diese Beunruhigung aus dem allgemeinen Bewußtsein zu entfernen..." (15)

Der König wird mit diesem Zusatz wohl einverstanden gewesen sein! Aber diese läppischen Sätze sind ein ohnmächtiges Aufbegehren. Die Wirklichkeit sieht grau aus. Heinrich IV. hatte seine gebannten Räte entlassen müssen, auf jegliche Herrschaftsausübung verzichtet, und er hatte Worms, das treue Worms, auf Verlangen der Fürsten preisgegeben. Der 1073 verjagte Bischof war zurückgekehrt...

Und doch hatte diese Unterwerfung des Königs ihr Gutes.

Sie verhinderte die sofortige Wahl eines neuen Herrschers. Man gibt dem Salier ein Jahr Zeit, sich vom Bann zu lösen. Sollte ihm das bis Februar 1077 nicht gelingen, dann würden ihn die Fürsten als abgesetzt betrachten und einen anderen König wählen. Schon geht eine Gesandtschaft nach Rom, die den Heiligen Vater auffordern soll, nach Deutschland zu kommen und hier den Streit zu entscheiden. Gregor VII. hatte erreicht, was er wollte – er war der oberste Richter der katholischen Christenheit, er herrschte auch über den deutschen König!

Und damit das ja auch klar sei, ließ er die deutschen Fürsten wissen, daß für einen neuen Kronkandidaten die päpstliche Zustimmung einzuholen sei. „Damit wir aber eure Wahl, wenn es denn durchaus nötig ist, daß das geschieht, durch die päpstliche Autorität bestätigen und zu unserer Zeit eine neue Einsetzung bekräftigen, sowie das unserer Kenntnis nach ja auch seitens unserer heiligen Väter geschehen ist: setzt uns ins Bild über den Wahlvorgang, die Person und ihren Charakter, so schnell ihr könnt!" (12)

Der Kampf Heinrichs IV., vor noch nicht einem Jahr in Worms begonnen, war an den politischen Verhältnissen gescheitert. Wäre Deutschland ein Ständestaat oder der König ein absolutistischer Monarch gewesen – vielleicht hätte er seine Position mit Erfolg verteidigen können. Die Koalition zwischen König und den Städten aber war noch viel zu schwach, als daß sie das Königtum hätte stützen, die Macht des Hochadels hätte brechen können (einmal ganz davon abgesehen, daß der König diese Möglichkeit wohl auch keinen Augenblick ins Kalkül gezogen hat). Er war von den Vorstellungen des Ständestaates noch weit entfernt.

Seine Gewalt beruhte auf dem Lehnswesen, war unentwirrbar mit den Interessen anderer verstrickt. Und diese anderen, Fürsten und Bischöfe, wiesen der königlichen Politik von vornherein ihre Grenzen. Voller Mißtrauen gegen alle Bestrebungen der Krone, schwenkten die Fürsten an die Seite

Roms; die Bischöfe, die Heinrich IV. eine Stütze hätten sein können, ließen ihn im Stich. Standesinteressen führten sie an die Seite der Fürsten. Den Menschen aber galt eine Kirche ohne Gemeinschaft mit Rom nichts, und Rom hieß Gregor VII.

Heinrich IV. hatte die Macht, gegen die er angetreten war, unterschätzt.

Canossa

. . . ein Wind kommt auf mein Geheiß,
der ihnen zu stark sein wird.
(Jeremia 4,12)

Die Fürsten hatten dem König Speyer als Aufenthaltsort zugewiesen. In der dortigen Bischofspfalz sollte er, mißtrauisch beobachtet, den Winter verbringen – eingeschränkt in allen Freiheiten als ihr Gefangener. Bertha war bei ihm, der kleine Konrad, einige wenige Getreue.

Schweigend stand der Dom über der Stadt. Unter den wuchtigen Quadern seiner Krypta ruhte vergangene Kaiserherrlichkeit der salischen Dynastie: der Großvater, der Vater; dereinst wollte auch Heinrich IV. hier liegen.

Unfertig stand der Bau. Die Handwerker waren davongezogen.

Zum Rhein hin wuchsen die Türme empor, schmucklos noch stand das Langhaus, doch schon beherbergte es kostbare Reliquien: einen Splitter des heiligen Kreuzes, das Haupt des Märtyrers Stephanus . . .

Das Gotteshaus aber ist Heinrich IV. verschlossen. Nur von der bischöflichen Pfalz aus kann er die getürmte Masse roten Sandsteins betrachten.

Der Dom – Sinnbild salischer Macht.

Doch der Bau steht nicht so ehern, wie es den Anschein hat. Gar zu kühn, ohne hinreichende Erfahrungen und technische Kenntnisse haben die Erbauer weitgespannte Wölbungen über die Räume gelegt – Risse zeigen sich im Gefüge.

Dom zu Speyer

Der Dom aber muß bestehen!

Vielleicht hat Heinrich gerade in jenen jammervollen Tagen von Speyer Gott und der Jungfrau Maria zu Ehren den Umbau gelobt. Vor aller Welt sollte das Speyerer Gotteshaus des Königs wahrhaft christliche Gesinnung zeigen.

Ungefähr zwei Jahre später hebt ein geschäftiges Treiben am Speyerer Dom an. Bischof Benno II. von Osnabrück, das Baugenie seiner Zeit, leitet die Arbeiten. Vom Neckar und aus dem Schwarzwald werden auf Flößen und Lastkähnen Holz, Kalk, Sandstein herangeschafft; Wände werden verstärkt, Galerien errichtet, neue Gewölbe gespannt... Staunend blickt die christliche Welt auf das „berühmte Münster von Speyer, das er (Heinrich IV.; W. L.) ... in wundersamer Größe und mit Steinmetzarbeiten vollendet hat, so daß dieses Bauwerk mehr als alle Werke der alten Könige des Lobs und der Bewunderung würdig ist". (4)

Der früh hereinbrechende, unerbittlich harte Winter des Jahres 1076 allerdings sieht die kommende Größe noch nicht. Er legt sich mit Eishauch übers Land, so anhaltend, so ungewöhnlich streng, daß der Rhein von Anfang November bis April zufriert und fast überall am Rhein die Weinstöcke verdorren.

In der Kälte der Bischofspfalz sitzt der König. Er mag wohl einen Augenblick mit Wehmut daran gedacht haben, daß an eben jenem Martinstag vor 26 Jahren die Glocken der Gotteshäuser feierlich seine Geburt verkündet hatten. Viel wichtiger als ein trüber Geburtstag aber ist ihm die Frage: Was kann ich tun?

Der Papst hatte seine Bitte, persönlich in Rom Buße leisten zu dürfen, abgelehnt. Er wollte Heinrich IV. nicht in Italien haben, wo der Druck der Fürsten nicht da war und der unberechenbare Salier womöglich weniger an Buße, sondern mehr an Rache denken konnte. Auf deutschem Boden wollte Gregor VII. entscheiden! Für Anfang 1077 hatte er sich mit den Fürsten nach Augsburg verabredet... Wie aber sollte Heinrich IV. dem Papst gegenübertreten – als Besieger der Sachsen? Oder als Büßer? Und was, wenn Gregor, den Einflüsterungen der Fürsten folgend, ihn nicht vom Bann lossprechen würde?

Könnte man nicht bei den Städten, Bischöfen und Fürsten Oberitaliens Rückhalt finden?

Diese Variante scheint zumindest eine Zeitlang ernsthaft vom König und seinen Räten erwogen worden zu sein, zumal sich die Lombardei zu Wort meldet: Im Speyerer Hausarrest des Königs taucht Markgraf Otbert aus Norditalien auf, unterbreitet Heinrich in geheimen Gesprächen Vorschläge der Lombarden.

Man könne versuchen, Gregor VII. zu bestechen, um ihn für Heinrich günstig zu stimmen. (Kaum einer der Anwesenden aber glaubt an Erfolg!). Mit einem rasch angeworbenen Heer könne man dem Papst auch den Weg nach Deutschland verlegen – was aber keine Lösung auf Dauer wäre. Der dritte Vorschlag aber ist der radikalste und hat wohl auch Heinrich IV. am ehesten entsprochen: Krieg muß man führen gegen den falschen Papst, ihn verjagen aus Rom und einen neuen Papst einsetzen! Im Glanz der Kaiserwürde und unter den Lanzen eines lombardischen Heeres könne er, Heinrich, dann in Deutschland die rebellischen Fürsten strafen.

Es ist nicht klar, wie weit sich der Hof den Vorschlägen der Lombarden angenähert hat; doch es ist durchaus wahrscheinlich, daß Heinrich IV. in seiner verzweifelten, ausweglosen Situation die Gewalt italienischer Waffen als Rettung erschienen ist. Daß auch die Fürsten, die davon zweifellos Kunde bekommen hatten, Gefahr witterten, zeigt der Chronist Berthold von Reichenau. Er berichtet, daß Otbert während seiner Rückreise nach Italien nahe bei Augsburg plötzlich vom Tode überrascht worden sei. Damit war das Problem erledigt (worden?).

Die Idee aber bleibt bestehen, und Heinrich IV. „faßte einen ebenso verborgenen wie klugen Entschluß“. (4)

Er beschließt, nach Rom zu gehen.

Hatte der Papst Gregor dem König die Buße in Rom verweigert – der Christ Gregor müßte den Büßer Heinrich in Liebe und Verzeihung aufnehmen, wollte er nicht gegen die Gebote der Kirche verstoßen. „... und vergib uns unsere Schuld, wie auch wir vergeben unseren Schuldigern.“

Im fahlen Licht eines vorweihnachtlichen Wintertages verlassen Heinrich IV., die Königin und der noch nicht dreijährige Konrad Speyer. Heinrich kann der Familie die Anstrengung nicht ersparen, weiß er sie doch selbst in der Schneewüste des Gebirges sicherer als in Speyer. Ein kleines Gefolge reitet mit ihm, und bald verliert sich der Zug im Dunst des Dezembertages ...

Vergeblich werden die herzoglichen Wächter an den rheinaufwärts führenden Straßen nach ihm ausschauen – der König zieht mit seinen Leuten nach Südwesten. Er weiß: Rudolf, Welf und Berchtold haben alle Wege und alle Zugänge, die nach Italien führen, mit Wächtern besetzt, um ihm jede Möglichkeit des Übergangs zu versperren.

Ein Weg aber ist frei: über den Mont Cenis in Burgund.

Weihnachten feiern die Flüchtlinge in Besancon, freundlich aufgenommen vom Grafen Wilhelm, einem Verwandten der Kaiserin Agnes, den der päpstliche Bann nicht schert. Doch schon am zweiten Weihnachtstag ziehen sie weiter, entlang der Rhone bis ins Gebiet der Gräfin Adelheid, der Mutter Berthas.

Man kann wohl nicht behaupten, daß Heinrich IV. ein besonderes Verhältnis zu seiner Schwiegermutter gehabt hat. Die verwitwete Adelheid war wohl wie viele Mütter der Meinung, daß ihre Tochter durchaus etwas Besseres verdient hätte, und sie duldete den Schwiegersohn nur eben so. Und von hilfreicher Unterstützung konnte schon gar keine Rede sein! Zwar ist ihr die Tochter willkommen, und der Enkel Konrad legt großmütterliche Gefühle frei – der gebannte Schwiegersohn aber bekommt nichts umsonst. Fünf italienische Bistümer, die an ihre Besitzungen grenzen, fordert sie als Preis für die Durchreise. Das beiderseitige Verhältnis wird dadurch keinesfalls gebessert, und Heinrich zeigt sich auch zäh. Schließlich bekommt sie statt der Bistümer ein reiches Gebiet zwischen Ain und Rhone. Da wird sie freundlicher, stellt ortskundige Führer, Pferde, Verpflegung und Kleidung – der Weg über den Mont Cenis scheint nun frei. Doch der Winter hat den Weg fast unpassierbar gemacht. Hochaufgetürmt liegt der Schnee, und es ist eine Schinderei, auf der Paßstraße voranzukommen. „Die sich ungeheuer weit hinziehenden und mit ihren Gipfeln fast bis in die Wolken ragenden Berge, über die der Weg führte, starrten so von ungeheuren Schneemassen und kaltem Eis, daß beim Abstieg auf den glatten, steilen Hängen weder Reiter noch Fußgänger ohne Gefahr einen Schritt tun konnten." (3) Lampert von Hersfeld hat mit viel Phantasie den Übergang des Königs über den Mont Cenis beschrieben, und er wird mit sicherem Gespür die allgemeine Stimmung schon genau getroffen haben. Im Detail allerdings ist er großzügig. Er hat die Alpen wahrscheinlich nie gesehen (gar nicht davon zu reden, daß er natürlich nicht am Zug Heinrichs teilgenommen hatte!), und seine Vorstellungen gehen dahin: steil hinauf, steil hinab. So aber waren die Paßstraßen nicht angelegt. Auf ihnen überquerten ja bei günstiger Witterung ganze Warenzüge das Gebirge. Sicher: das überkommene Bild vom auf den Knien rutschenden König, von Pferden, die man an Stricken abseilte, von der Königin, die auf einer Rinderhaut hinuntergelassen wurde, ist altvertraut. Wahr muß es deshalb noch lange nicht sein!

Man quält sich über den Paß. Es ist kalt, der Wind weht.

Meterhoch liegt der Schnee, und die Füße finden kaum Halt – doch sie kommen alle in Italien an, einschließlich der Schwiegermutter Adelheid, die sich vermutlich dem Zug angeschlossen hatte, um vermittelnd auf den Papst einzuwirken. Denn nur wenn Heinrich König bliebe, hätte seine Schenkung Gültigkeit. Wenn Lampert von Hersfeld schreibt:

„Viele wurden schwer verletzt, und nur ganz wenige konnten heil und unversehrt der Gefahr entrinnen", so war das eher Wunschdenken.

Italien empfängt Heinrich IV. triumphal!

Von allen Seiten strömen ihm Lombarden zu. „Durch Fehden, Aufstände, Kriege, Räubereien fast ununterbrochen" belastet, hoffen die Menschen „durch die Zucht der königlichen Macht" auf Frieden. Ritter kamen und Handwerker, Bauern und Geistliche; sie alle glaubten, der König werde nun jenen üblen Papst absetzen. „Wetteifernd strömten zu ihm alle Bischöfe und Grafen Italiens und nahmen ihn, wie es sich für die königliche Würde geziemt, mit höchster Ehre auf. Und binnen weniger Tage sammelte sich um ihn ein Heer von unermeßlicher Größe." (3)

Auch Gregor VII. hatte Rom verlassen, war nordwärts gezogen, eifrig nach dem versprochenen Geleit der deutschen Fürsten Ausschau haltend, das ihn über die Alpen bringen sollte. Doch er wartet vergebens. Die Kunde vom Verschwinden des Königs hat die Herzöge erschreckt. Sie fürchten plötzlich um ihre Stellung, wollen ihre kriegerische Macht greifbar um sich haben, und ihre eigene Sicherheit ist ihnen wichtiger als die des Papstes.

Gregor VII. wartet.

Auf unsichtbaren Schwingen erreichen ihn Gerüchte, finden bald Bestätigung: Der König steht mit einem gewaltigen Heer in der Lombardei.

Auf seine Sicherheit bedacht, zieht Gregor sich auf eine feste Burg zurück – Canossa.

Die am Nordhang der Apenninen, zwischen den Tälern des Crostolo und der Enza auf schroffem Felsen gelegene Burg gilt als uneinnehmbar. Wie so vieles andere in der Toskana gehört Canossa der Markgräfin Mathilde – Stieftochter Gottfrieds des Bärtigen, Witwe Gottfrieds des Buckligen; gemeinsam mit ihrer Mutter Beatrix der Reformbewegung verbunden bis zur Selbstaufgabe. „Da ein großer Teil Italiens ihrer Herrschaft unterstand und sie an allen Gütern, die die Sterblichen am höchsten schätzen, weit mehr besaß als die übrigen Fürsten des Landes, war sie stets rasch bei der Hand, wo auch immer der Papst ihre Hilfe benötigte, und gewährte ihm eifrig ihre Dienste wie einem Vater oder Herrn." (3) Gerüchte behaupteten allerdings, sie diene ihm weitaus mehr als einem Vater – aber das sind die üblichen, immer wieder vorkommenden Verleumdungen. Gerade der sittenstrenge Gregor VII. wird wohl kaum an „fleischliche Dinge" gedacht haben, wenn er Mathilde sah. Er fand seine Befriedigung woanders; und die Markgräfin – Anfang dreißig, fromm und vielleicht auch ein wenig verklemmt – hatte sich selbst ihrem Gatten Gottfried verweigert, um ihre Reinheit zu bewahren. Was hätten der Papst und sie miteinander anfangen sollen? Ihre Verbindung war nicht von dieser Welt!

Als Gregor VII. Canossa betritt, da ist er sorgenvoll. Er weiß nicht, was er tun soll. Heinrichs IV. Auftauchen in Italien hat all seine Pläne umgeworfen. Sein großer Triumph, der Richterspruch des Papstes auf deutschem Boden, fällt aus. Eingeschlossen sitzt er in der unbequemen Burg, die nicht zum Wohnen, sondern zum Kämpfen gebaut war.

In der Nähe lagert Heinrich IV. mit den Lombarden.

Und hier, vor und auf der Burg Canossa, spielt sich nun eine der dramatischsten Szenen deutscher Geschichte ab.

Canossa – der Name der Apenninenburg wird zum Begriff, überdauert Jahrhunderte. Längst ist die Burg verfallen, doch ihr Name lebt noch immer, wird benutzt von Generation zu Generation.

Wie oft weiß man noch um die Hintergründe?

Was in jenen Januartagen 1077 hier wirklich geschehen ist, läßt sich heute nicht mehr nachprüfen – zu sehr haben Legendendichtung und parteiische Berichterstattung die Wahrheit verdeckt. Nicht immer sind jene, die viel sagen, auch die Glaubwürdigsten. Und warum schweigen andere?

Ganz vorsichtig kann man versuchen, sich den Vorgängen zu nähern.

Vom nahe gelegenen Reggio aus beginnt Heinrich IV. Verhandlungen mit Gregor. Markgräfin Mathilde, Schwiegermutter Adelheid, der Taufpate Hugo von Cluny und einige italienische Große eilen als Boten und Vermittler zwischen Canossa und dem königlichen Feldlager hin und her.

Heinrich IV. will sich vom Bann lösen.

Und ungeachtet aller politischen Überlegungen – der Herrscher ist wie alle Menschen seiner Zeit zutiefst religiös. Ausgeschlossen aus der Gemeinschaft der Christen steht er an der Pforte der Hölle. Er bangt um sein Seelenheil; der Christ will Buße tun. Der König aber will Frieden machen mit dem Papst; doch er will sicher sein, daß es kein Frieden auf seine Kosten wird.

Gregor VII. aber zeigt sich ungnädig.

So nahe am Ziel seiner großen, weltbeherrschenden Pläne soll er scheitern? Nein, sagt er, es sei gegen Recht und kirchliche Gesetze, daß in Abwesenheit der Ankläger (der deutschen Fürsten) die Sache des Angeklagten (Heinrichs IV.) erörtert werde; vertraue der König auf seine Unschuld, so möge er furchtlos am festgesetzten Tag in Augsburg vor den Fürsten sich stellen. Gregor VII. will den Triumph öffentlich; alle Welt soll ihn sehen. Eine Buße in der Abgeschiedenheit von Canossa hält er für wirkungslos. Bei weniger wichtigen Sündern allerdings zeigt er sich gnädig. Gebannte Bischöfe und Laien erhalten die Lossprechung. Heinrich IV. aber bleibt gebannt.

Und dann soll folgendes geschehen sein:

Unangemeldet erscheint der König am Morgen des 25. Januar vorm Tor der Burg.

Barfuß, im Untergewand, ein reuiger Sünder „stand er, ohne alle Zeichen königlicher Würde, keinerlei Prunk zur

Heinrich IV. bittet in Canossa Mathilde und Hugo von Cluny um Vermittlung. (Miniatur aus der „Vita Mathildis“ des Donizo, frühes 12. Jh.)

Schau tragend, ... fastend von früh bis abends, in Erwartung der päpstlichen Entscheidung." (3)

Drei Tage lang versucht er, Einlaß in die Burg zu finden.

Mathilde und Hugo von Cluny dringen in Gregor VII. Doch der zögert. Der Politiker ringt mit dem Priester.

Soll es die Stunde der Macht sein oder die Stunde der Gnade?

Später schildert Gregor den deutschen Fürsten die Vorgänge, erzählt, wie Heinrich nicht aufhörte, „unter vielen Tränen die Hilfe und Tröstung des apostolischen Erbarmens anzuflehen". (12) Von Mittwoch bis Freitag ringt der Papst mit sich; schließlich siegt der Priester in ihm. Er darf einem reuigen Sünder, der vor ihm Buße tut, die Vergebung nicht verweigern, wenn er nicht selbst vor aller Welt als unchristlich dastehen will.

Am Freitagabend löst Papst Gregor VII. König Heinrich IV. vom Bann. In der Burgkapelle empfängt der Herrscher vom Heiligen Vater den Friedenskuß. Neben ihm stehen Erzbischof Liemar von Bremen, die Bischöfe Werner von Straßburg, Burchard von Lausanne, Burchard von Basel, Eberhard von Naumburg.

Es herrscht Frieden, wenn auch Heinrich urkundlich hatte zusichern müssen, im Streit mit den Fürsten einen päpstlichen Schiedsspruch anzuerkennen und Gregors Reise nach Augsburg tätig zu unterstützen.

Kein Wort scheint in Canossa über die Investiturfrage gefallen zu sein, mit keiner Silbe wird ein Rückgängigmachen der Absetzung erklärt – und doch beurkundet Heinrich IV.: „Ego Henricus rex" – Ich, König Heinrich!

Gregor VII. läßt es sich gefallen. Warum?

War alles vielleicht doch ganz anders?

Die Berichte über jene Bußtage von Canossa stammen sämtlich von papstfreundlichen Chronisten. Und wenn man noch Verständnis dafür haben kann, daß der Autor der „Vita Heinrici" dieses Ereignis einfach ausspart und nur davon berichtet, daß der König sich unvermutet dem Papst entgegengestellt, damit die Zurücknahme des Banns erreicht und die Vereinigung seiner Gegner verhindert habe – auch in anderen, unvoreingenommenen Berichten tauchten sie in der oben erzählten Form nicht auf. Donizo von Canossa, der Burgkaplan Mathildes und Verfasser von deren Biographie, weiß in seinem Werk auch nichts davon. Er – ein politischer Gegner Heinrichs IV.! – sagt, daß der König von Anfang an zu Verhandlungen innerhalb der Burg geweilt habe. Nichts vom barfüßigen Büßer (was bei dem strengen Winter wohl auch übel ausgegangen wäre!).

„Der König wird ... vom Papst mit allen Ehren in Canossa aufgenommen", schreiben die Augsburger Jahrbücher. (16)

Weshalb?

Lag Heinrich IV. mit einem lombardischen Heer in der Nähe von Canossa und konnte von dieser Position der Stärke aus bei Verhandlungen alles andere als unterwürfig auftreten?

Der Papst erklärt den deutschen Fürsten sein Ausbleiben damit, „er sei durch die Achtsamkeit Herrn Heinrichs so umstellt, so vollständig seien alle Engpässe, durch welche er hätte reisen können, besetzt, daß er weder sicher nach Deutschland hinüberzugelangen noch auch sicher nach Rom zurückzukehren vermöge." (3)

Heinrich IV. brauchte und wollte die Lösung vom Bann; er war wohl durchaus auch zu einer Geste bereit – aber sollte er drei Tage barfuß im Büßerhemd vorm Tor in Canossa stehen, wenn er hinter sich ein Heer wußte, das die Burg belagern und wenn auch nicht nehmen, so doch aushungern konnte?

Lenkte der Politiker Gregor deshalb ein, weil er erkannte, daß er Heinrich den lombardischen Bischöfen in die Arme getrieben und damit einen Krieg in Oberitalien provoziert hatte? Der Papst besaß kein Heer, das solchen Krieg hätte führen können, und auf die einstigen normannischen Verbündeten war kein rechter Verlaß.

Die Wahrheit ist verloren.

Die päpstlichen Parteischreiber verkündeten jedenfalls landauf, landab den Sieg Gregors VII. über Heinrich IV., und sie taten das so ausgiebig, daß man zweifeln kann.

Es ist in der Folge viel über Canossa geschrieben worden, und manch markiges Wort fiel in diesem Zusammenhang – Triumph des Papsttums über das Königtum oder kluger politischer Schachzug Heinrichs IV.? Die Wahrheit liegt dazwischen! Der Salier mußte die Lösung vom Bann erreichen, wollte er nicht seine Macht für immer verlieren. Er tat (ob nun mit oder ohne Heeresmacht im Rücken) Buße. Für den mittelalterlichen Menschen hatte dieser kirchliche Bußakt nichts Demütigendes! Ein Christ bereute seine Sünden vor Gott – das Ergebnis aber verschaffte dem König wieder Bewegungsfreiheit.

Doch über die Tagespolitik hinaus war Canossa ein Triumph Gregors VII. Ganz gleich, wie die Ereignisse verlaufen sind – Heinrich IV. hatte den selbst für Zeitgenossen ungeheuerlichen Anspruch des Papstes, den König absetzen zu dürfen, grundsätzlich anerkannt, indem er sich dem Papst als Richter unterwarf. Nach Canossa war die Welt nicht mehr das, was sie vorher gewesen! Der König, bisher unantastbarer Mittler zwischen göttlicher Gewalt und den Menschen, von Gott geführter und begnadeter Herrscher, verlor weitgehend seine Heiligkeit. Durch den Bann Gregors VII. war er zur bloßen weltlichen Person geworden; das Reich war kein göttliches Wollen mehr, sondern menschliches Tun. Und guten Gewissens setzten Deutschlands Fürsten bald dem Geblütsrecht das Recht der freien Wahl entgegen.

Die beiden, in göttlichem Auftrag vergebenen Schwerter der Gewalt, von denen das eine der Papst, das andere aber der König führen sollte, gerieten immer mehr in die Hände Roms. Gott habe Petrus beide Schwerter anvertraut, so ließ man dort verlauten. Das weltliche habe er nur dem Kaiser überlassen, doch könne er es jederzeit zurückfordern.

Und Gregor VII. postulierte: „Wenn am Sitze des heiligen Petrus über himmlische Angelegenheiten entschieden wird, wie viel mehr über irdische und weltliche!“

Zweihundertfünfundzwanzig Jahre später erklärt Papst Bonifaz VIII. in der Bulle „Unam sanctam“ die Lehre von den zwei gottunmittelbaren Gewalten für ketzerisch.

Noch aber steht diese Entwicklung am Anfang.

Heinrich IV. ist nach wie vor König, und mit warnender Stimme wendet sich sein Biograph an die deutschen Fürsten: „Was hat euch nun das Bestreben genützt, ihn in den Bann zu bringen, da er, vom Bann gelöst, seine Macht machtvoll gebraucht? Was hat es euch genützt, ihn erlogener Verbrechen angeklagt zu haben, da er eure Anklage mit leichter Antwort, so wie der Wind den Staub, zerstreut hat? Wahrlich, welcher Wahnsinn hat euch die Waffen in die Hand gegeben wider euren König und den Lenker des Erdenrunds? Nichts vermag, nichts erreicht eure bösartige Verschwörung! Wen Gottes Hand auf den Thron gesetzt, den wird eure nicht herabstoßen können! Wo blieb die Treue, die ihr ihm geschworen? ... Fühlet Reue über euer Beginnen, damit nicht etwa ein Stärkerer über euch komme, euch bezwinge, euch mit Füßen trete und mit einer solchen Strafe treffe, die noch künftigen Geschlechtern zeigt, was eine königliche Hand vermag!“ (4)

Von Reue aber sind die deutschen Fürsten weit entfernt ...

Fürstenfreiheit gegen Königsmacht

Es ist wohl leicht, ein Königtum zu empfangen, aber schwer, es zu behaupten.
(Vita Heinrici)

Der falsche König

Die Fürsten, die sich trotz anhaltender Winterkälte und andauerndem Schneefall in der alten fränkischen Kaiserpfalz Forchheim am 13. März 1077 zusammenfinden, sind alles andere als erfreut über das Ergebnis von Canossa. Der in Tribur schon sicher scheinende Sturz der salischen Dynastie war aufgehalten worden. Die Verstimmung darüber ist groß, und Gregor VII. schreibt man dafür mehr oder minder versteckt die Schuld zu.

Doch Forchheim ist nicht als Tribunal über Vergangenes gedacht. Die deutschen Fürsten haben erkannt, daß sie schnell handeln müssen, wollen sie nicht schon gewonnenes Terrain wieder verlieren.

Am Montag eröffnet Erzbischof Siegfried von Mainz, inzwischen ins Lager der Königsgegner gewechselt, in der Kirche der Pfalz feierlich den Fürstentag. Und man hält sich dann auch gar nicht lange bei der Vorrede auf, sondern erklärt: Der Papst habe, bevor er Heinrich IV. bannte, alle Christen von ihrem Eid gelöst und untersagt, daß ihm jemand als König diene. Dies gelte nach wie vor! In Canossa sei Heinrich lediglich vom Bann losgesprochen worden.

Die von Gregor VII., der selbst nicht hatte nach Forchheim kommen können, entsandten Legaten bemerken mit Bestürzung, daß sie in eine peinliche Lage geraten. Der Heilige Vater hatte sie ausdrücklich wissen lassen, daß es im Moment nicht geraten schien, einen neuen König zu wählen.

Und so lavieren sie ein wenig unglücklich herum und erklären, es wäre wohl am günstigsten, Heinrich IV. noch eine kurze Zeit geduldig zu ertragen und eine Neuwahl bis zur Ankunft des Papstes zu verschieben.

Die anwesenden Fürsten, alle in politischen Ränken nicht unerfahren, sehen hinter den gewundenen Worten der Legaten die wahren Gründe durchschimmern: Gregor VII. will auf keinen Fall auf seine Schiedsrichterrolle verzichten. Die aber kann er nur wirkungsvoll in Deutschland gestalten.

Die auf den Papst ohnehin nicht sonderlich gut zu sprechenden Fürsten allerdings haben so ihre eigenen Vorstellungen. Und ob sie sich wirklich auf Gregor VII. verlassen können? Bei einem langen Gespräch mit den Legaten erklären sie, daß man unbedingt einen neuen König wählen müsse, wenn man einer Spaltung Deutschlands vorbeugen wolle.

Die Legaten sind naiv genug, das zu glauben, und meinen schließlich, die Sorge für das Reich liege im übrigen ja nicht in ihrer Hand, sondern im Ermessen der Fürsten, die die Lage am besten zu beurteilen vermöchten.

Doch das Wohl und Wehe des Reiches spielt nur eine sehr untergeordnete Rolle, denn zunächst gibt es zwischen den anwesenden weltlichen Fürsten erst einmal Streit um die Machtverteilung. Otto von Northeim, wohl der mächtigste anwesende Fürst und daher ohne Chance für die Wahl zum Gegenkönig, fordert als Leistung für seine Stimme das Herzogtum Bayern zurück, das ihm Heinrich IV. vor Jahren genommen hatte. Das erregt verständlicherweise Herzog Welf, der nun seinerseits droht, Forchheim zu verlassen. Auch andere melden Bedingungen an, und die anwesenden Kirchenfürsten, vom Salzburger Erzbischof Gebehard über Werner von Magdeburg bis Adalbero von Würzburg und Burchard von Halberstadt, beschäftigen vorübergehend recht weltliche Dinge.

Die beiden päpstlichen Legaten – ein italienischer Kardinaldiakon und ein französischer Abt –, mit den deutschen Verhältnissen ohnehin nicht so recht vertraut, mühen sich nun auch noch, die Streitigkeiten unter den Fürsten zu schlichten. „Wir haben mit Betrübnis erfahren, daß ein Handel um die Königstimmen entbrannt ist. Wir untersagen solch schmähliches Verfahren und brandmarken es ausdrücklich als Simonie. Wohl aber bieten wir euch Hilfe an, wenn ihr doch einen König jetzt wählen wollt." Ihr Auftrag hatte eigentlich gelautet, eine Verschiebung der Neuwahl zu erreichen; statt dessen helfen sie nach besten Kräften, alle Schwierigkeiten beiseite zu räumen.

Mit Erfolg!

Am 15. März wird zu Forchheim einstimmig ein neuer König gewählt. Dem Papst teilt man in einem Schreiben mit, daß die Lossprechung Heinrichs IV. vom Bann nichts mit seiner Einsetzung in die alten Königsrechte zu tun habe. An seiner Absetzung sei nichts mehr zu ändern. „Denn ohne die Beachtung des Treueides kann das Amt der Königswürde auf gar keine Weise ausgeübt werden. Und da wir nun schon über ein Jahr ohne Herrscher sind, ist durch die Wahl unserer Fürsten ein anderer auf den Platz erhoben worden, dessen sich jener als unwürdig erwies." (10)

Der auf den Thron gehobene ist Rudolf von Schwaben.

„Dieser Rudolf, ein erlauchter Herzog, ein Mann von hohem Ansehen und des Lobes wert im ganzen Reich, der Wahrheit und dem Recht fest verbunden, ein tapferer Kriegsmann, auch bewährt in allen Arten der Tugend – dieser Mann, sage ich, wurde von der alles bezwingenden Habgier bezwungen, und so, zum Betrüger an seinem Herrn geworden, setzte er die Treue einer ungewissen Ehrenstellung hintan." (4) Der Autor der „Vita Heinrici" muß offensichtlich eine Schwäche für den schwäbischen Herzog gehabt haben, denn der kommt bei ihm recht gut weg. Sicher, in vielen Punkten stimmt die Schilderung: Rudolf ist eine stattliche Erscheinung; er ist ein tapferer und angesehener Krieger – doch Wahrheit und Recht, die er so liebt, sind immer nur seine Wahrheit und sein Recht gewesen.

Mindestens schon seit Tribur träumte er von der Königswürde, und wenn er sich nach seiner Wahl auch eine Stunde Bedenkzeit ausbittet – es ist nur zur Schau gestellte Demut. Hinter vorgehaltener Hand erzählen sich die Fürsten die allbekannte Tatsache, daß er sich schon vor geraumer Zeit im Kloster Ebersheim eine Krone hatte anfertigen lassen.

Rudolf war nicht weniger machtbesessen und egoistisch als ein Otto von Northeim; dem Königsschwager fehlte höchstens des Sachsen offene Skrupellosigkeit.

Vielerlei Gründe mögen den immer ein wenig zwielichtig wirkenden Rudolf den Fürsten für das Königsamt empfohlen haben. Der wichtigste aber war wohl der, daß in ihm keiner eine Gefahr für die eigene Machtposition sah, weder Rom noch die Fürsten. Rudolf verzichtete zum einen auf das Investiturrecht – eine Reverenz an den Heiligen Stuhl –, und er machte zum anderen auch den Fürsten ein Geschenk. „Auch das wurde dort unter Zustimmung aller bestätigt . . ., daß die Königsgewalt keinem, wie es bisher Brauch war, durch Erbschaft zufallen sollte; vielmehr solle der Sohn des Königs, auch wenn er noch so würdig sei, eher durch eine spontane Wahl als im Verfolg der Sukzession König werden. Ist aber der Königssohn unwürdig oder will ihn das Volk nicht, so soll es das Volk in seiner Macht haben, zum König zu machen, wen es wolle." (10) (Für das „Volk" wurde in der Quelle hier das Wort „populus" gebraucht. Dieses aber umfaßte damals in der Regel nicht etwa die einfachen Menschen, sondern die gehobenen Stände mitsamt den Fürsten. Und natürlich wollten gerade diese die Königswahl unter sich ausmachen.)

Die beiden gegebenen Versprechen waren die Unterwerfung des Königtums unter Rom und die Fürsten. Unmöglich für einen wahren König, solches zu gestatten. Rudolf aber handelte nicht als König. Er ist Fürst, von seinen Genossen mit dem Königsamt betraut, ist primus inter pares, Erster unter Gleichen. Die Vision eines romtreuen Chronisten scheint sich zu erfüllen: „Es wird noch dahin kommen, daß die goldene Säule des Königtums ganz zertrümmert und jedes große Reich in Fürstentümer aufgelöst wird. Erst dann wird die Kirche unter dem Schutz des großen Priesterfürsten triumphieren."

Rudolfs Zugeständnisse sind jedoch vorerst nur rein theoretisch. Die Macht, sie zu garantieren, besitzt er noch nicht. Er bekommt das bald zu spüren.

Am Sonntag Laetare – das ist in jenem Jahr der 26. März – soll in Mainz durch Erzbischof Siegfried der feierliche Krönungsakt vollzogen werden.

Die mittelalterliche Welt bedurfte der Zeremonie. Ein Wahlvorgang in der Abgeschiedenheit, ohne jede Herrschaftszeichen und ohne religiöse Symbolik, verlieh dem Kronanwärter nicht jene geistliche Weihe und irdische Macht, mit denen man einen Herrscher verband. Das tat die Zeremonie. Erst mit ihr wurde er eingefügt in die Ordnung der Welt, in die Gemeinschaft der Menschen und in die Geschichte des gottgewollten Herrschertums.

Wie nötig hatte gerade ein Gegenkönig solche Zeremonie!

Der sächsische Mönch Widukind von Corvey schildert die Krönung Otto des Großen im Jahre 936: „... da schritt ihm der Erzbischof (von Mainz; W. L.) entgegen und faßte mit seiner Linken in die Rechte des Königs; in seiner Rechten trug er den Krummstab und war angetan mit einem Leinenrock sowie geschmückt mit Stola und Meßgewand. Er schritt bis in die Mitte des Heiligtums und blieb dort stehen. Dann wandte er sich zu dem Volk, das rings umherstand, ... und sprach: Sehet, hier führe ich zu euch den von Gott erwählten ... König! ... Wenn euch diese Wahl gefällt, so zeigt dies, indem ihr die Rechte zum Himmel erhebt! Darauf hob das ganze Volk die rechte Hand in die Höhe und wünschte mit kräftigem Zuruf dem neuen Gebieter Glück. Dann schritt der Erzbischof mit dem König ... hinter den Altar, auf den die königlichen

Dom in Mainz

Herrschaftszeichen gelegt waren: das Schwert mit dem Wehrgehenk, der Mantel mit den Armspangen, der Stab mit dem Zepter und die Krone ..."

Ähnliches mag man wohl auch im März 1077 in Mainz vorgehabt haben; ohne Zweifel haben sich dort viele Hände zum Himmel gehoben, und das Jubelgeschrei füllte die Krönungskirche. Und doch – die auf dem Altar liegenden Herrschaftszeichen sind nicht echt; selbst die Krone ist eine Imitation; und all jene, die ihre Hände reckten, werden wohl keinen Augenblick vergessen haben, daß jenseits der Alpen ein anderer ist, der ebenfalls die deutsche Krone trägt – die echte!

Zum unguten Gefühl kommt dann noch eine peinliche Unterbrechung des Gottesdienstes durch Rudolf. Schon ist das feierliche Hochamt im Gange, da lehnt der Schwabe einen der zelebrierenden Priester plötzlich wegen Verdachtes auf simonistische Handlungen ab. Einigen der anwesenden Kirchenfürsten mögen arge Bedenken gegen diesen neuen König gekommen sein, der sich päpstlicher gebärdet als der Papst.

Und als man dann endlich glaubt, alles hinter sich gebracht zu haben, meldet sich die Mainzer Bevölkerung zu Wort.

Wie in vielen anderen rheinischen Städten hatte Heinrich IV. auch in Mainz treue Anhänger im Bürgertum. Die Wormser Vorgänge hatten ihm einen Kredit geschaffen, von dem er lange zehren konnte. Noch während des Krönungsmahles und den sich anschließenden Feierlichkeiten kommt es zu Tumulten.

Es beginnt mit harmlosen Neckereien – oder sind es Provokationen? Halbwüchsige legen sich mit königlichen Gefolgsleuten an. Aus dem Geplänkel wird Ernst. Die Glocken beginnen Sturm zu läuten. Die Mainzer Bürger sammeln sich unter Waffen, und sie lassen keinen Zweifel daran, was sie von König Rudolf halten. Die Situation muß für diesen so ernst gewesen sein, daß Bruno sarkastisch vermerkt: „Fast hätte ... über ihn das Sprichwort geprägt werden können: er sei ein so wachsamer König gewesen, daß er in seiner ganzen Regierung keinen Schlaf gesehen habe." (10)

Der Gegenkönig bleibt zwar am Leben, doch vor der Domkirche liegen über hundert Tote; und die Pfalz, in deren Hof sich Rudolf verschanzt hat, wird vom aufgebrachten Volk belagert. Man will die Gebäude anzünden, und erst als sich Erzbischof Siegfried für Rudolfs schnelle Abreise verbürgt, legt sich die Erregung etwas.

In der Nacht zum 28. März verläßt der Mann, der sich für den deutschen König hält, Hals über Kopf Mainz. Mit ihm geht auch Erzbischof Siegfried, er wird Mainz nicht mehr betreten.

Nur wenig südlich verweist man Rudolf bald darauf ein zweites Mal in die Schranken. Worms, vor dessen Tor er mit seinem Gefolge erscheint, verweigert ihm den Einlaß. Der Traum von der Herrschaft im ganzen deutschen Reich ist zu Ende. Die Realitäten für Rudolf sehen wenig rosig aus, ernüchtert macht er sich auf den Weg dorthin, wo er sich treuer Anhänger sicher sein darf: nach Sachsen.

Die Kunde von der Krönung Rudolfs verbreitet sich über das Land, erreicht die Alpen, wird von Eilboten hinübergetragen, lange bevor mit den schwerfälligen Wagenzügen der Händler Einzelheiten und Gerüchte in die Lombardei dringen. Nur wenige Worte weiß man sicher: Rudolf von Schwaben ist von den deutschen Fürsten zum Gegenkönig gewählt worden!

Um Krone und Reich

Als Heinrich IV. am Nachmittag des 28. Januar 1077, von Canossa kommend, zu seinem Gefolge stieß, da war das Lager schon in heller Erregung. Die Nachricht von den Vorgängen auf der Apenninenburg, die Einigung zwischen Papst und König hatte lombardische Fürsten und Geistlichkeit getroffen: Sie fühlten sich verraten. Vergeblich suchten die königlichen Räte den Enttäuschten klarzumachen, daß Heinrich nur unter äußeren Zwängen gehandelt habe und dies Opfer bringen mußte; „jetzt sei er von allen Hemmnissen frei und wolle nun alle Sorge und Fleiß anwenden, um das ihm wie auch ihnen geschehene Unrecht zu rächen". (3)

Viele Lombarden verließen ihn, und nicht zu überhören war das Gemurr darüber, daß der so lang erwartete König die Hoffnungen so enttäuscht hatte.

Die Situation aber bessert sich nach der ersten Verstimmung wieder, denn Lombardiens Adel ist auf Heinrichs Unterstützung genauso angewiesen, wie der König ihn braucht. Es ist allerdings eine gefährliche Partnerschaft, die Heinrich da pflegt; denn nach der mit Gregor VII. getroffenen Vereinbarung wollte er sich ja jeglichen Umgangs mit Gebannten enthalten.

Doch dem Papst liegt im Moment nichts an Konfrontation, und so verwunderlich war das nicht. Der König hielt sich in viel zu gefährlicher Nähe auf, hatte eine viel zu starke Macht um sich geschart, als daß man sich ungestraft mit ihm hätte anlegen können. Andererseits, auch Heinrich IV. wollte das Verhältnis zum Papst nicht unnötig belasten. Ihm lag an Entspannung.

Im Hoflager zu Pavia liefert er dafür einen deutlichen Beweis: Angelockt vom neuerlich emporsteigenden Stern des Saliers hatte sich dort auch Cencius, der Papst-Entführer, eingefunden und verlangte dringlichst den König zu sprechen. Mit sich führte er den gefangengenommenen gregorianischen Bischof von Como – ein Gastgeschenk an den König sozusagen, mit dem er sich Wohlwollen zu erkaufen hoffte. Heinrich aber wich einer Begegnung immer wieder aus, so daß Cencius immer stürmischer drängte und schließlich doch die Zusage für eine Audienz ertrotzte. Aber in der Nacht vor dem festgesetzten Tag erstickte er plötzlich an einer tödlichen Halsgeschwulst, ohne den König gesehen zu haben.

Das Verhältnis zu Rom ist nicht belastet worden; doch die Herren der Lombardei, die ihren römischen Standesgenossen mit Pomp zu Grabe tragen, mögen sich so ihre eigenen Gedanken gemacht haben. Noch bevor Gerüchte über den recht mysteriösen Tod des Cencius um sich greifen, erreicht die Kunde von der Wahl Rudolfs zum Gegenkönig Pavia. Der Fall Cencius wird vergessen.

Heinrich IV. macht sich auf den Weg nach Deutschland. Als Ausgestoßener war der Sechsundzwanzigjährige, begleitet von nur wenigen Getreuen, aus Deutschland fortgeschlichen – als König und Herrscher kehrt er zurück, seine alten Rechte einzufordern. Verona, Aquileia – neben ihm reitet Bertha, stolze Königin, doch auch leidende Mutter. Der dreijährige Konrad ist in der Lombardei zurückgeblieben, um unter der Vormundschaft des Mailänder Erzbischofs die Ansprüche des Vaters in Italien zu vertreten. Über Kärntens Alpenpässe nähert sich der König Deutschland, und was dem Anhang Rudolfs zuerst noch Gerücht ist, wird nun bestätigt: Umjubelt von seinen Anhängern steht Heinrich IV. in Bayern, sammelt mit Versprechungen und reichlich vorhandenem lombardischem Gold streitbare Scharen um sich.

In Ulm hält Heinrich IV. unerbittlich Gericht über die Abtrünnigen. Rudolf, Welf von Bayern und Berchtold von Kärnten werden ihrer Würden und ihrer Lehen entsetzt – ein Chronist berichtet sogar, daß über die verräterischen Herzöge nach alemannischem Recht das Todesurteil ausgesprochen worden sei. Die Herzogtümer Schwaben und Bayern fallen an die Krone, Kärnten gibt Heinrich IV. seinem Gewährsmann Liutold von Eppenstein.

Des Saliers Auftreten bleibt nicht ohne Wirkung unter Rudolfs Gefolgschaft, und so mancher fällt von ihm ab.

Dann beginnt der Krieg, der grausam und unbändig ist und wie immer die Unschuldigen am schwersten trifft.

September 1077 stehen sich am Neckar erstmals beide feindlichen Heere gegenüber. Von Würzburg her war Rudolf herangezogen; im Staub der trockenen Wege, von Mainz her, kam Heinrich IV.

Doch am Neckar fällt keine Entscheidung.

Beide Heere trennt der Fluß, und die Forderung Rudolfs, Heinrich solle das sächsische Heer ungehindert übersetzen lassen oder aber sich einem Zweikampf stellen, bleibt unbeantwortet. Die Krone ist für Heinrich IV. nicht Preis eines Zweikampfes. Er ist rechtmäßiger König! Es gibt keinen Grund, mit Rudolf, der sich das Königsamt anmaßt, darum zu kämpfen!

Heinrich IV. ist nicht feige – sein ganzes Leben ist Beweis für seinen Mut und seine Bestimmtheit, aber auch für sein nüchternes politisches Denken. Bayrische und böhmische Scharen rücken zur Verstärkung heran. Täglich wird seine Lage besser. Warum das alles falsch verstandenem kriegerischem Gebaren opfern? Wenn Rudolf will, dann soll er doch übersetzen! Man wird ihn zu empfangen wissen!

Die beiden Furten, die durch den Neckar führen, sind gut gesichert. Nur kleine Abteilungen könnten sie nutzen. Die Sachsen haben genügend Phantasie, um sich vorzustellen, was sie am anderen Ufer erwarten würde. Nach einigen Tagen marschieren sie in ihre Heimat zurück.

Heinrich IV. aber wartet noch immer auf Verstärkung. Und dann kommen die Bayern und die Böhmen...

Der Krieg gegen das Land beginnt.

Die Truppen des böhmischen Herzogs Wratislaw fallen mit wilder Gewalt in Schwaben ein. Heinrich IV. will mit allen Mitteln eine Vereinigung der Sachsen mit ihren oberdeutschen Bundesgenossen verhindern, geht mit brutaler Gewalt gegen Rudolfs schwäbischen und bayrischen Anhang vor.

Der Autor der „Vita Heinrici" wendet sich zwar gegen den Vorwurf, der Salier habe Alemannien auf das grausamste verwüstet, wenn er behauptet: „Der König brach ihre Burgen

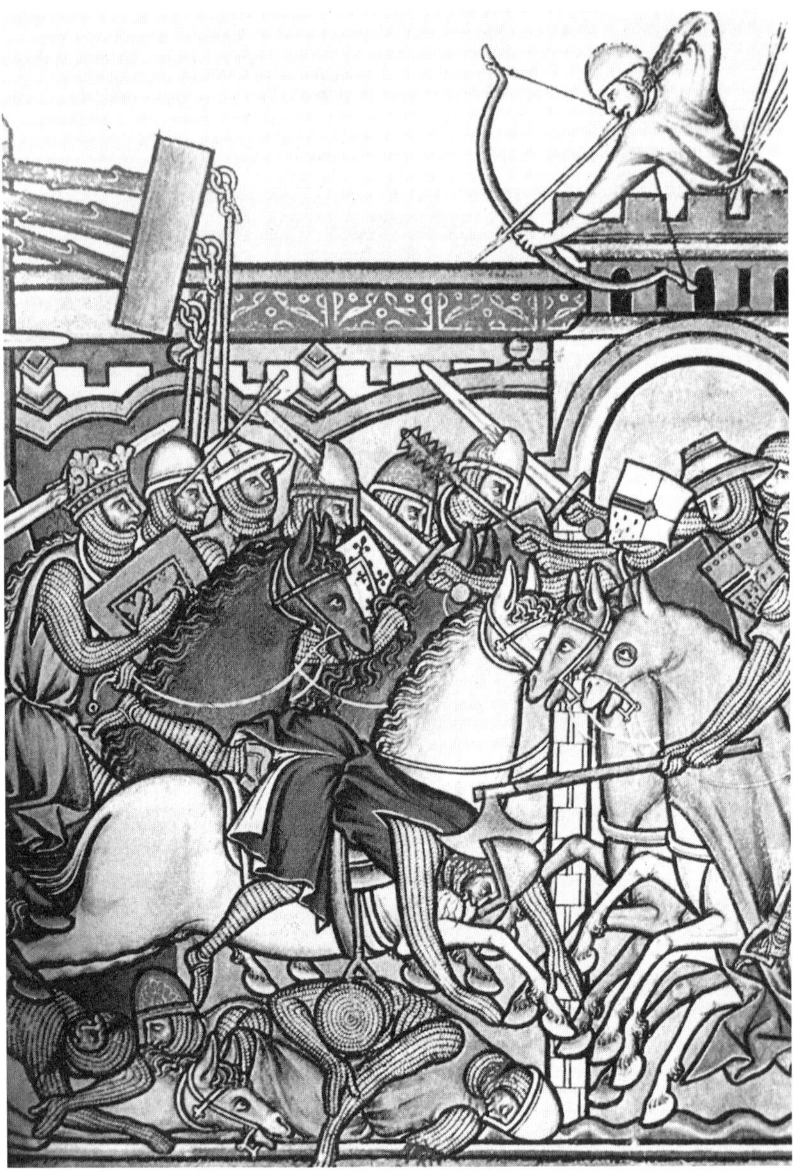

Kämpfende Ritter (Miniatur aus einer Ausgabe des Alten Testaments, um 1240)

(das heißt die der gegen ihn Verschworenen; W. L.), übte jedoch keine Vergeltung nach der Größe ihres Unrechts, denn er wußte sich auch bei der Rache im Zaum zu halten, und die Strafe blieb weit unter dem Maß der Schuld" (4) – die Krieger des königlichen Heeres, besonders die sattsam bekannten Böhmen, aber hielten sich kaum zurück.

Der Himmel über Süddeutschland ist rot vom Flammenschein.

Dörfer werden zerstört, die Ernte auf den Feldern verbrannt; Burgen fallen, Städte werden genommen, Menschen niedergemacht. In Rudeln durchstreifen Wölfe das Land, fressen sich dicke Wänste an vom Menschenfleisch.

Eine Welle der Vernichtung wälzt sich über Bayern und Schwaben. Das Frühjahr 1078 bringt in Süddeutschland kein neues Erwachen des Lebens – über das Land sind die hohlwangigen Reiter der Apokalypse gekommen. Hunger, Krieg, Seuchen und Tod schwärmen aus. Es ist der Anfang einer langen düsteren und qualvollen Zeit.

Selten nur stehen sich die gegnerischen Parteien einmal direkt gegenüber – und wenn, so bringt dies keine Entscheidung.

Zu Mellrichstadt an der fränkischen Saale krachen im August 1078 die beiden Heere aufeinander.

Da ziehen sie auf, diese ewigen sächsischen Rebellen: Erzbischof Werner von Magdeburg, Otto von Northeim, Pfalzgraf Friedrich ... Die Schlacht ist mörderisch, wie alle Schlachten. Nichts ist zu spüren von ritterlichem Edelmut: Man haut, sticht, hackt aufeinander ein. Erzbischof Werner von Magdeburg und Bischof Werner von Merseburg packt das Grauen. Entsetzt wenden sie sich zur Flucht. Andere folgen.

Aber auch Teile von Heinrichs IV. Truppen weichen unter dem Angriff Otto von Northeims.

Sieg – frohlocken die Sachsen, weil sie allein auf dem Schlachtfeld zurückbleiben.

Sieg – jubeln die Königlichen, nachdem sie mit böhmischer Verstärkung zurückgekehrt sind und den Feind nicht mehr vorfinden. Den Raben, Wölfen und Waldtieren ist es gleich, ob sie die Leichen von Siegern oder Verlierern fressen.

In der freundlichen Neckarlandschaft massakrieren zur selben Zeit die oberdeutschen Bundesgenossen Rudolfs ein Heer fränkischer Bauern, das von Heinrich IV. aufgestellt worden war, um den Zuzug für den Gegenkönig aufzuhalten. Die erfahrenen Krieger Welfs und Berchtolds machen die im Waffengebrauch ungeübten Landleute rücksichtslos nieder – und doch wird am Neckar zum erstenmal deutlich, auf welch breite Unterstützung Heinrich zurückgreifen kann. Über alle Klassenschranken hinweg hat er die königstreuen Kräfte für sich mobilisiert.

Neben dem niederen Adel Bayerns und Schwabens, neben Teilen des Klerus und der Ministerialen sind es vor allem auch Bürger und Bauern Süddeutschlands und der Rheingegend, die für ihn Partei ergreifen. Der ursprünglich auf alten Stammesrivalitäten zwischen fränkischem Königshaus und sächsischer Unabhängigkeit aufbauende Konflikt erhielt allmählich auch eine soziale Komponente.

Ein großer Teil der niederen Volksschichten steht aus recht unterschiedlichen Motiven hinter Heinrich IV. Ist für den niederen Adel und die Ministerialität ein starkes Königtum Voraussetzung für das eigene Bestehen, so treibt Roms rüde Reformpolitik viele Kleriker zu Heinrich IV., erwarten die Bürger der Rheinstädte – immer Worms vor Augen – ein weiteres Aufblühen ihrer Gemeinwesen, so träumen die Bauern Süddeutschlands von Zeiten, in denen sie wieder friedlich die Felder bestellen, die Ernte ihrer Mühen auch bergen können. Bei vielen aber mögen derartig rationale Gründe nur unterschwellig vorhanden gewesen sein – für sie ist Heinrich IV. einfach der im Herrn gesalbte König, zu dem es zu stehen gilt!

Rudolfs Machtbasis ist außerhalb Sachsens kaum der Rede

wert, und er hat nur in denjenigen Teilen des Reiches regiert, die schon früher von Heinrich abgefallen waren.

Für einige seiner Parteigänger hat das fatale Folgen.

Bischof Adalbert von Worms wird auf dem etwas überstürzten Rückzug der Sachsen nach der Schlacht bei Mellrichstadt von königstreuen thüringischen Bauern gefangengenommen und an Heinrich IV. ausgeliefert. Dabei kann der Wormser noch froh sein, daß es so kommt! Erzbischof Werner von Magdeburg und der Merseburger Bischof geraten nach ihrer Flucht aus dem Schlachtgetümmel in den düsteren Tälern des Thüringer Waldes ebenfalls in die Gewalt umherstreifender Bauern. Während der Merseburger gerade noch so entkommt, hängt man den Erzbischof kurzerhand auf, nachdem man ihn ausgeplündert hatte. Auch Erzbischof Siegfried von Mainz gerät in Gefangenschaft und entgeht nur knapp dem Strick.

Die ohnehin nie besonders sanften Sitten der Zeit verrohen im Krieg noch mehr.

Pfalzgraf Friedrich, der auf seinem Rückzug in Thüringen Flagge zeigt, befreit Siegfried und andere Gefangene – den Ort Schmalkalden äschert er zur Strafe ein.

Wieder fällt der Krieg über Unschuldige her.

Rudolf straft Hessen und Westfalen, das sich Heinrich IV. gegenüber nicht feindselig genug gezeigt hat; der Salier verbreitet in Süddeutschland Schrecken. Weite Räume liegen zwischen den Gegnern. Der Krieg wird endlos; keine Entscheidung kann fallen, denn die regional begrenzten Züge sind militärisch völlig nutzlos.

Die Feinde sammeln Kräfte.

Gewaltige Mittel müssen aufgewandt werden, um die Heere zu verstärken, denn noch kann keiner mit Sicherheit eine Entscheidungsschlacht gewinnen.

Während Rudolf sächsische Aufgebote um sich schart, verläßt Heinrich sich nicht mehr nur auf die zweifelhafte Vasallentreue. Ministerialen und auch Söldner bilden einen immer größeren Teil seines Heeres. Aus den rheinischen Städten kommen finanzielle Zuwendungen; beschlagnahmte Kirchengüter und eingezogene Bistümer abtrünniger Kirchenfürsten tun ein weiteres dazu – der Krieg kostet viel.

Aber noch während er rüstet, gestaltet Heinrich IV. die Grundlagen seiner Macht neu, plant für die Zeit nach dem Sieg. In Schwaben vergibt er die Herzogswürde an den Grafen Friedrich von Büren. Der schwäbische Adlige hatte sich als ein treuer Anhänger Heinrichs erwiesen, und einige Berichte sprechen sogar davon, daß er zu den wenigen gehört habe, die den gebannten König nach Canossa begleiteten. Vielleicht ist die jetzt verliehene Würde Dank dafür?

Der König jedenfalls muß Graf Friedrich außergewöhnlich geschätzt haben. Er verlobt ihn mit seiner Tochter Agnes. „Du siehst“, so soll Heinrich IV. zu ihm gesagt haben, „wie die heiligen Rechte mit Füßen getreten werden – kämpfe nun mannhaft mit mir gegen die Feinde des Reiches! Um dir zu zeigen, wie sehr ich dir vertraue, verlobe ich dir meine Tochter Agnes und setze dich als Herzog über Schwaben.“ So berichtet es ein späterer Chronist der Stauferzeit. (Er erwähnt allerdings nicht, daß Agnes zu dieser Zeit noch ein Kind war, das eben erst laufen lernte.)

Unscheinbar und kaum bekannt ist jener Graf von Büren, und Rudolf im fernen Sachsenland kann über den Rivalen nur lachen. Er belehnt seinen Sohn Berchtold mit dem Herzogtum Schwaben.

Der Graf von Büren aber verlegt seinen Sitz nun von seinem kleinen „Wäscherschlößchen“ auf den Gipfel des weit übers schwäbische Land schauenden Hohenstaufen. Aus den Herren von Büren werden die von Hohenstaufen, deren bekanntester wohl der Urenkel Heinrichs IV. sein dürfte: Kaiser Friedrich I. Barbarossa ...

Dann, kurz nach der Jahreswende 1080, beginnen die Gegner durchs tief verschneite Deutschland wieder aufeinander zu zu ziehen. Diesmal stoßen sie bei Flarchheim, unweit von Mühlhausen, zusammen. Inmitten eines jaulenden Schneesturms tobt die Schlacht.

Kaum sind Freund und Feind zu unterscheiden; alles ist in wirbelnden Schnee gehüllt. Wieder macht erst die hereinbrechende Dunkelheit allem ein Ende.

Während Rudolf mit seinem Heer in einem nahe gelegenen Dorf Schutz sucht vor der Kälte der Nacht und dem schneidenden Wind, zieht Heinrich IV. sich langsam zurück.

Es läßt sich nicht verbergen: Er ist stark angeschlagen. Sächsische Abteilungen hatten seinen Troß angegriffen. Ohne Vorräte steht er im winterlichen Thüringen. Er will nichts riskieren. Der Rest seiner Streitmacht stampft durch die verschneiten Täler. Müde sind die Männer und durchgefroren. In der Nähe von Eisenach gibt Heinrich den Befehl, ein Lager zu errichten. Doch noch ehe seine Männer zur Ruhe kommen, werden sie von Leuten des Grafen von Thüringen angegriffen. Von der Höhe der nahe gelegenen Wartburg herab stoßen diese auf die erschöpften Königlichen, treiben sie in die Flucht und machen reiche Beute.

Kann Heinrich IV. Flarchheim vergessen – den Überfall im Wald am Hörselberg vergißt er nicht. In diesen Dingen ist er nachtragend. Ludwig von Thüringen, dem die Sage den Beinamen „der Springer“ gegeben hat, Veteran des sächsischen Krieges und Anhänger Rudolfs, bekommt des Königs Zorn zu spüren. Noch im selben Jahr brandschatzen Truppen Heinrichs IV. Besitzungen des Thüringer Grafen, verjagen ihn von der Wartburg. Erfurt, das mit Graf Ludwig verbündet war, wird niedergebrannt.

Die Chronisten sind sich nicht so recht einig, wer der Sieger von Flarchheim ist.

Frutolf von Michelsberg feiert Heinrich IV.; Bernold von St. Blasien und Bruno sprechen vom Sieg Rudolfs.

Doch so glänzend kann der Sieg des Gegenkönigs nicht gewesen sein – nach der Schlacht sagt sich Ekbert von Meißen von ihm los; Herzog Magnus, Wiprecht von Groitzsch und andere sächsische Herren waren erst gar nicht Rudolfs Aufgebot gefolgt...

Der römische Richter

Die undurchsichtigen oberdeutschen Feldzüge, der Zermürbungskrieg gegen die Feinde seines Königtums, die erfolglosen Schlachten – all das zeigt nur eine Seite der Persönlichkeit Heinrichs IV. Vielleicht hat er manchmal in einer der Burgen Süddeutschlands, an der Donau oder im Schwarzwald, des Abends beim bleichen Kerzenlicht über Manuskripten oder Bauplänen von kühnen Kathedralen gesessen; fern dunkelte die Welt... Doch die Bilder seines Geistes zerstoben tags darauf im Galopp der Rösser und im Klirren der Waffen. Wo war in jener Zeit Platz für des Königs Liebe zur Baukunst, zur Musik, zum philosophischen Gespräch? Sie verlangte nach einem gestrengen Herrscher, der die Abtrünnigen strafte und seine Forderungen mit Macht durchzusetzen vermochte. Und die ungebärdige Person Heinrichs IV. stand inmitten dieser Welt, „alle überragend und gleichsam über sich selbst hinauswachsend".

Der König hat gelernt, sein überschäumendes Temperament zu zügeln; Dinge gegeneinander abzuwägen; heute ein läppisches Ja zuzugestehen, um sich dafür morgen ein um so strengeres Nein leisten zu können. Die Zeiten, da er mit gezogenem Schwert auf mißliebige Leute losging, wie das vor fast fünfzehn Jahren bei seiner Mündigsprechung in Worms geschehen war, sind vorbei. Er scheut nicht den Griff zum Schwert, doch er verläßt sich nicht mehr nur darauf. Heinrich IV. mag vielleicht nicht unbedingt ein militärisches Genie gewesen sein (obwohl man ihm bei zweiundsechzig Schlachten, die er in seinem Leben geschlagen haben soll, eine gewisse taktische Erfahrung nicht absprechen kann) – doch im politischen Spiel erreicht er zwischen 1078 und 1080 eine Höchstform.

Über die Ambitionen des Heiligen Vaters bestens unterrichtet, gelingt es ihm, Gregor über Jahre hin in dem Glauben zu bestärken, man akzeptiere dessen Schiedsrichteramt. Mit diplomatischem Geschick nährt er im Papst sogar die keimende Hoffnung auf eine Einigung – welch triumphales Ziel für Roms Reformer, den Salier nun endlich unter den Fuß des heiligen Petrus zu zwingen. Doch nichts liegt Heinrich IV. in Wahrheit ferner als Unterwerfung. Seine Gesandten verkünden in Rom mit großen Worten den Wunsch nach päpstlicher Entscheidung; aber keiner der apostolischen Legaten, die kreuz und quer durch Deutschland ziehen „und nach römischer Sitte von beiden Seiten soviel Geld mit sich fortnehmen, wie sie zusammenbringen können", gelangt mit seiner Botschaft vor den König.

Der hatte nämlich kurzerhand untersagt, irgendwelche päpstlichen Nachrichten an den Hof dringen zu lassen!

Und so konnten von Rom aus noch so viele Schreiben und Aufforderungen nach Deutschland gehen – Heinrich bekam keine Kunde davon. Er wartete, so ließ er verkünden, noch immer auf den päpstlichen Schiedsspruch.

Roms Boten werden mit nichtigen Vorwänden aufgehalten, irregeleitet, vertröstet. Selbst die vom Kardinaldiakon Bernhard ersonnene List, einen als Bittsteller verkleideten Mönch an den Hof zu schmuggeln, scheitert: Der Bote wird „enttarnt". Heinrich IV. weiß von nichts und verkündet ungeniert, daß ihn noch keinerlei päpstliche Botschaft erreicht habe.

Es muß dem Kardinaldiakon, der im päpstlichen Auftrag in Deutschland weilt, weitaus leichter als Gregor VII. gefallen sein, das Spiel zu durchschauen. Er ahnt Heinrichs Plan, sieht den Widerspruch zwischen Worten und Taten, und er spricht (ohnehin neigt er ja zur Partei Rudolfs) während eines Fürstentages zu Goslar kraft seines Amtes erneut den Bann über den Salier aus. Gregors Blick ist aber so auf das große Ziel fixiert, daß er die Bestätigung dieses Spruches, der das Ende seiner Richterrolle bedeutet hätte, versagt.

Es scheint, als würden in jenen Jahren Wünsche weitaus eher seine Politik lenken als Realitäten, und Rudolfs Anhänger fahren ihn ziemlich ehrfurchtslos an: „Wenn das, was auf einer römischen Synode entschieden und danach vom Legaten des apostolischen Stuhles bestätigt wurde, nun mit Stillschweigen bedeckt und für nichts erachtet werden soll, dann wissen wir überhaupt nicht mehr, was wir künftig noch glauben oder für sicher halten sollen!“ (10) Natürlich ist Gregor nicht von plötzlich auftretender Alterssenilität befallen worden. Noch sitzt ein Mann mit überragendem Geist auf dem apostolischen Stuhl, der all die Informationen, die ihn erreichen, geschickt ins Geflecht seiner Pläne wirkt. Doch die Berichte aus Deutschland sind widersprüchlich. Boten Heinrichs IV. und Rudolfs überbieten sich gegenseitig in der Verteufelung des Gegners; die Nachrichten der Legaten sind ungenau... Und was soll er von Bundesgenossen halten, die über kirchliche Entscheidungen hinweggehen und glauben, nur das Schwert könne Frieden bringen?

Früher oder später wird er sich entscheiden müssen. Doch sein Urteil hat nur dann Wirkung, wenn keine der streitenden Parteien gegen seinen Spruch vorgehen kann. Das Canossa-Trauma sitzt tief! Noch einmal will er nicht so kurz vorm Ziel scheitern! Gregor VII. ist Realist genug, um zu erkennen, daß er mit Rudolfs Bestätigung die Lage nicht bessern würde. Der Gegenkönig scheint ihm politisch zu schwach, als daß er stabile Verhältnisse garantieren könnte; im übrigen sind der und seine Partei auch in hohem Maße kirchlich fragwürdig – welche Unterstützung hatte Rom von Leuten zu erwarten, die ungescheut Kirchengüter an sich brachten? Würde unter jenen die Kirche zur erträumten Größe emporwachsen?

Des Papstes langes Zögern ist nicht unbedingt ein Vertrauensbeweis für Heinrich IV., sondern wohl eher ein Mißtrauenszeichen gegen Rudolf.

Doch diese Zweifel des Heiligen Vaters am deutschen Gegenkönig begünstigen Heinrichs Verzögerungstaktik.

Die Allianz gegen den König bröckelt.

Man ist im Lager Rudolfs nicht gut auf den römischen Verbündeten zu sprechen. „Eure vielgerühmte Tatkraft, die ... immer bereit war, jeden Ungehorsam zu rächen – warum rächt sie diesen nicht?“ fragen ihn die Bischöfe aus Rudolfs Partei in bezug auf die Anhänger Heinrichs. „Warum beachten sie diesen Ungehorsam nicht – einen solchen Ungehorsam, aus dem unendliches Übel erwachsen, Übel, für die es keine Zahl gibt?“ (10)

Die Sachsen schicken ein geharnischtes Beschwerdeschreiben an Gregor VII., in dem sie ihm vorwerfen: „So wie uns zugeredet wird, wir sollten bei dem Begonnenen standhaft ausharren, so wird auch der Gegenseite in Wort und Tat Hoffnung gemacht. Denn die Vertrauten des genannten Heinrich, die ... zusammen mit ihrem Haupt durch den apostolischen Legaten aus der heiligen Kirche ausgeschlossen wurden, werden, wenn sie zum Heiligen Stuhl kommen, wohlwollend aufgenommen ..., während es uns als Nachlässigkeit angerechnet wird, daß wir keine geeigneten und häufigen Gesandtschaften dorthin schicken. Dabei liegt es doch klar zutage, daß jene dieses Vorhaben hindern, die euch eidlich versprochen haben, es nicht zu hindern.“ (10)

Und noch während sich Gregor mit dürren Worten von diesen Vorwürfen reinigt, melden sie sich noch einmal in äußerst despektierlichem Ton zu Wort. „Alle, die gesunden Sinnes sind, mögen aufmerken und zusehen, ob je etwas dergleichen geschehen ist, ob jemals in der Kirche von einer Konfusion gehört wurde, ähnlich dieser Konfusion! Seht, liebster Herr, wie die Erde erschüttert ist und verwirrt! Wenn Ihr ihre Zerrüttung heilen wollt, so bleibt fest bei dem, was Ihr begonnen, und zerstört nicht, was Ihr errichtet habt! ... Wollt Ihr uns jetzt mitten im Ungewitter, in das wir für Euch hineingestürzt sind, verlassen, so sind Himmel und Erde für uns Zeuge, daß wir zu Unrecht untergehen!" (10)

Inmitten all der Scheinverhandlungen, der Zerwürfnisse zwischen Rom und Deutschland, der sächsischen Beschwerden, der Fürstentage und Legatensprüche wächst Heinrichs IV. Macht.

In Rom häufen sich Berichte, daß er entschlossen scheint, seine Macht über die Kirche zu demonstrieren. Ungeachtet aller päpstlichen Anweisungen investiert er Bischöfe und Äbte, und der Legat Peter von Albano – den man hinter vorgehaltener Hand nur den „Feuerpetrus" nannte, weil er einmal voller fanatischer Starrköpfigkeit durch eine Gasse brennender Holzhaufen gelaufen war, nur um einen simonieverdächtigen Kleriker anhand dieses Gottesurteils zu überführen – „Feuerpetrus" also weiß schreckliche Dinge zu berichten. Vom Legaten Udalrich spricht er, dessen Wohlwollen sich der König erkauft habe und dessen Berichten man darob nicht trauen dürfte; von Heinrich IV. intrigantem Spiel und wie er die Entscheidung Roms hintertreibt, erzählt er; und er schließt: Niemals werde ein Schiedsspruch des Heiligen Vaters von jenem gottlosen Menschen anerkannt!

„Feuerpetrus" wäre bereit, dafür noch einmal zwischen die Holzstöße zu treten!

Gregor VII. mag schon wissen, was er an dem fanatischen Legaten hat.

Eines aber ist nun klar – der Salier hatte allzudeutlich erkennen lassen, daß er entgegen all seinen Worten die königliche Macht niemals der kirchlichen unterwerfen würde.

Die Zeit der Neutralität für Gregor VII. ist damit vorüber. Und sollten in dessen Brust noch letzte Zweifel genagt haben, so sind diese zu Anfang 1080, nach dem Erhalt einer neuerlichen Botschaft Heinrichs, verflogen.

Erzbischof Liemar von Bremen und Bischof Rupert von

Siegel
Heinrichs IV.
von 1071 bis 1081

Bamberg überbringen die Forderung des Königs: Exkommunikation Rudolfs! Weigere sich der Papst, dem zu entsprechen, so werde man sich einen anderen Papst zu verschaffen wissen!

Zum zweitenmal bricht das Gebäude der kühnen Pläne Gregors VII. krachend zusammen, begräbt ihn unter sich. Heinrich IV. – wie muß der Papst diesen Mann gehaßt haben, der ihn, den Stellvertreter Christi, so hinters Licht geführt hatte!

Und etwas von diesem unchristlichen, aber menschlichen Haß muß tief in ihm noch immer geglüht haben, als er am 7. März 1080, dem letzten Tag der alljährlichen Fastensynode, am Altar der Peterskirche niederkniet. Wieder steigt sein leidenschaftliches, von der Bitterkeit der Niederlage durchdrungenes Gebet empor, diesmal zu Petrus, dem Apostelfürsten, und zu Paulus, dem Lehrer der Völker; er klagt jenen Heinrich IV., der sich König nennt, an und stößt ihn erneut aus der Gemeinschaft der Christen.

Die Begründung für diesen Schritt ist äußerst schwachbrüstig, und Gregor zögert auch keinen Augenblick, die Tatsachen zu verdrehen – ihm geht es um sein Recht, diesen Streit entscheiden zu dürfen. Und daß auch niemand daran zweifle, darum erhebt er noch einmal die Stimme. Wie Donnergrollen hängt seine Stimme über den Gläubigen. „Bemüht euch nun, ich bitte euch, ihr heiligen Väter und Fürsten, daß alle Welt erfährt und erkennt: Wenn ihr im Himmel binden und lösen könnt, dann könnt ihr auch auf Erden Kaisertümer, Königreiche, Fürsten- und Herzogtümer, Markgrafschaften, Grafschaften und aller Menschen Besitzungen einem jeden nach seinen Verdiensten entziehen oder überlassen! Ihr habt ja ... Erzbistümer und Bistümer oft den Schlechten und Unwürdigen genommen und frommen Männern gegeben. Wenn ihr aber Geistliches richtet, was muß man glauben, das ihr erst im Irdischen vermögt! ... Nun mögen die Könige und alle Fürsten der Welt lernen, wie groß ihr seid und was ihr vermögt, und sie mögen sich fürchten, das Gebot eurer Kirche geringzuschätzen. An ... Heinrich aber vollzieht euer Gericht so schnell, daß alle erkennen: Er falle nicht von ungefähr, sondern durch eure Macht! Er soll zuschanden werden – möchte es doch sein zur Buße, damit sein Geist gerettet sei am Tage des Herrn!“ (12)

Das Grollen in der Peterskirche hallte zwar in den Gassen Roms dumpf, in der Lombardei aber ist es nur noch schwach zu hören, in Deutschland lächelt man über das sanfte Murmeln.

Noch einmal freilich schwingt Gregor VII. sich auf. Erfüllt von seinem Sendungsbewußtsein, verkündet er während der Ostermesse den Gläubigen in der Peterskirche eine schreckliche Vision: Bis zum Fest Petri Kettenfeier (1. August) werde der König entweder in sich gegangen oder tot sein!

Mit Erschaudern vernimmt es das Volk.

Erzbischof Liemar und Bischof Rupert, die Rom überstürzt verlassen hatten, sammeln derweil in der Lombardei schon die Verbündeten Heinrichs IV.

„Alle sind gedoppelt ..."

Majestätisch schimmern die schneeigen Gipfel der Alpen im Blau des Himmels, überragen den altehrwürdigen Bischofssitz Brixen am Zusammenfluß von Eisack und Rienz.

In der milden Luft des Gebirgssommers treffen sich am 25. Juni 1080 hier, an der Grenze zwischen Italien und Deutschland, die königstreuen Bischöfe, um nun ihrerseits auf die Beschlüsse der Fastensynode zu reagieren.

Mit großem Gefolge kommt Heinrich IV. über die Alpenpässe – trotz Bann. Denn was ihn noch vor vier Jahren beinahe die Krone gekostet hatte, schert ihn jetzt nicht mehr, „als wenn ihn eine Gans anliefe".

Der König kann sich breiter Sympathien erfreuen.

Immer deutlicher war es im Verlaufe der letzten Jahre geworden, daß der Streit um ganz andere Dinge ging, als Gregor VII. vorgab.

Schon lange vermochten Bauern und Bürger nur noch schwer christliches Streben im Handeln des Papstes zu erkennen. Das von nicht enden wollenden Kriegszügen geplagte Volk sah in päpstlicher Willkür die eigentliche Ursache für Not und Elend. Man war des Mordens und Brennens müde, sehnte sich nach Frieden, und wie Hohn klang den meisten die römische Begründung für die Exkommunikation Heinrichs: Er habe gegenüber Gregors Friedensbestrebungen eine feindliche Haltung eingenommen.

Über diese päpstlichen Friedensbestrebungen denkt man in Deutschland inzwischen doch etwas anders.

Der Krieg lebt, angefacht durch Gregors VII. Worte, wieder auf. Roms Spruch verpufft fast wirkungslos, „weil man gewahrte, daß er nicht aus Vernunft, sondern aus Willkür, nicht aus Liebe, sondern aus Haß erwachsen war". (4)

Daß die neue Bannung Heinrichs IV. eine politische Maßnahme des Papstes gewesen war, die mit Glaubensfragen kaum etwas zu tun hatte, darüber bestand kaum ein Zweifel. Allein: Diese Erkenntnis würde wohl keinen der Fürsten oder Bischöfe zur Parteinahme für den König veranlaßt haben. (Es war auch in Kreisen der deutschen Geistlichkeit ein durchaus erprobtes Verfahren, politische Entscheidungen religiös zu verbrämen.) Viel Ärgeres brachte die Gemüter in Erregung, der sechzigjährige, noch immer vom leidenschaftlichen Feuer seiner himmlischen Sendung durchglühte Gregor hatte in den Forderungen der Fastensynode 1080 seine Vision der Zukunft entstehen lassen – einer Zukunft, in der weltliche Macht zum bloßen Erfüllungsgehilfen der Kirche wurde, Rom das einzige und wahre Zentrum dieser Kirche sein sollte. Kein weltlicher Herr sollte mehr über Kirchen verfügen dürfen; die Vergabe hoher geistlicher Ämter sei Sache Roms – solche Ansprüche waren es, die viele Schwankende endgültig ins Lager Heinrichs IV. trieben.

Ging es für den Adel um den Bestand der eigenen Macht, so stand für die Bischöfe: Reichsfürst oder Vasall Roms.

Der größte Teil des deutschen Episkopats entschied sich wieder für Heinrich IV.

Schon während der Osterfeiern war es in Bamberg beim Bekanntwerden des päpstlichen Bannspruchs zu Tumulten gekommen. Die anwesenden Bischöfe bestürmten den König, der Sache ein Ende zu machen, und erklärten, daß keiner von ihnen Gregor VII. in Zukunft weiterhin als Papst haben wolle.

Ähnliches wiederholte sich zu Pfingsten in Mainz, wo neunzehn deutsche Bischöfe Gregor VII. seine Würde absprachen, denn er sei die Ursache allen Unheils und Blutvergießens.

Deshalb wollten sie ihm den Christennamen nicht mehr geben, geschweige denn ihn als Papst anerkennen. Das Haupt der Pest verbreitenden Schlange sollte abgeschnitten werden, durch deren gifterfüllten Hauch die vorliegenden Geschwüre emporgeschwellt seien. Es ist klar, daß bei derartiger Stimmung sachliche Diskussionen kaum noch möglich waren, und der gregorianische Erzbischof Gebehard von Salzburg, der in Mainz versucht hatte, eine Verteidigungsrede für den Papst zu halten, resignierte: „Alle klagen uns an, aber niemand will unsere Rechtfertigung hören."

Aber gab es überhaupt eine Rechtfertigung?

Das idyllisch gelegene Brixen war nicht unbedingt ein angenehmer Ort. Die anreisenden italienischen, deutschen und burgundischen Bischöfe mögen sich an der kalten Pracht des Hochgebirges erfreuen; die Königin Bertha vielleicht diesen oder jenen kunstvollen Gegenstand im bischöflichen Palast bewundern; der sechsjährige Konrad voll kindlichem Staunen den Erzählungen Gleichaltriger von Berggeistern und Gemsenjagden lauschen – vom Leben in Brixen bekommen sie alle mit Sicherheit kaum etwas mit.

Es ist Sommer. Die Wege sind passierbar. Keine Lawinen donnern ins Tal; und der Hunger, der in Brixen fast immer herrscht, weil der gebirgige Boden nicht genug hergibt, um alle satt zu machen, der Hunger bleibt ihnen auch hier unbekannt. Für sie ist alles gerichtet. Vielleicht schwärmt dieser oder jener später in heimischer Runde vom herrlichen Brixen – er hat es nie richtig kennengelernt.

Die Menschen in den armseligen Hütten, denen die Kälte des Gebirgswinters auch im Sommer nicht aus den Mauern will, haben nur wenige neugierige Blicke für die anreitende Pracht. Auch ein König kann sie nicht wärmen.

Die Herren aber schauen über jene aus den Hütten hinweg. Sie brauchen nicht deren Jubel zur Bestätigung ihrer Macht, und der Bischof von Brixen wird wohl auch keinen seiner Untertanen mit Blumen an den Wegrand befohlen haben. Zwei Welten stehen hier nebeneinander, von denen sich keine für die andere interessiert; von denen aber zu jener Zeit auch keine ohne die andere existieren kann.

Während man sich in den Gassen Brixens ums tägliche Brot müht, sitzen im Bischofspalast die Kirchenfürsten unter Vorsitz König Heinrichs IV. über den Papst zu Gericht, und „es erhob sich gleichsam nur eine Stimme aus dem Munde aller, die sich entsetzlich beklagten über die grimmige Raserei eines gewissen Pseudo-Mönches Hildebrand, der sich Papst Gregor VII. nennt: warum der stets unbesiegte König diesen so lange unbehelligt wüten lasse, da doch das Werkzeug der Auserwählung Paulus bezeugt, daß der Fürst das Schwert nicht ohne Grund trage ..." (15)

Es gibt kaum ein Verbrechen, das man Gregor VII. in Brixen nicht zur Last legt. Von Meineid ist die Rede, von Zauberei, Brand, Mord. Kardinal Hugo Candidus, mit einemmal wieder auf der politischen Bühne aufgetaucht, spielt in Brixen eine ähnliche Rolle wie vor vier Jahren in Worms, behauptet, Gregor VII. sei schuldig am Tode von vier Päpsten, die durch seinen Vertrauten Johannes Brachiutus vergiftet worden seien (eine Behauptung, die durch nichts bewiesen ist!). „Er zerstört die kirchliche Ordnung; er hat Verwirrung über die Leitung des christlichen Reiches gebracht; er verfolgt den Tod des katholischen und friedfertigen Königs an Leib und Seele, er verteidigt einen Meineidigen und Verräter als König (Rudolf; W. L.); er hat Zwietracht unter die Einträchtigen gesät, Streit unter die Friedfertigen, Ärgernisse unter den Brüdern, Scheidung unter den Ehegatten; und alles, was es an Ruhe unter den frommen Lebenden zu geben schien, hat er erschüttert ..." (15)

Das Urteil ist einstimmig: Absetzung!

Neben Hugo Candidus und dem König unterzeichnen neunzehn italienische, sieben deutsche und ein burgundischer Bischof das Dekret.

Doch es bleibt nicht bei der Absetzung. Entweder noch am selben Tag oder aber am nächsten wählt die Versammlung einen neuen Papst. Heinrich IV., dem als römischen Patrizius nach altem Recht die erste Stimme bei einer Papstwahl zusteht, kürt Erzbischof Wibert von Ravenna, einen gelehrten und allseitig geachteten Mann.

Ob er bei dieser Wahl wirklich die bis auf Karl den Großen zurückgehende Rivalität zwischen Ravenna und Rom im Auge gehabt hat, ob er seiner Entscheidung dadurch einen historisch-ehrwürdigen Charakter geben wollte, daß er an Traditionen des großen Frankenkaisers anknüpfte, ist fraglich. Wahrscheinlicher war es wohl, daß Wibert von den zur Verfügung stehenden Kandidaten die am meisten integere, erfolgversprechendste und politisch klügste Persönlichkeit war. Er vertrat eine Richtung der Reform, die sich Gregors VII. militantem Machtstreben nicht angeschlossen hatte und für welche die päpstliche Gewaltpolitik im Gegensatz zur christlichen Ethik stand: „Der Christ soll nicht den Krieg bringen und lieber Unrecht leiden als es zu rächen."

Clemens, „der Milde" – so nennt sich Wibert als Papst, und das wohl mit gutem Grund. Clemens, so hatte sich auch der Bischof Suitger von Bamberg genannt, nachdem Heinrich III. ihn auf den apostolischen Stuhl erhoben. Mit Milde allerdings wird Wibert sein neues Amt wohl kaum behaupten können.

Hinter Clemens II. stand das Heer Kaiser Heinrichs III.; auch Clemens III. ist nichts ohne deutsche Schwerter!

Er scheint das zu ahnen, und so bittet er die Brixener Versammlung noch einmal um eine ausdrückliche Bestätigung seiner erzbischöflichen Würde von Ravenna. Die jedenfalls will er behalten! (Als Papst hat Clemens III. keinen großen Erfolg. Keine Papstliste nennt ihn – zwanzig Jahre wird er als Ursupator leben, und auch in seinem Gefolge wird Krieg kommen.)

Von nun an gibt es nicht nur doppelt besetzte Diözesen und

Klöster, kämpfen nicht nur zwei Könige um die Macht – es gibt auch zwei Päpste.

„O beklagenswertes Antlitz des Reiches!“ jammert ein Chronist, „alle sind wir gedoppelt! ... Die Päpste sind gedoppelt, die Bischöfe sind gedoppelt, die Könige gedoppelt, die Herzöge gedoppelt.“ (16)

Schüler Satans, Verbrecher, Antichrist – so tönen Gregors VII. Worte über Wibert von Ravenna.

Wieder ist der alte Mann im Lateran tief enttäuscht worden. Er war mit Wibert einst freundschaftlich verbunden gewesen, hatte sogar Anteil an dessen Erhebung zum Erzbischof. Nun stand der gegen ihn.

Doch Gregor reißt sich die Gefühle aus der Brust. Vielleicht gingen ihm in jenen Tagen die Worte des Propheten qualvoll über die Lippen, zusammengesunken im Gebet, ein jämmerliches Häufchen Mensch. „Der Herr Jahwe hat mir das Ohr geöffnet. Ich aber widerstrebte nicht, wich nicht zurück. Meinen Rücken bot ich den Schlagenden dar und meine Wangen den Raufenden. Ich verbarg mich nicht vor Schmähungen und Bespeien. Der Herr Jahwe war mein Helfer; ich wurde deshalb nicht zuschanden. Darum machte ich mein Angesicht zu einem harten Kiesel.“

Wibert, der die Schamlosigkeit einer Dirne habe, sei verflucht, dreimal verflucht.

Doch die Gläubigen sind zurückhaltender geworden gegenüber Gregors VII. Sprüchen. Der für Heinrichs IV. Ende prophezeite Tag ist herangekommen, der König hat im Gefühl seiner Macht Brixen in nördlicher Richtung verlassen – kein göttlicher Blitzstrahl zerschmettert, kein Steinschlag verschüttet ihn.

Auch Gregor weiß, daß seine Worte die Welt nicht mehr bewegen. Schwerter sollen es nun tun! An der Spitze eines Heeres will er Wibert aus Italien vertreiben.

Heinrich IV. ist in Deutschland gebunden. Er wird dem falschen Papst nicht zu Hilfe kommen können ...

Der Salier aber verharrt keineswegs untätig. Ihm ist klar, daß er seine Interessen in Italien mit Gewalt durchsetzen muß, wenn er nicht als bloßer Sprüchemacher betrachtet werden will. Voraussetzung aber dafür ist ein Ende des Krieges in Deutschland.

Im Oktober 1080 beginnt Heinrich IV. mit Heeresmacht über die Fulda und die Werra auf Thüringen zuzuziehen. Während er auf Erfurt marschiert, entdecken seine Späher nördlich vom Heer Reiter Rudolfs, die aber bald abbiegen und zur Unstrut ziehen. Heinrich nimmt Erfurt, plündert es, brennt es nieder.

Im nicht sehr weit entfernten Naumburg hört man mit Entsetzen davon – hatte man doch seit einem Jahr einen Bischof, der zu Rudolf hielt. Angstvoll schauen die Wächter Naumburgs nach dem Heer Heinrichs IV. aus. Wann werden am Horizont die ersten Rauchwolken brennender Dörfer das Nahen des Königs anzeigen? Dann melden Boten, daß auch Rudolf heranziehe. Wer wird die Stadt zuerst erreichen? Tagelang hängt Naumburg zwischen Leben und Tod – dann erscheint die Vorhut eines Heeres am Horizont. Es ist Rudolf!

Heinrich IV. ist mit seinen Bayern, Schwaben, Lothringern und rheinischen Aufgeboten in Eilmärschen zur Elster gezogen, wartet auf die Meißner und die Böhmen.

Am Donnerstag, dem 15. Oktober, ist dann auch Rudolfs Heer heran. Fast ganz Sachsenland war ausgezogen, der Adel zu Roß, die Bauern zu Fuß... Durch den Bach Grune getrennt, ziehen die Truppen nebeneinander her. Schmäh- und Schimpfworte fliegen hinüber und herüber.

Bei Hohenmölsen an der Elster dann krachen sie aufeinander. Wieder hebt eine stundenlange Metzelei an, und schon scheint es, daß sich Heinrich IV. das Glück zuneigt, als es Otto von Northeim gelingt, die Lage zu wenden. Mit verheerender Gewalt brechen sächsische Scharen in Heinrichs Lager ein, wo man von diesem Vorstoß völlig überrascht wird. Die Königlichen wenden sich nach kurzer, lascher Gegenwehr zur

Flucht. „Was aber die, die dem Schwert entronnen waren, an Beschwerden im Fluß, in den Wäldern und Sümpfen ertrugen, kann niemand glauben, der nicht all diese Orte mit eigenen Augen sah. Denn der Fluß hat hier auf beiden Seiten derartig steile Ufer, daß man auf der einen Seite nur im Sturz hineinkommen, auf der anderen aber nur, indem man sich an Gesträuch und Gras festhält, mühsam herauskriechen kann ..." (10)

Große Beute fällt in die Hände der Sachsen.

Doch als Otto von Northeim als strahlender Sieger ins sächsische Lager zurückkehrt, bleibt das Jubelgeschrei aus.

König Rudolf ist schwer verwundet.

Er hat eine böse Verletzung am Unterleib, und ein Schwerthieb hat ihm die rechte Hand abgetrennt. Nur kurze Zeit überlebt er die Nachricht vom Sieg.

In fast allen Schlachten jener Zeit war die Zahl derer, die im direkten Kampf getötet wurden – sieht man einmal von jenen ab, die man während der Flucht niedermachte – relativ gering. Überleben war eine Frage des Standes. Denn hieb man auch Bauern einfach nieder, bei Standesgenossen lag den Herren daran, durch eine Gefangennahme ein fettes Lösegeld zu erpressen. Die Zahl derer aber, die nach der Schlacht an oft nur geringfügigen Verletzungen starb, war hoch. Die Medizin der Zeit vermochte selbst kleine Wunden nur unvollkommen zu versorgen, so daß Wundfieber, Blutvergiftung, Infektionen usw. mehr dahinrafften als die Waffen der Gegner.

Bei Rudolf allerdings hätte selbst eine gute medizinische Versorgung wohl nichts mehr retten können.

„In den letzten Zügen liegend und seine abgehauene Rechte betrachtend, soll Rudolf unter schweren Seufzern zu den Bischöfen, die zufällig anwesend waren, gesagt haben: Sehet, das ist meine Hand, mit der ich meinem Herrn Heinrich durch einen Eid meiner Treue versicherte; sehet, schon scheide ich

Grabmal Rudolfs von Schwaben

von seinem Reich und vom gegenwärtigen Leben. Nun sehet zu, die ihr es bewerkstelligtet, daß ich seinen Thron bestieg, ... ob ihr mich den rechten Weg geführt habt!" (19)

Wenn diese Nachricht auch kaum der Wahrheit entspricht, der Chronist Frutolf von Michelsberg drückt aus, was man allgemein empfindet: Da war die Vision des Heiligen Vaters, der den Tod des Königs, nämlich Heinrichs, vorausgesagt hatte; da war die abgehauene Schwurhand Rudolfs – hatte nicht Gott gesprochen? Gegen Rudolf, aber auch gegen Gregor VII.?

Und den trifft noch ein zweiter Schlag.

Seine Hoffnung, mit Hilfe der Markgräfin Mathilde von Toskana Wibert aus Italien vertreiben zu können, zerbricht. Am Sterbetag Rudolfs wurden die Krieger Mathildes von einem lombardischen Heer in der Nähe von Mantua geschlagen.

Nun ist der Weg nach Italien für Heinrich IV. frei. Erst einige Tage nach der Schlacht an der Elster soll er vom Tode seines Gegners erfahren haben. Getroffen hat ihn diese Nachricht kaum. Als er später einmal im Dom von Merseburg verweilt, wo Rudolf begraben liegt, regt sich ein Mitglied seines Gefolges über die prächtige Grabplatte des Gegenkönigs auf. Heinrich IV. aber wehrt ab und erklärt, er wünsche, daß jeder seiner Gegner so prächtig begraben sei.

Wieder versucht der König, sich mit den sächsischen Fürsten zu verständigen.

Im nordhessischen Kloster Oberkaufungen verhandeln seine Gesandten mit sächsischen Vertretern. Doch zu einer Einigung kommt es nicht.

Vielleicht hätten die verhandelnden Kirchenfürsten einen gemeinsamen Nenner gefunden, aber Otto von Northeim, dem Dreinhauen vertrauter ist als Nachdenken, sprengt die Beratung: Es könne keinen Frieden geben für ein Vorhaben Heinrichs IV., das gegen den Papst, das Haupt der Partei, für die man hier stehe, gerichtet sei. (Noch vor kurzem hätte man in Sachsen Gregor nicht einmal als Mitglied, geschweige denn als Haupt der eigenen Partei betrachtet!) Alle Gespräche scheitern an Ottos Starrköpfigkeit. Schon zuvor hatte er auch den Vorschlag, daß Heinrich IV. nie wieder sächsischen Boden betreten werde und statt dessen den jungen Thronfolger Konrad als Statthalter einsetze, brüsk abgelehnt. „Oft habe ich gesehen, wie von einem schlechten Rind auch ein schlechtes Kalb geboren wurde; daher habe ich weder nach dem Sohn noch nach dem Vater Verlangen!" (10) Damit sind die Verhandlungen geplatzt.

Heinrichs Vertreter ziehen ab, doch es scheint, als ob nicht alle sächsischen Fürsten mit Ottos Auftreten einverstanden waren. Denn trotz harter Worte des Northeimers: Es geschieht nichts. Die Waffen ruhen. Die Fürsten aber wählen als Nachfolger für Rudolf von Schwaben einen neuen Gegenkönig: Hermann von Salm, ein kleiner Adliger von solch geringer Bedeutung, daß man ihn kaum zur Kenntnis zu nehmen braucht!

Im März 1081 macht Heinrich IV. sich mit einem Heer auf den Weg nach Italien.

Fern hinter seinem Rücken hängt die Drohung Ottos von Northeim: „Das aber sei Euch im voraus gesagt: Daß Ihr in Euren Gebieten rasch unerwünschte Gäste haben und nach der Rückkehr aus Italien Eure Besitztümer nicht so, wie Ihr es wünschtet, bewahrt finden werdet!" (10)

Die Krone im Süden

> Das hast du zum Lohn für deinen Wandel und dein Tun. Das kommt von deiner Bosheit, daß es so bitter um dich steht . . .
>
> (Jeremia 4,18)

Ein Kampf um Rom

Am 21. Mai 1081 – es ist der Freitag vor Pfingsten – bietet sich Roms Bevölkerung ein imposantes und gleichzeitig beängstigendes Schauspiel: Am rechten Ufer des Tiber, nördlich der Leostadt, zieht das Heer Heinrichs IV. auf.

Von der sicheren Höhe der Mauer herab beobachten die Römer mit Gelassenheit das militärische Schauspiel. Seit langem weiß man von Heinrich IV. Vorrücken, ist gerüstet. Mag diesen oder jenen auch beim Anblick der anrückenden Kriegsmacht ein banges Gefühl beschleichen – der Hauptteil der Bevölkerung ist eher belustigt über den Hochmut des deutschen Königs, der sich einbildet, Rom zu bezwingen, Rom, das stolze, ewige Rom, das sich seit den Zeiten des Goten Totila nicht mehr gebeugt hat.

Vor ungefähr sechs Wochen hatte der König italienischen Boden betreten. Seine Streitmacht war jämmerlich gewesen: Ministerialen, sechzig Reiter des Grafen Wiprecht von Groitzsch, dreihundert des Böhmenherzogs. Es war nicht das Reichsheer, das nach Italien zog. Die wenigen Bewaffneten Heinrichs schreckten kaum jemanden. Doch das änderte sich schnell.

Von überallher strömten ihm Aufgebote des lombardischen Adels und der Städte zu. Verona, Pavia, Ravenna, Lucca – gerade in den oberitalienischen Städten schuf Heinrich IV. sich treue Partner. Auch hier strebte ein selbstbewußtes Bürgertum nach mehr Freiheiten. Der König vergab großzügig Privilegien. Er erkannte, daß der wirtschaftlichen Macht der lombardischen Städte eine Schlüsselstellung im Kampf gegen Gregor VII. und die mit ihm verbündete Markgräfin Mathilde zukam, und er tat alles, um die Städte an sich zu binden. Wieder tritt das Bürgertum an die Seite des Königs!

Nun sähe man, verkünden lauthals die Gregorianer, daß Heinrich hier in Italien das gleiche tun wolle wie in Deutschland: Zwietracht sähen, das Gift des Bürgerkrieges ausbreiten und die Ruhe des Friedens stören.

Doch Heinrich widerspricht.

In einer Botschaft an Geistlichkeit und Volk Roms erklärt er, daß er nicht komme, um Frieden und Eintracht zu zerstören, sondern um den alten Hader zwischen weltlicher und geistlicher Gewalt öffentlich zu beseitigen.

Heinrich IV. baut auf Roms Bevölkerung.

Doch anstatt dem heranziehenden König Gesandtschaften entgegenzuschicken und ihn mit Pomp in die Stadt einzuholen, verstärkt Rom seine Mauern und Bastionen, „als hätte der Punier Hannibal die Alpen überschritten". (4)

Voller Zuversicht schreibt Gregor VII. an den Abt Desiderius von Monte Cassino: „Du sollst wissen, daß die Römer und die, welche um uns treu sind, treu und mit willfährigem Mut für Gottes und für unseren Dienst in allen Dingen bereit sind." (12)

Es mag römischer Stolz, lokalpatriotisches Denken sein, daß man zu Gregor VII. hält; mit Sicherheit aber wird diese Haltung durch gewaltige Summen aus der Schatzkammer des Lateran gestärkt. Heinrich IV. aber glaubt an seinen Erfolg bei den Römern. Mit Erzbischof Wibert im Gefolge überquerte er Anfang Mai die Apenninen, legte im Bergkloster Vallombrosa noch einmal Rast ein, bevor er in die Toskana hinabstieg ...

Vor ihm, in einer welligen Ebene mit kleinen Gruppen von

Zypressen, Pinien und Ölbäumen, lag Rom. In weitem Bogen durchschnitt der Tiber die Landschaft, hin zum Meer und den fieberschwangeren pontinischen Sümpfen. In und um die Stadt der sieben Hügel trauerten die Trümmer antiker Bauwerke vergangenen Zeiten nach. Rom ragte aus der Tiefe der Geschichte herauf, und noch immer hatte es nichts von seiner Bedeutung verloren. Aus dem politischen Zentrum war das geistige Zentrum der Welt geworden. Schimmernd kündeten die Türme der Kirchen davon: Santa Maria Maggiore, San Lorenzo, San Paolo, Santa Croce in Gerusalemme und hinter dem Vatikanischen Hügel San Pietro, die Krönungskirche – Ziel aller deutschen Herrscher, die hierher gezogen waren.

Die Hoffnung, daß Roms Bevölkerung ihm die Tore der Stadt öffnen werde, erfüllt sich nicht. Bei seinem Heranrükken sieht er „Lanzen statt Wachslichter, Bewaffnete statt der Chöre von Geistlichen"; er hört „Schmähungen statt der Lobsprüche, wildes Geschrei statt der Beifallsbezeugungen", wie ein gregorianischer Schreiber vermerkt. (11)

Weder an Belagerung noch an Erstürmung aber kann Heinrich im Moment denken. Rom hat sich ihm verweigert – er muß dies zähneknirschend akzeptieren.

Während in den Kirchen der Stadt feierliche Choräle das Pfingstfest einleiten, begeht der König in einem Zelt, inmitten seines Heeres, auf dem neronischen Feld mit den Geistlichen seines Gefolges die Ausschüttung des Heiligen Geistes.

Doch so recht friedvolle Stimmung will nicht aufkommen, und Heinrich werden eher Gefühle der Rache als der Frömmigkeit durchströmt haben. Schon kurz nach Pfingsten müssen die Römer, die noch vor wenigen Tagen über den ausgesperrten König gelacht haben, sehen, daß der so etwas nicht hinnimmt: Sein Heer beginnt das Land zu verwüsten.

Die Burgen in der Umgebung werden gebrochen, die Dörfer zerstört, Güter geplündert, die Landschaft verheert. Draußen ist der Krieg, in der Stadt ist die Furcht. Sechs Wochen hauen die Krieger Obstbäume um, brechen das Korn nieder, treiben Viehherden davon. Not und Hunger sollen über Rom kommen und seine überhebliche Bevölkerung.

Bis Ende Juni bleibt Heinrich IV. vor der Stadt. Dann kommt der südliche Sommer mit seiner mörderischen, krankheitsverseuchten Hitze; aus den pontinischen Sümpfen kriecht das Fieber, und die Menschen welken dahin.

„Ich weiche niemandem außer Gott – und Italiens brennendem Himmel!" Konrad II., der Großvater Heinrichs, hatte das gesagt; doch jeder deutsche Herrscher empfand ähnlich. Es war fast unmöglich, ein Heer unbeschadet durch die Hitze des italienischen Sommers zu bringen. (Man wird daraus wohl schließen können, daß Heinrich IV. festen Glaubens war, die Römer würden ihm die Tore der Stadt öffnen. Für einen Feldzug gegen sie war die Jahreszeit viel zu ungünstig.)

Die Hitze flimmert über der Toskana, als Heinrich IV. nach Norden abzieht, um nunmehr die Axt an die Stellung der mächtigsten Bundesgenossin Gregors VII. zu legen.

In Lucca hält er Gericht über die Markgräfin Mathilde, entzieht ihr wegen Hochverrats alle ihre Lehen und Güter – doch die hat sie längst der Kirche vermacht, und es bleibt beim bloßen Spruch. In der sicheren Position der lombardischen Städte sammelt Heinrich IV. neue Kräfte – und er wird Vater. Bertha, die still und schattengleich in jenen Jahren stets neben dem König ist, bringt ihm wieder einen Sohn zur Welt. Er bekommt den Namen Heinrich!

Auch Gregor VII. schaut sich nach Bundesgenossen um.

Groteskerweise hatten sowohl er als auch der König dieselbe Macht im Auge: die Normannen. Doch so, wie der Normannenherzog Robert Guiskard die von Heinrich IV. vorgeschlagene Verbindung zwischen dem achtjährigen Konrad und seiner Tochter sowie die damit verbundene Belehnung mit der Mark Fermo höflich, aber bestimmt ablehnt, so erhält auch der Papst vom Lehnsmann des heiligen Petrus nur hinhaltende Antwort.

Der „Schlaukopf" Robert, den andere viel treffender „ter

ror mundi" – Schrecken der Welt – nennen, hat andere Pläne. Er schaut nach Osten, wo Schätze locken, von denen der deutsche König und auch der Papst nicht einmal träumen. Mit 1300 normannischen Rittern und 15000 Lombarden und Italienern setzt er über die Adria und fällt ins Byzantinische Reich ein. Er ahnt nicht, daß er ungewollt damit Heinrich IV. einen Verbündeten zuführt. Denn nach neuerlichem Zug vor Roms Mauern, nach abgeschlagenem Sturm, nach Plünderungen der Umgebung kann der König zu Ostern 1082 im Hoflager bei Albano unvermittelt Gesandte des byzantinischen Kaisers Alexios I. Komnenos empfangen. Der Byzantiner sucht, von Guiskards Truppen bedrängt, ein Bündnis, und er weiß es durch kostbare Gaben lukrativ zu machen: Stücke vom heiligen Kreuz, der Dornenkrone und dem Schweißtuch Christi. Überzeugt haben aber mag Heinrich ein anderes Angebot: Alexios bietet Hilfsgelder für den Kampf gegen Gregor VII. Und da Rom eher durch Gold als durch Schwerter zu nehmen ist, geht Heinrich auf das Angebot ein. Es ist ein reines Zweckbündnis, das da geschlossen wird. Jeder hofft, den anderen für seine Ziele benutzen zu können: Durch byzantinisches Gold soll Rom fallen; königliche Präsenz in Unteritalien soll Giuskard vom weiteren Vordringen in byzantinisches Gebiet abhalten.

Noch andere Dinge werden im Lager von Albano geregelt. Es gelingt dem König, den Normannenherzog Jordan von Capua auf seine Seite zu ziehen. Der mit seinem Vetter Guiskard verfeindete Jordan schwenkt in der Hoffnung auf königliche Unterstützung auf Heinrichs IV. Seite, erkennt dessen Lehenshoheit über Süditalien an. Damit ist zum einen ein wichtiges Glied aus Gregors VII. normannischer Schutztruppe gebrochen; zum anderen aber auch eine Macht geschaffen worden, die ein Gegengewicht zu Guiskard darstellen kann. Und es mag durchaus auch in byzantinischem Sinne sein, daß Jordan von Capua in Apulien wohl sogar eifrig die Unruhen gegen Robert schürt. Sie nehmen solche Wucht an, daß Guiskard wenig später wirklich eilends dorthin zurückkehren muß und nur mit Mühe wieder Frieden schaffen kann. (Byzanz ist der drohenden Gefahr normannischer Eroberer vorerst entronnen, wenn auch Guiskards Sohn Bohemund an der griechischen Front bleibt.) Heinrich IV. aber hat den ungeliebten Gegner nun wieder gefährlich nahe. Aber noch verhält sich der „Schrecken der Welt" ruhig.

Der Frühling 1083 sieht den König erneut vor Rom.

Zwei Jahre wird die Stadt nun schon belagert. Längst ist die zuversichtliche Begeisterung der Römer in trüben Unmut umgeschlagen. Der Hunger beginnt sich zu melden, und das Gold, das Guiskard statt der Krieger an den Papst schickt, macht nicht satt. Vor der Stadt erheben sich Belagerungsmaschinen, Widder rammen gegen die Mauern, immer wieder versuchen Krieger, auf Leitern die Mauern zu ersteigen. Steine, Geschosse, Holzbalken fliegen ihnen entgegen... Beiderseits wird mit Todesverachtung gekämpft. Die einen macht die Hoffnung auf einen strahlenden Sieg und eine reiche Beute beherzt, die anderen schöpfen ihren Mut aus der drohenden Gefahr.

Eine Woche nach Pfingsten dann gelingt den Königlichen ein bedeutender Erfolg: Während der Mittagszeit, da Belagerer und Belagerte sich vor der Hitze zurückgezogen haben und der Kampf ruht, schleicht sich ein Schildknappe zur Mauer, um Lanzen einzusammeln. Und zu seinem Erstaunen bemerkt er, daß sowohl Mauer als auch Schutzwehr nicht bewacht werden. Leise schleicht er näher, erklimmt die Höhe der Mauer, winkt seinen Gefährten. Leitern werden angelehnt, und ehe die herbeieilenden Verteidiger so richtig wissen, was geschehen ist, sind die Königlichen in der Stadt.

Das gesamte Gebiet des Vatikans fällt in Heinrichs IV. Hand – doch der Triumph ist unvollständig. Gregor VII. ist in die Engelsburg geflohen, deren gewaltiger Klotz uneinnehmbar am Tiberufer liegt. Der ursprünglich als Grabmal Kaiser

Hadrians errichtete Riesenbau war längst zur Festung umgewandelt worden. Goten lagen vor seinen Mauern und die Krieger deutscher Kaiser – immer hatte die Engelsburg standgehalten.

Von der Höhe des Mausoleums herab mag Gregor seinen Gegner vielleicht inmitten von Rittern und Bischöfen auf dem Wege nach Sankt Peter beobachtet haben – das ist aber noch kein Grund für ihn, aufzugeben. Und wenn Heinrich IV. im durchaus verständlichen Überschwang seiner Gefühle eine Urkunde unterzeichnet: „Heinrich, Heinrichs des zweiten Kaisers Sohn ... zu Rom nach Einnahme der Stadt", so ist das schlichtweg übertrieben. Noch ist die Stadt nicht unterworfen. In ihrem freien Teil hält man nach wie vor zu Gregor VII., und der denkt nicht an ein Zurück.

Auf engstem Raum stehen sich die Kontrahenten gegenüber; einander näher kommen sie nicht. Heinrich hat durchaus nichts gegen eine Einigung mit dem Papst – zu seinen Bedingungen natürlich. Gregor soll im Angesicht der ganzen Kirche einer Untersuchung seiner Amtszeit zustimmen und sich vor ihm rechtfertigen. Der Papst seinerseits ist nur bereit, Heinrich zum Kaiser zu krönen, wenn der Buße tut und ihm den Treueid leistet.

Die Standpunkte sind viel zu unterschiedlich, als daß eine Annäherung stattfinden könnte.

Und wie zum Trotz zeigt Gregor VII. noch einmal der Welt, wie er denkt: Am 24. Juni spricht er erneut den Bann gegen Heinrich IV. und Clemens-Wibert aus.

Vier Tage später läßt daraufhin der König seinen Papst in der Peterskirche einen feierlichen Gottesdienst zelebrieren, zeigt den Römern, daß er zu Wibert steht (den er im übrigen aber wohl schnell hätte fallenlassen, wäre eine Einigung mit Gregor VII. möglich gewesen).

Doch die Römer sind müde.

Der Hunger, der nicht enden wollende Krieg, die Isolation – sie greifen begierig nach jeder sich bietenden Chance, scheren sich wenig um Gregors VII. Proklamationen und beginnen mit dem König zu verhandeln.

„Wir versprechen dir, König Heinrich, den Papst Gregor zu veranlassen, dich zu krönen. Sollte er sterben oder fliehen oder sich weigern, so werden wir nach deinem Willen einen anderen Papst nach den kanonischen Vorschriften wählen und diesen zwingen, dich zu krönen..." (15) Auch Roms Geistlichkeit opponiert gegen ihr Oberhaupt; und als das gar anfängt, Kirchenvermögen für den Kampf gegen Heinrich IV. zu verwenden, da erklären sie kategorisch: Solches dürfe nicht für die weltliche Kriegführung angetastet werden. Mit anderen Worten heißt das: Der Kampf Gregors VII. gegen den deutschen König ist für sie keine Sache der Kirche, sondern eine Privatangelegenheit. Soll man sich für die persönliche Rache des Papstes weiterhin opfern?

Die Römer haben ihre Antwort bald gefunden.

Zu Anfang 1084 macht sich eine Gesandtschaft auf den Weg zu Heinrich, der gerade wieder einmal einen Zug ins Gebiet von Guiskard unternimmt, und bittet ihn, die Stadt in Besitz zu nehmen.

Am 21. März 1084 zieht der deutsche König wie vorzeiten der Gotenkönig Totila durch die Porta San Giovanni in Rom ein. Im Lateran schlägt er seine Residenz auf.

Wie ein freudiger Jubelschrei klingt sein Brief an den Bischof Theodcrich von Verden: „Am Tage des heiligen Benedikt sind wir in Rom eingezogen..., unglaublich scheint mir das, was sich nun als volle Wahrheit erweist.... Denn als wir schon daran verzweifelten, Rom zu nehmen, und nach Deutschland heimkehren wollten, da baten die Römer, indem sie Gesandte schickten, wir mögen in Rom einziehen..., und als wir einzogen, nahmen sie uns mit höchster Freude auf..." (9)

Der Kampf um Rom ist beendet – der Kampf um Rom dauert fort!

Der Ravennater Jurist Petrus Crassus, der sich neben seinen rechtspolitischen Traktaten zur Unterstützung Heinrichs IV. auch poetisch betätigt, feiert die Einnahme der Ewigen Stadt. „Alle Welt freut sich, daß der König den Triumph davontrug“ und: „Römische Wildheit sank durch ihren Übermut darnieder.“ Die Krieger im Heer Heinrichs IV. aber können noch immer ein Lied von römischer Wildheit singen, denn die Stadt ist noch lange nicht fest in der Hand der Königlichen.

In ihren festungsartigen Türmen haben sich Gregors VII. adlige Anhänger verschanzt – auf dem Palatin, beim Kapitol, auf der Tiberinsel. Stück für Stück müssen diese genommen werden. Rammböcke krachen gegen Mauern, Sturmleitern wachsen in den Himmel; über Rom hängt Brandgeruch.

Nur die Engelsburg trotzt jedem Angriff; hinter ihren Mauern wartet Gregor VII. auf seine Stunde. Nicht Unterwerfung soll sie sein, sondern Triumph!

Er schiebt die Aufforderung des sogenannten Königs, sich vor einem Parlament der Römer, Bischöfe und Herren zu rechtfertigen, beiseite. Er erwartet keine Gerechtigkeit von Menschen. Gefangener Heinrichs IV., den Rest des Lebens verdämmernd in einer abgelegenen deutschen Burg – diese Vision schreckt ihn. Ruhelos streift er durch die Gänge der Engelsburg, während zu seinen Füßen im Lateran einstimmig erneut seine Absetzung beschlossen wird.

Der Palmsonntag 1084 sieht dann Wiberts feierliche Amtseinsetzung. Clemens III. – das Schisma ist perfekt!

Doch Erzbischof Gebehard von Salzburg versäumt nicht, alle Welt sogleich in Kenntnis zu setzen, was man von jenem Papst zu erwarten habe. „Es hüte sich ... ein jeder Christ, sein Haupt vor dem Antichristen zu beugen und die Bildsäule ... anzubeten ... Denn ein jeder, der ihm Gehorsam gegeben haben wird, gehorcht dem, der gesagt hat: Ich werde meinen Sitz auf den Norden stellen, und ich werde dem Höchsten ähnlich sein (Jesaja 14,13)“ (7) In Rom sitzt also jetzt nach Erzbischof Gebehards Ansicht der Abgesandte des Teufels.

Das Geschrei der Gregorianer wird Heinrich IV. wenig beeindruckt haben – er hat sein Ziel erreicht: die Kaiserkrönung. Die ganze Zeremonie läuft nach strengem Ritus ab, und auch Heinrich wird sich dem unterworfen haben. Ihm lag äußerst viel daran, nicht durch etwaige Formfehler die Gültigkeit dieser Krönung in Frage zu stellen.

Durch die Trümmer der Kämpfe zogen er und seine Gemahlin Bertha am Ostersonntag 1084 hoch zu Roß zum Lateran hin. In den Gassen jubeln die Römer und gieren nach den Münzen, die königliche Beamte aus großen Körben in die Menge streuen. Am Gipfel der Treppe, die zu Sankt Peter hinanführt, wartet Papst Clemens III. in feierlichem Ornat, sieht den König, der gesenkten Hauptes die Stufen hinaufschreitet.

Allein sind sie auf der Höhe der Treppe von Sankt Peter; der König beugt das Knie vor dem Papst, küßt ihm den Fuß und schwört feierlich, allzeit die Kirche zu beschützen.

Dann beginnen die Glocken zu läuten. Weithin wird der Klang getragen.

Aus dem Inneren der Basilika wehen Heinrich IV. Choräle entgegen.

Geführt vom Lateranischen Pfalzgrafen, schreitet der König durch die silberne Pforte der Kirche. Dann kniet er neben Clemens auf der Rota Porphyrica, einer im Boden des Bauwerkes eingelassenen kreisrunden Porphyrplatte. Langsam spricht er das Glaubensbekenntnis: „Ich glaube an Gottvater, den Sohn und den Heiligen Geist . . .“ In der Sakristei der Peterskirche wird der König dann neu eingekleidet. Der Papst streift ihm die neuen Gewänder über, die ihn zum Kleriker machen, zum Angehörigen der großen, allgewaltigen Kirche.

Knisternd brennen die Kerzen in den Kandelabern, und ein dünner Rußfaden schwingt sich hinauf zur gewölbten Decke.

In geistliche Gewänder gehüllt, auf dem Haupt die Mitra und goldene Sandalen an den bloßen Füßen, schreitet Heinrich zum Altar des heiligen Mauritius. Hinter ihm steht Bertha, sieht, wie man ihrem Gatten den Nacken und den rechten Arm salbt.

Die Feierlichkeit des Augenblickes, der mystische und schwerfällige Pomp, die großartige Monotonie der Gebete und Gesänge in dem uralten Dom, der voll ist von erhabenen Erinnerungen, erschüttern die Menschen in tiefster Seele.

Auf dem Altar des Apostelfürsten Petrus aber liegt funkelnd der Gipfel allen menschlichen Ehrgeizes: die Krone Ottos des Großen. Der goldene Ring, das Symbol des Glaubens und der Beständigkeit des katholischen Regiments, wird Heinrich an den Finger gesteckt; er wird mit einem Schwert umgürtet – und dann spürt er den sanften Druck auf dem Haupt.

„Nimm das Zeichen des Ruhms, das Diadem des Reiches, im Namen des Vaters, des Sohnes und des Heiligen Geistes. Sage dich los von dem Erzfeind und aller Sünde; sei gerecht und erbarmend und lebe in so frommer Liebe, daß du einst von unserem Herrn Jesus Christus im Verein der Seligen die ewige Krone empfangen magst."

Das gewaltige Kirchenschiff hallt wider vom aufjauchzenden Gesang aus Hunderten von Kehlen, vom „Gloria" und dem Ruf „Leben und Sieg dem Kaiser!", vom nicht enden wollenden Jubelgeschrei des Gefolges.

Der Ruf springt über auf die vor dem Dom Wartenden, dringt in die Tiefe der Gassen und Straßen von Rom, steigert sich noch, als der Kaiser nach einer Reihe weiterer zeremonieller Handlungen aus der Dämmerung von Sankt Peter heraustritt und sich unter donnerndem Geläut der Krönungszug formiert.

Der Jubel dringt hinauf zur Engelsburg, frißt sich in Gregors Herz. „Ich rufe, schreie und verkünde euch ohne Unterlaß, daß der wahre Glauben zum Gespött des Teufels geworden ist!"

Doch Rom hört ihn nicht!

Von den Zinnen seines Asyls, das ihm gleichzeitig Gefängnis ist, sieht er die Trümmer der Leostadt, sieht den „Antichristen" Wibert mit seinen neuernannten Kardinälen, hört von politischen Umgestaltungen in der Stadt, und er hat nur noch eine Hoffnung: Guiskard.

Päpstliche Boten durcheilen die Campagna südwärts, werfen sich dem Normannenherzog vor die Füße: Hilf, im Namen Sankt Peters! Sankt Peter aber ist dem Herzog ziemlich gleichgültig, für ihn wird er nicht zum Schwert greifen. Etwas anderes reißt ihn aus seiner Reserve: Heinrich IV. hat Rom genommen; die Position des Kaisers in Mittelitalien ist damit so gefestigt, daß es zu einer Gefahr für die normannischen Gebiete im Süden des italienischen Stiefels werden könnte!

Terror mundi – der Schrecken der Welt – setzt sich in Bewegung. Über 35000 Normannen, Lombarden, Apulier, Calabresen und sogar Sarazenen marschieren nach Norden, vorangetrieben von der Hoffnung auf eine Beute, die man in Byzanz nicht hatte holen können. Täglich wird Gregor VII., der durch Abt Desiderius von Monte Cassino vom Anrücken Guiskards erfahren hatte, von der Höhe der Engelsburg in die Ferne geschaut haben, wo die Vorhut der Normannen auftauchen mußte.

Nun war die Stunde der Vergeltung gekommen.

Aber auch Heinrich IV. ist von diesem Zug unterrichtet worden, und das wohl mit Billigung des Normannenherzogs. Dem lag nicht sehr viel an einer Schlacht mit dem Kaiser – wahrscheinlich hätten die normannischen Krieger, die zu den gefürchtetsten der Welt zählten, gesiegt, doch es wäre wohl ein sehr teuer erkaufter Sieg geworden.

Heinrich IV. versteht den Wink des Normannen.

Es besteht für ihn kein Grund, sich in einen Kampf einzulassen. Er hat erreicht, was er wollte.

Warum diesen Erfolg aufs Spiel setzen? Und konnte er sich denn überhaupt auf die Römer verlassen? Würden sie ihm nicht in den Rücken fallen? Zu viele Anhänger Gregors VII. wirken noch heimlich in der Stadt. Die Vorgänge in der Kirche Santa Maria auf dem Adventin geben ihm noch immer zu denken:

Hier hatte der Kaiser sich einen Lieblingsplatz für sein Gebet ausgesucht, was von einem „ruchlosen Menschen“ entdeckt worden war, und der, „von eigener oder wahrscheinlich noch von fremder Tücke angestachelt“, plante einen Anschlag auf das Leben Heinrichs IV. Genau über dem Haupt des Kaisers hatte er ein Stück der Deckentäfelung entfernt, durch das er dann einen schweren Steinbrocken hinabstürzen wollte. Das Attentat aber schlägt fehl. Der Missetäter stürzt mitsamt dem Stein herab, findet den Tod; der Kaiser bleibt unverletzt.

Wenn auch die wutentbrannten Anhänger Heinrichs IV. den Körper des Attentäters förmlich in Stücke rissen – er selbst ist nicht so naiv zu glauben, daß damit sein letzter Gegner in Rom erledigt sei.

Die Stadt mag ihn nicht – er scheint das zu spüren.

Nie hat sie ihre Eroberer geliebt, sie höchstens im Moment vorübergehender Schwäche geduldet. Manches von der Größe der Cäsaren war in dunklen Jahrhunderten verlorengegangen – der Wille zu herrschen nicht.

Auch Heinrich IV. wird kaum ein Verhältnis zu Rom gefunden haben. Die Stadt bleibt ihm fremd, und er kann wohl auch nicht vergessen, daß er so lange vergeblich um ihre Gunst buhlen mußte. Das römische Selbstbewußtsein kollidiert mit Heinrichs Herrschersendung. Rom – das war für ihn die Kaiserkrone und der apostolische Stuhl. Weiteres hielt ihn nicht hier.

Das Grab der Mutter, die im Dezember 1077 in Rom gestorben und in einer Seitenkapelle von Sankt Peter begraben worden war, hat er wohl nicht einmal aufgesucht. Eine Fremde war sie für ihn, eine Anhängerin Gregors VII., die der römischen Freiheit die Liebe zu ihrem Sohn geopfert hat.

Am 21. Mai verlassen Heinrich IV. und Wibert-Clemens Rom. Auf der Flaminischen Straße ziehen die Deutschen und Lombarden ab. Zurück bleiben jubelnde Gregorianer und zutiefst bestürzte Anhänger des Kaisers, die noch immer seine Worte im Ohr haben, dringende Geschäfte riefen ihn fort.

Erst ist es nur ein Gedanke, dann ein Flüstern, dann schreit man es hinaus: Der Kaiser, dem man die Stadt übergeben hatte, hat sie preisgegeben!

Resignierend bezieht man wieder Posten auf den Wällen ...

Drei Tage, nachdem Kaiser Heinrichs Heer Rom verlassen hat, rückt von Südosten auf der alten Via Tusculana Guiskard heran. „Der Schrecken der Welt“ fällt über Rom.

„Guis-kaaard! Guis-kaaard!“

Der Schlachtruf der Normannen weckt in der Morgendämmerung des 28. Mai 1084 die Stadt.

Ohne nennenswerte Gegenwehr nehmen Guiskards Truppen Rom. Über die Tiberbrücke reitet der Normannenherzog zur Engelsburg hin – und dann müssen sie sich gegenübergestanden haben: der kleine, schmächtige, vom Gram verhärmte Papst und der kräftige, derbe Robert Guiskard.

Unter dem Jubel seiner Anhänger trägt man Gregor VII. zum Lateran, und der Papst segnet die Waffen seiner Befreier.

Währenddessen fallen diese Befreier über Rom her. Plünderungen, Privileg jeglichen Eroberers, durchtosen die Stadt; Vergewaltigungen und Mord sind an der Tagesordnung. Bürger Roms werden in die Sklaverei weggeführt.

Drei Tage duldet die Stadt, dann kann sie nicht mehr. Während eines Festmahles zu Ehren der Befreier fallen römische Adlige über die Peiniger her. Blut vermischt sich mit Wein. Der Kampf weitet sich aus, frißt sich durch die Straßen. Dann flammt Feuer auf (manche werden später behaupten, Guiskard habe den Befehl dazu gegeben), findet üppige Nahrung.

Paläste, Kirchen, Häuser sinken in Schutt und Asche. Als alles vorbei ist, hat sich Rom in ein rauchendes Trümmerfeld verwandelt. Die Paläste auf dem Palatinhügel, die Prunkvillen auf dem Marsfeld, die Villen auf dem Aventin, die frühchristlichen Basiliken – dahin.

Nur das Colosseum, das Grabmal des Augustus, die Säule des Kaisers Marc Aurel ragen einsam aus den qualmenden Ruinen. Bischof Hildebert von Tours, der um 1106 die Stadt besucht, seufzt: Roma fuit – Rom, du warst!

„Ich habe die Gerechtigkeit geliebt..."

Wenn dein Gesetz nicht mein Trost gewesen wäre, so wäre ich vergangen in meinem Elend.
(Psalm 119,92)

Mit dem brennenden Rom war auch Gregors VII. Stern untergegangen. Die geschändete Stadt brodelte in dumpfer Wut gegen jenen, der die Peiniger gerufen hatte. Ausgespien wurde der Name des Papstes, den man noch vor Jahren so lautstark gepriesen hatte.

Verflucht sei Heinrich IV., der die Stadt im Stich gelassen hatte; verflucht der Normanne, der sie ins Elend gestoßen; dreimal verflucht aber der, der sich „Knecht der Knechte Gottes" nannte! Über sein Haupt sollten all die Erschlagenen und Verstümmelten, die Sklaven und die Heimatlosen kommen!

Kein Wort, so wird berichtet, habe er zur Rettung Roms gesprochen, als der Normannensturm durch die Straßen getobt war. Doch selbst wenn es so gewesen ist – was hätte Gregors Wort ausgerichtet, wenn nicht einmal Guiskard seine zügellosen Truppen hatte bremsen können?

Aber es ist nicht die Stunde der Logik. Soviel Erbitterung, Haß und Zorn wabern in Roms Straßen, daß Gregor VII. klar wird: Dies ist nicht mehr „seine Stadt". Als das Heer Guiskards abzieht, da verläßt in dessen Gefolge auch er Rom.

Zwischen dem langen Zug der Beutewagen, in sicherer Entfernung vom Troß der versklavten Römer, holpert ein Gefährt mit einem alten Mann südwärts.

Fern im Norden verblaßt der Traum von der Herrschaft

Heinrich IV. und der Gegenpapst Wibert (links oben), Gregor VII. auf der Flucht aus Rom (rechts oben), Gregors VII. Wirken außerhalb Roms (links unten), Gregors VII. Tod (rechts unten)
(aus der Weltchronik Ottos von Freising, Mitte 12. Jh.)

über Deutschlands König; vor ihm steigt der Vesuv in den Himmel, öffnet sich Salerno – das Ende der Reise, der Flucht.

Über den blauen Wassern des Tyrrhenischen Meeres sucht Gregor VII. von hier aus unter dem Schutz normannischer Schwerter die einstige Größe wieder aufzurichten. Fast flehend geht sein Ruf in die Welt: „Stehet bei, eilet zu Hilfe eurem Vater und eurer Mutter, wenn ihr durch sie Verzeihung für alle eure Sünden und Segen und Gnade in diesem und im zukünftigen Leben zu finden wünschet!" Doch die „Getreuen des Heiligen Petrus" verschließen ihre Ohren vor dem Hilferuf aus Salerno. Was kann der alte Mann schon versprechen – über Segen und Gnade in diesem Leben entscheiden längst andere, und auch seine Kompetenz für das zukünftige Leben wird immer mehr angezweifelt.

Was, wenn Gott nun wirklich auf der Seite von Wibert-Clemens stünde und nicht auf der des Exulanten von Salerno?

„Wehe, o Schmerz", so klagt Gregor VII., „Juden und Sarazenen beobachten ihre Gesetze und glauben an sie. Wir Christen aber, berauscht von weltlicher Gier, vergessen alle Religion und Ehrbarkeit in unserem Übermut..."

Hat der Papst jetzt, am Ende seines Lebens, die Grenzen seiner bisherigen Politik erkannt? Keineswegs – der Übermut, den er beklagt, ist der Übermut der anderen! Er fühlt sich im Recht; und als am 25. Mai 1085 in Salerno sein Leben sich neigt, da soll er sterbend ausgerufen haben: „Ich habe die Gerechtigkeit geliebt und die Ungerechtigkeit gehaßt; deshalb sterbe ich in der Verbannung." (17)

Hoch über Salerno, im Dom San Matteo, den er selbst erst vor kurzem geweiht hatte, findet Papst Gregor VII. seine letzte Ruhe. Voller Maßlosigkeit und Härte, Rührseligkeit und Fanatismus, Selbstgefälligkeit und überzogener Religiosität hat er in den Jahren seines Wirkens kompromißlos die Idee der Reform, wie er sie verstand, durchzusetzen versucht. Doch die einstmals von Cluny geforderte Freiheit der Kirche geriet unter seinen Händen immer mehr zur Herrschaft der Kirche. Heinrich IV. sagte einmal, der Mönch Hildebrand habe gezeigt, daß er alle geistliche und weltliche Gewalt in seiner Hand vereinigen wollte, und dadurch sowohl die bisherige Ordnung der Kirche als auch die des Staates erschüttert.

Den meisten Zeitgenossen allerdings mag Gregor VII. weniger gewaltig erschienen sein. Die Tagespolitik sah ihn zu oft als Unterlegenen. Nichts von dem, was er wollte, hatte er wirklich durchzusetzen vermocht: Der Episkopat war weiterhin zum großen Teil unabhängig; die weltlichen Gewalten hatten sich Rom nicht unterworfen.

Es gibt nicht wenige, die meinen, Gregors VII. Talent sei an den Aufgaben, die er sich gestellt hatte, gescheitert. Das aber trifft nicht zu. Eher könnte man sagen: Seine Pläne scheiterten an den gegebenen gesellschaftlichen Realitäten. Noch war die deutsche Zentralgewalt stark, und die Fürsten, zeitweilige Verbündete des Papstes, waren zwar an einer Schwächung des Königs interessiert, an Unterwerfung unter Rom aber dachten auch sie nicht.

Was jedoch in den schwankenden Zeitläufen des ausgehenden 11. Jahrhunderts noch ohne sichtbare Ergebnisse blieb, sollte in den kommenden Jahrhunderten zur Größe emporwachsen. Rom als Zentrum der Christenheit, auf das man schaut und von dem aus die Kirche, ja die Welt gelenkt wird – das ist nicht zuletzt auch das Werk Gregors VII.

Mit dem Beginn dieser Entwicklung aber wird bereits der erste Stein zur Katastrophe gelegt. Die nun immer mächtiger aufblühende kirchliche Hierarchie, die Beschäftigung mit der eigenen Macht, die Haltung des von seinem erhabenen Sendungsbewußtsein durchdrungenen Klerus führten allmählich zur Isolierung. Die Kluft zwischen „Hochreligion“ und „Volksreligion“ wurde immer tiefer. Was sollten die Menschen mit einer Kirche, die sich von ihnen immer weiter entfernte? Es war nicht mehr ihre Kirche! Die Suche nach den ursprünglichen christlichen Werten ist vielen der in den kommenden Jahrhunderten auftauchenden Ketzerbewegungen genauso eigen wie gewissen innerkirchlichen Reformströmungen, und ungefähr 450 Jahre nach Gregor VII. sollte ein Wittenberger Mönch auftreten, mit seinem neuen Gottverständnis, mit seiner „wohlfeilen“ Kirche den Menschen neue Hoffnung und neuen Glauben geben.

Gregor VII. hatte dem Papsttum die Richtung auf die Weltherrschaft gewiesen – ob das wirklich ein Erfolg war...

Eine ungeheure Vitalität muß in diesem Manne gewesen sein, ein gewaltiger Geist ihn bewegt haben. Seine Briefe erreichten den Erzbischof von Canterbury wie auch den armenischen Erzbischof von Synnada; König Philip I. von Frankreich, Wilhelm der Eroberer von England, die Könige von Kastilien, Aragon, Ungarn mußten seine oft harschen Ermahnungen hören; der Kaiser von Byzanz empfing seine Botschaft genauso wie der König von Mauretanien.

Der Streit mit dem deutschen König war nur eine, wenn auch sehr wichtige Seite der Politik.

Man muß Gregor VII. nicht mögen; doch sollte man sich um Gerechtigkeit ihm gegenüber bemühen. Und diese verlangt, daß man deutlich sagt: Es war nicht (wie so manches Mal behauptet) persönliche Herrschsucht, die ihn vorangetrieben hat. Es war eine Idee, die in ihm glühte, der Glaube an die Macht, die er sich jedoch mehr erträumte, als daß er sie besaß.

Mit Sicherheit ist Gregor VII. eine der bedeutendsten Gestalten der Papstgeschichte. Als Mönch Hildebrand und später dann als Papst hat er die Kirche entscheidend geprägt. So gewaltig war das Gebäude seiner Gedanken, daß selbst die Zeitgenossen es nicht in seiner ganzen Größe zu ermessen vermochten.

Sein Leben war Zweck, sein Recht das Recht Gottes – das „Recht" der Welt aber war Unterordnung unter Rom. Die Kirche war Licht, die Welt Finsternis. Und selbst wenn er am Ende seines Lebens jener Welt hatte weichen müssen – die Idee war nicht zu verdrängen. Die kirchliche Ideologie hatte sich aus jahrhundertealter Erstarrung gelöst, sich den neuen Verhältnissen angepaßt. Der Schnitt, der die Kirche vom Reich abtrennen sollte, war getan. Nichts konnte ihn mehr heilen.

Im Jahre 1606 spricht Papst Paul V. seinen ehemaligen Amtsbruder heilig.

Noch auf dem Sterbelager hatte Gregor VII. all den um ihn versammelten Kardinälen und Bischöfen Verhaltensregeln gegeben. „Außer dem sogenannten König Heinrich und Wibert, dem Erzbischof von Ravenna, sowie denjenigen fürstlichen Persönlichkeiten, die deren Gottlosigkeit und Nichtswürdigkeit mit Rat und Hilfe begünstigen, sage ich alle ... los, und ich segne sie, insoweit sie unzweifelhaft glauben, daß ich diese Macht besitze!" (17)

Er kann sicher sein, daß seine Amtsnachfolger diese Politik weiterführen werden.

(Ein ebenfalls auftauchender Bericht, wonach Gregor VII. behauptet habe, er hätte Heinrich IV. Unrecht getan und ihn wie Clemens vom Bann gelöst, ist nicht glaubhaft!)

Gregors VII. Nachfolger, der Abt Desiderius von Monte Cassino, jedenfalls ändert die römische Haltung nicht. Er tut eigentlich überhaupt nicht sehr viel. Der Abt, der fast auf den Tag genau ein Jahr nach Gregors Tod in Rom gegen seinen Willen zum Papst gewählt wird und der sich nunmehr Victor III. nennt, ist nicht viel mehr als eine Übergangsgestalt auf dem Stuhle Petri.

Der gewandte, doch stets zur Versöhnung geneigte Kirchenmann verläßt schon vier Tage nach seiner Wahl das von wilden Unruhen geschüttelte Rom, in dem sich Gregorianer, Anhänger des Kaiser-Papstes Clemens und die normannische Besatzung blutige Gefechte liefern. Weder Bitten noch Drohungen vermögen ihn aus seiner klösterlichen Abgeschiedenheit zu locken; und als um Pfingsten 1087 die Lage der Kirche seine Anwesenheit in der Ewigen Stadt fordert, da hält er sich dort wieder nur acht Tage auf. Die zerrissene, verwilderte und verheerte Stadt schreckt ihn. Clemens, der im Vatikan residiert, steht wie eine dunkle Drohung über den Feierlichkeiten des Pfingstfestes.

Immerhin: Victor läßt keinen Zweifel daran, daß er der Idee Gregors folgen wolle, aber er bezweifelt, daß er die Kraft dazu hat. Die päpstliche Krone brennt ihm auf dem Haupt wie eine Dornenkrone.

Ein Kaiser kehrt zurück

Der soll ein König sein,
der wohl regieren und Recht
und Gerechtigkeit im Lande
üben wird.

(Jeremia 23,5)

Das verwundete Land

Als Heinrich IV. um die Jahresmitte 1084, nach mehr als dreijähriger Abwesenheit, wieder deutschen Boden betritt, da findet er ein vom Krieg geschütteltes Land vor. Viele Dörfer sind geplündert und niedergebrannt, ganze Landstriche verwüstet; traurig stehen Ruinen zerstörter Kirchen. Mord, Krankheit, Hunger schweben über Bayern und Schwaben.

„Alles Unrecht", so klagt Bischof Konrad von Utrecht, „bricht über dieses Zeitalter herein." Mit unvorstellbarer Brutalität und Rücksichtslosigkeit bekämpfen sich die Anhänger Heinrichs und die Truppen der Fürsten – die Last trägt das Volk, das längst an die Grenzen seiner wirtschaftlichen Existenz gebracht worden ist.

Die Welt ist düster und grauenvoll. „Die Leichname getaufter Christen liegen unbegraben umher, den bellenden Wölfen zum Fraße." Auf den brachliegenden Feldern wächst Unkraut. Es ist nur eine Frage der Zeit, bis Hungersnöte auftreten.

Bettlertrupps schleppen sich um Almosen bittend von Ort zu Ort; und wieder leben Prophezeiungen vom nahen Weltende und Jüngsten Gericht auf.

Wieder suchen die Menschen Halt in haltloser Zeit, suchen eine Autorität, an die sie glauben können. Ein Mönch, der an einem der ungezählten Kriegszüge teilnahm, berichtet: Einmal des Nachts, als er der „üblen Gerüche wegen“ das Feldlager verlassen und in einer Scheune Zuflucht gesucht habe, seien plötzlich aus der Dunkelheit Gestalten aufgetaucht. Ausgehungerte, heruntergekommene Weiber und Kinder waren es, die aus den Ruinen eines nahe gelegenen Dorfes gekrochen kamen, sich nun an ihn hängten. Er war die Kirche, war Ordnung und Autorität!

Voller Grauen floh er ins Lager zurück.

Die besonders in Süddeutschland herrschenden anarchischen Zustände begünstigten ein stetes Anwachsen der im Gefolge der Kirchenreform auftretenden Laienbewegung, das heißt, Menschen, die durch keinerlei kirchliche Gelübde gebunden waren, begannen sich in immer stärkerem Maße dem religiösen Leben zuzuwenden.

Die Verwirrung des Krieges und nicht zuletzt auch die Spaltung innerhalb der Kirche schreckten viele. „Deshalb entwichen fast alle Frommen, und zwar Geistliche ebenso wie Laien, vor derartigen Übeln in die Verstecke der Klöster, ... um wenigstens sich selber durch Verborgenheit zu retten.“ (14)

Aber bot die Kirche wirklich Frieden, war sie wirklich die Autorität, auf die die Menschen hoffen konnten?

Selbst in den Strudel der Kämpfe verwickelt, war sie kaum fähig, ihnen Zuversicht zu geben.

Kaiserliche Bischöfe stritten mit Gregorianern um die Macht, überhäuften sich mit den übelsten Vorwürfen – sprachen die einen von Verrat an der Kirche, so tönten die anderen, sie hätten keinen Papst als den Kaiser!

Wo lag Segen, wo lag Fluch?

In eben jenen unruhigen Zeiten lebt in Süddeutschland eine Bewegung auf, die vieles mit der Laienbewegung der Pataria in den lombardischen Städten gemeinsam hat – doch entwickelt sie sich auf dem Lande.

Ausgangspunkt war das kleine Schwarzwaldkloster Hirsau,

das unter seinem Abt Wilhelm von St. Emmeram einen höchst bedeutungsvollen Weg eingeschlagen hatte.

Der lange, hagere Abt mit dem kahlen Schädel und der dunklen Gesichtsfarbe, an dem – so die Klosterannalen – besonders seine großen Hände und seine laute Stimme auffielen, war ein eifriger Verfechter klösterlicher Freiheit und stets auf der Suche nach dem vollkommenen Mönchsleben. Und so wurde Hirsau Geburtsstätte einer Bewegung, die angehaucht vom Geiste Clunys und doch in manchem anders war.

Zwar ähnelten die Hirsauer Gewohnheiten den strengen cluniazensischen Regeln; aber eine völlige Unabhängigkeit von der weltlichen Gewalt, wie sie in Cluny gefordert wurde, schien Abt Wilhelm in jenen unruhigen Zeiten weder sicher noch heilsam – hätte sie doch zugleich auch Schutzlosigkeit bedeutet.

Die Hirsauer Bewegung lehnte sich daher stark an den mittleren Adel an, drängte den Einfluß kleinerer Adelssippen zurück, die bisher zu sehr in klösterliche Belange eingegriffen hatten. Im Schatten ihrer Beschützer und Gönner arbeiteten die Hirsauer an ihrem Reformwerk. Süddeutschlands Adel zeigte sich durchaus aufgeschlossen; bedeutete doch jede Stärkung der Reform eine Schwächung des Kaisers und der damit verbundenen Reichskirche. Adel und Reform verbanden sich.

Der Einfluß der Ministerialen, die bisher aus ihren Verwaltungsämtern auf den Fronhöfen der klösterlichen Grundherrschaft Gewinne gezogen hatten, wurde so immer mehr zurückgedrängt, denn „die ritterlichen Dienstmannen tragen die Hauptschuld am Niedergang der Klöster und an der Störung des Friedens der Mönche. Die Hauptursache von Mangel und Armut sind die Dienstmannen... Obendrein teilen sie die Güter des Klosters unter sich, andere zerstören sie in Händeln und Kämpfen mit Feuer und Schwert...“ An ihre Stelle traten nun adlige Laienbrüder, die alle Einkünfte an das Kloster abführten und kaum am eigenen Gewinn interessiert waren. Das aber brachte eine spürbare Erleichterung für die dem Kloster hörigen Bauern mit sich, und ein Chronist berichtet, viele Bauern hätten ihre früheren Grundherren verlassen „wegen der Schwere und des Ausmaßes an Diensten, durch die sie sehr hart bedrückt wurden", und sich der Ruhe wegen in die Abhängigkeit der Hirsauer Reformklöster begeben.

Die Sympathie des Landvolkes für die Hirsauer Bewegung war verständlicherweise groß – bot sich hier doch scheinbar eine Autorität, die Zuflucht sein konnte. Die schwarzen Mönche, die entgegen den ursprünglichen Klosterregeln des Benedikt von Nursia ihre Klausen verließen und predigend durchs Land zogen, gegen Simonie und Pfaffenehe, verwerfliches Treiben weltlicher Herren und Laschheit im Glauben donnerten, fanden allerorten offene Ohren.

Der nun fast schon dreißig Jahre währende Bürgerkrieg, die Not, die Bosheit, der Unfrieden hatten die religiöse Erregbarkeit der Menschen gesteigert. Viele flohen diese verkommene Welt. „In diesen Zeiten blühte im Reich der Deutschen an vielen Orten das gemeinsame Leben; nicht nur daß sich Kleriker und Mönche in tiefster Frömmigkeit zusammenfanden, sondern daß sich auch Laien mit dem Ihren zu diesem gemeinsamen Leben demütigst entboten... Sie entsagten nämlich der Welt, brachten sich und das Ihre ganz demütig zu den Kongregationen regeltreuer Kleriker und Mönche, um gewürdigt zu werden, im Gehorsam gegen diese gemeinsam zu leben... Ein derartiger Eifer aber blühte vornehmlich in geziemender Weise überall in Schwaben; in diesem Land ergaben sich viele Dörfer sogar vollständig dem geistlichen Leben." (14)

Die Reformbewegung faßte damit zum erstenmal auch beim einfachen Volk Fuß.

Doch es sind viel eher ökonomische als religiöse Gründe, die die schwäbischen Bauern an die Seite der Reformer treiben. Sie sind auf der Suche nach Schutz – die Hirsauer können ihn bieten.

Über dem gequälten Land hängt der Schrei nach Frieden, und das geschundene Volk ist bereit, mit jenen zu gehen, die den Frieden bringen.

In Schwaben sind es die Klöster der Hirsauer Reform, in manchen Gebieten Deutschlands andere Kräfte.

Anfang 1082 verkündet Bischof Heinrich von Lüttich im Einverständnis mit dem niederlothringischen Adel für seine Diözese den Gottesfrieden. Der Bischof, der von nun an den Beinamen „der Friedfertige" trägt, greift damit eine Bewegung auf, die ihre Anfänge in Frankreich hat, wo ein schwaches Königtum sich außerstande sah, den fehdelustigen Adel in Schach zu halten. Um kirchlichen Besitz vor Übergriffen zu schützen, drohte deshalb eine im Jahre 989 in Charraux bei Poitiers stattfindende Kirchenversammlung jedem mit dem Bann, der sich mit Gewalt an der Kirche verginge oder Bauern und Armen ihre Habe wegnähme. Auf einem Konzil in Elne bei Perpignan tauchte 1027 erstmalig der Begriff „treuga Dei" – Waffenstillstand Gottes – auf.

„In dem ganzen Bezirk der Grafschaft oder des Bistums Elne ist es jedem Einwohner untersagt, seinen Feind anzugreifen von der neunten Stunde des Samstages (15.00 Uhr; W. L.) bis zur ersten Stunde am Montag (6.00 Uhr; W. L.), ... damit jeder seine sonntäglichen Pflichten gegen Gott erfüllen kann."

In solcher oder ähnlicher Form breitete sich die Bewegung aus. Verschiedentlich wird eine Waffenruhe von Mittwochabend bis Montagmorgen verkündet; dazu kamen dann manches Mal noch die Advents-, Oster- und Pfingstzeit, andere kirchliche Feiertage... Gegen jene, die sich dem allen entgegenstellten, ging man mit kirchlichen Mitteln vor. Priester versagten ihnen die Sakramente, in ihren Gebieten wurden keine Messen gelesen; doch selbst wenn man die tiefe Religiosität der damaligen Zeit einkalkuliert – die Ergebnisse werden wohl so manches Mal nicht befriedigend gewesen sein. Schnell stellte sich heraus, daß es allein mit moralischem Druck nicht getan sei, und so wurden im Gefolge der Gottesfriedensbewegung aus der Bevölkerung der entsprechenden Gebiete teilweise regelrechte Volksmilizen aufgeboten, die im Auftrag der Kirche über die Waffenruhe wachen sollten. Denn gerade in den niederen Volksschichten, die unter den Räubereien und Fehden am meisten zu leiden hatten, fand die Kirche Unterstützung, der sie bedurfte, um die Idee in der Realität durchzusetzen.

Auch in der Diözese Lüttich jubelt das Volk, beschwört öffentlich den verkündeten Frieden: Vom ersten Adventstag an bis zum Epiphanienfest (6. Januar; W. L.) und vom Beginn des Sonntags Septuagesima (das ist der dritte Sonntag vor Aschermittwoch; W. L.) bis zum achten Tag nach Pfingsten sollte im Bistum niemand Waffen tragen, außer wenn er über die Grenzen des Sprengels hinauszog; niemand sollte Plünderungen, Brandstiftungen oder gewalttätige Angriffe verüben; niemand sollte mit Waffen gegen Menschen vorgehen.

Außer in der angegebenen Zeit gilt der Gottesfrieden in jeder Woche von Freitag in der Frühe bis Montag früh und an allen kirchlichen Feiertagen.

Ein Freier, der gegen die Bestimmungen des Gottesfriedens verstößt, verliert sein Erbe oder Lehen und wird aus dem Bistum verjagt; ein Unfreier büßt all seine Habe ein und verliert die rechte Hand.

Dem Lütticher Beispiel folgt ein Jahr später Erzbischof Sigewin von Köln, andere schließen sich an. Noch aber sind es nur Inseln im weiten, kriegsgeplagten Deutschland – friedliche Inseln, von denen der größte Teil der Bevölkerung nur träumen kann.

Dann aber erklärt der zurückgekehrte Kaiser Heinrich IV. im April 1085 auf einem Hoftag in Mainz den Gottesfrieden für das ganze Reich. Ungezählte Hoffnungen erwachen. Kaiserliche Boten durchziehen das Land, fordern allerorten den Friedensschwur.

Wo Heinrich auftaucht, da jubelt ihm das Volk zu.

Die schon totgeglaubte, fast sakrale Verehrung des Herrschers, das alte Kaiserideal lebt wieder auf, und die später von den Chronisten je nach Veranlagung mit Freude oder mit Verachtung notierte Beliebtheit Heinrichs IV. gerade beim einfachen Volk mag eben hier ihre Wurzeln haben. Er war der Friedensbringer, der wahre Diener Gottes!

Des Kaisers Bestrebungen, die Ideen des Gottesfriedens im ganzen Reich durchzusetzen, hatten allerdings weit mehr als propagandistische Gründe. Der nunmehr vierunddreißigjährige Heinrich IV. hat wohl sofort erkannt, daß er auf diesem Gebiet keinesfalls Autorität verlieren durfte. Der Frieden des Reiches war seit jeher einzig Sache des Herrschers – ihn den geistlichen Kräften zu überlassen hätte einen nicht wiedergutzumachenden Gesichtsverlust bedeutet.

So stellt er sich an die Spitze der Bewegung, nimmt die ihm aus seinem Herrschertum zufallende Verantwortung wie selbstverständlich wahr.

Gleichzeitig aber beginnt man am Hofe auf der Grundlage der Gottesfriedensbewegung ein handfestes Konzept zur politischen Umgestaltung des Reiches zu entwickeln. Der Ausgangspunkt ist denkbar einfach: Adel und Bauern, Freie und Unfreie sind dem Gottesfrieden unterworfen. Wird dieser aber zur Sache des Reiches gemacht, ist damit auch der erste Schritt zu einer einheitlichen Rechtssprechung getan.

Noch wird dieser Gedanke nicht formuliert; doch sollte Heinrich aus diesem Ansatzpunkt in der Folge tiefgreifende Umgestaltungen der Rechtslage im Reich entwickeln.

Die Bauern Schwabens, die bei der Reform Schutz suchten; die Bewohner der Städte, die sich mit jubelndem Eifer dem Gottesfrieden verpflichteten; sie alle sind mehr oder weniger ebenso wie Bischöfe und Fürsten Akteure im großen Kampf der weltlichen und geistlichen Gewalten – einem

Kampf, der die Gemüter zutiefst erregt und einen breiten Riß durch das Volk der Deutschen gehen läßt.

Wie sehr der Konflikt die Menschen bewegt, zeigt in jenen Jahren das sprunghafte Anwachsen der Streitschriftenliteratur. Mit einer Fülle von Pamphleten beziehen gebildete Kleriker Position. Zwischen 1073 und 1112 erscheinen ungefähr 100 Traktate! Gregorianer wie der Schwabe Bernold von St. Blasien oder der fanatische Manegold von Lautenbach liefern sich erbitterte intellektuelle Gefechte mit den Anhängern des alten Reichskirchensystems. Hier ragen besonders Wenrich von Trier und Bischof Wido von Osnabrück aus der Schar der Kämpen.

Fordert die eine Partei Achtung und Anerkennung des Königs, dem man unbedingten Gehorsam schulde, selbst wenn er vom Glauben abfiele, so hält dem die andere Seite entgegen: Der König sei nur ein zeitlich beschränkter Beauftragter des Volkes und könne jederzeit abgesetzt werden, wenn er seine Pflichten als Herrscher verletze.

Mit aneinandergereihten Bibelstellen versucht man sich gegenseitig zu übertrumpfen; und haben die anderen doch einmal die besseren Argumente, verfährt man nach altbewährtem Muster. „Jüdischer Aberglaube", nennt ein Gregorianer Argumente der königlichen Partei, die diese aus dem Alten Testament geschöpft hatten. Das Alte sei vorbei, das Neue sei da! Man solle sich im übrigen nicht nach allem richten, was in der Bibel steht! Bei allem Streit – eines aber wollen alle: Frieden.

Aus diesem Grunde treffen sich Ende Januar 1085 Heinrich IV. und seine Gegner, um durch Verhandlungen den Krieg zu beenden. In kaiserlichem Auftrag legt der Mainzer Erzbischof Wezilo den bestürzten Sachsen dar, daß des Saliers bisheriges Tun selbst nach der Maßgabe päpstlicher Erlasse stets rechtens gewesen sei. Denn niemals dürfe über einen mit Gewalt aus seinem Besitz Vertriebenen gerichtet werden, bevor er nicht sein Eigentum zurückhabe, „... wie nicht einmal ein

Weib auf Anschuldigung zu antworten angehalten ist, bis ihr erlaubt würde, längere Zeit frei ihren Besitz in Ordnung zu halten".

Verblüffung bei den Sachsen.

Die Unsicherheit führt zu Streitereien. Man beginnt sich gegenseitig der Konspiration mit dem Kaiser zu verdächtigen – das Ergebnis der Verhandlungen in Berka: blutige Auseinandersetzungen, mehrere Tote.

Es scheint, daß man nicht einmal mehr miteinander reden kann. Wie soll da der Frieden kommen?!

Das Ende einer Rebellion

Anfang Juli 1085 bricht ein kaiserliches Heer ins sächsische Land. Es trifft kaum auf Widerstand. Im Gegenteil, viele sächsische und thüringische Adlige schließen sich dem Kaiser an. Durch die Bestätigung alter sächsischer Rechte war es Heinrich IV. gelungen, einen großen Teil der Rebellen auf seine Seite zu ziehen; und nun versuchten viele, sich den Kaiser durch einen schnellen Parteienwechsel gewogen zu machen.

Die große gregorianische Fraktion schrumpfte.

Den Fürsten sind die Interessen Roms wieder einmal herzlich gleichgültig. Als der Legat Otto von Ostia auf einer Synode in Quedlinburg den Adel auffordert, die in Sachsen und Thüringen besetzten Güter der Kirche zurückzugeben, da predigt er tauben Ohren. Es geht den Fürsten um ihre Interessen – nicht um die Roms! Und im Moment glaubt der sächsich-thüringische Adel, durch einen Übertritt zu Heinrich sich Vorteile zu sichern.

Resignierend klagt ein Chronist: „Du würdest zu dieser Zeit das Antlitz Sachsens unwiderruflich verändert sehen. Die nämlich, die früher versichert hatten, nur für den Schutz des apostolischen Stuhls hätten sie sich Heinrich widersetzt, die geschworen hatten, niemals mit ihm in Verkehr zu treten, wenn er nicht durch den, der ihn in den Bann tat, nämlich Papst Gregor, wieder gelöst würde, stehen jetzt nicht nur durch zahlreiche Gesandtschaften mit diesem Heinrich in Verbindung, sondern nennen ihn auch Kaiser, obwohl er von einem Exkommunizierten geweiht ist. Gilt es sein Wohlwollen zu gewinnen, so kommt einer dem anderen zuvor ... Nach dem Tode von jenen, die reiferen Geistes und Adels waren, nämlich Otto, der einst Herzog von Bayern gewesen war, des Markgrafen Udo und des Grafen Dietrich, sind die sächsischen Fürstentümer der unsteten Jugend zugefallen ..." (19)

Heinrich IV. nimmt Magdeburg. Dessen rebellierender Erzbischof Hartwig flieht gemeinsam mit Bischof Burchard von Halberstadt zu den Dänen. Der Frieden ist greifbar nahe.

Heinrich entläßt sein Heer.

Doch noch während er die Treueide sächsischer Fürsten entgegennimmt und zuverlässige Geistliche mit den freigewordenen kirchlichen Ämtern belehnt, geht der Geist des Aufruhrs erneut durchs Land. Die „schwankende Jugend" begehrt auf gegen das Spiel der Alten. Ihr Führer ist Markgraf Ekbert von Meißen, ein Verwandter des Kaisers. Er sammelt all jene um sich, denen der kommende Frieden unattraktiv scheint.

Die Unruhen brechen so unvermittelt aus, daß Heinrich IV. „in heimlicher Weise ruhmlos und gezwungen" mit den Seinen Sachsen verlassen muß. Düstere Erinnerungen an die Flucht von der Harzburg mögen ihm gekommen sein, als er sich ins Fränkische zurückzieht. Doch anders als damals betrachtet heute ein Teil der Fürsten die neuerliche Erhebung mit Abstand. Sie sind bereit, Frieden zu machen, wenn sie ihre Rechte gewahrt sähen – Ekberts Gier nach der zweifelhaften Ehre, deutscher König zu werden, verbreitert nur die Kluft, die man schon überwunden glaubte.

Der Krieg flackert wieder auf.

Schlachten werden geschlagen, deren Siege nichts bedeuten; Verhandlungen werden geführt, deren Ergebnisse keiner achtet; Ideale werden verkündet, nach denen keiner handelt.

Von Böhmen her droht Wratislaw, die Zuchtrute des Kaisers, er fällt in die Gebiete des Meißners ein. Meißen sieht schlimme Wochen. Reue, scheint es, packt Herrn Ekbert, und er unterwirft sich dem Kaiser, nur um bald darauf sein Wort wieder zu brechen. Ein grenzenloser Ehrgeiz scheint in dem Meißner Markgrafen gebrannt zu haben. Er will König werden – so wild scheint dieser Wunsch zu sein, daß er ihm alles unterordnet, getrieben von dieser Begierde die eigene Sache zu Fall bringt.

Enttäuscht von den Fürsten, die nach wie vor zu Rudolfs Nachfolger Hermann von Salm standen, schwenkte Ekbert einmal mehr um, machte Frieden mit Heinrich IV. und bekriegt nun zur Abwechslung einmal dessen Gegner.

Mit Gewalt fällt er 1088 ins Gebiet Burchards von Halberstadt ein, und bei diesem Zug wird der greise Bischof in Goslar so mißhandelt, daß er wenige Tage später im Kloster Ilsenburg stirbt. Damit ging eine der letzten großen Gestalten des Widerstandes dahin. Von Anfang an war er dabeigewesen – ein Bischof, der in nicht weniger als dreizehn Kriegszügen gegen Heinrich IV. einen Beweis seiner irdischen Macht geliefert hatte. Der Anno-Neffe war ein Stück des sächsischen Widerstandswillens gewesen; mit ihm stirbt der alte Geist.

Erschreckt von diesem Ergebnis, versuchen die sächsischen Bischöfe (die einzige Kraft, die den Kampf gegen den exkommunizierten Kaiser hätte weiterführen können) nun eine Annäherung an Heinrich. Erzbischof Hartwig von Magdeburg, die Bischöfe Werner von Merseburg, Gunther von Naumburg unterwerfen sich. Damit ist der letzte Halt des Gegenkönigs Hermann von Salm dahin. Ohne Macht und wohl auch ohne Willen dazu war der ein König so recht nach dem Geschmack der Fürsten gewesen – gehalten allerdings haben sie nie viel von ihm. „Der Nachfolger Rudolfs … genießt keine königlichen Ehren", vertraut ein Schreiber den Pergamenten an. „Wir wollen übergehen, auf wie viele Arten er von den Bischöfen und Fürsten Sachsens der Verachtung preisgegeben wird... Nur so viel: Wir sahen diesen Hermann einmal im sächsischen Lager..., und als wir ihn flehentlich angingen, ... weil uns mehr und mehr die Verödung und Zerrüttung unserer Kirche drohte, da antwortete er, er könne weder für sich noch für uns irgend etwas Nützliches tun." (20)

Diese konturlose Schattengestalt, diese hohle Repräsentationsfigur, im schwankenden Parteienhader irrend, weiß, daß sie nichts mehr ausrichten wird; und einmal trifft König Hermann eine eigene Entscheidung – er, „der einen leeren Königstitel führte, kehrte in seine Heimat zurück". (4) (Dort stirbt er wenig später bei der Belagerung einer Burg – vergessen von der Welt und der Geschichte.)

Noch einmal glaubt nun Ekbert von Meißen seine Chance gekommen. Wieder fällt er vom Kaiser ab, träumt vom Kronreif eines Königs. Vielleicht wäre der Krieg endlos geworden, hätte den Meißner nicht sein Schicksal ereilt.

Es trifft ihn 1090 im Harz, genauer, im Selketal.

Mit seinen Getreuen war er auf dem Wege nach Quedlinburg. Es war heiß an jenem Tage, und die Reiter waren müde. Da entdeckten sie in der Waldeinsamkeit eine abgelegene Mühle, in der sie einkehrten, um auszuruhen. Den Müller sandten sie ins nächste Dorf, um ihnen Wein zu holen. Auf dem Wege aber traf der auf königliche Schildknappen, und befragt, wohin er wolle, erzählte er jenen von seinen Gästen. Die Schildknappen sahen ihre Chance. Und obwohl es gefährlich war, schlichen sie zur Mühle, um den Feind des Kaisers gefangenzunehmen und sich selbst Ruhm zu verdienen. Markgraf Ekbert wurde getötet, „nicht im Felde, sondern schimpflich in einer Mühle".

So starb Markgraf Ekbert von Meißen, der zwar nicht unbedingt Heinrichs IV. „wildester Feind" gewesen ist, doch der den Kaiser über Jahre hin in seiner Reichspolitik hätte empfindlich stören können.

Und wieder sehen die Zeitgenossen in diesem Tode, an dem allen Anschein nach Heinrichs Schwester Adelheid, die Äbtissin zu Quedlinburg war, ihren Anteil hatte – die Hand der göttlichen Fügung. „So nahm des Königs Sache von Tag zu Tag einen immer höheren und glücklicheren Aufschwung, die seiner Gegner aber ging abwärts …“ (4)

Welchen Lohn die mutigen Schildknappen empfangen haben, ist nicht überliefert.

Erzbischof Gebehard von Salzburg, die Stütze der Gregorianer in Deutschland, stirbt; Bischof Hermann von Metz einigt sich mit Heinrich IV. – in Deutschland herrscht Frieden!

In Aachen huldigen am 30. Mai 1087 die deutschen Fürsten erneut dem dreizehnjährigen Konrad.

Heinrichs Stellung ist nun scheinbar unerschütterlich. Der große, schlanke Kaiser, dessen bisheriges Leben so wenig friedvolle Jahre gesehen hatte, wähnt sich endlich am Ziel. Von nun an glaubt er, wieder fast über „das Reich der Deutschen“ zu herrschen.

Sein Sieg aber ist nicht so grandios, wie es scheinen will. Nach wie vor gibt es eine starke Fraktion gregorianisch gesinnter Bischöfe, was die politischen Verhältnisse äußerst unsicher macht. Für die Gregorianer ist der Kaiser gebannt, und sie scheuen jeden Verkehr mit ihm. Die kaiserliche Regierungsgewalt ist daher schon eingeschränkt.

Die politischen Gegensätze aber – scheinbar beruhigt – bieten noch immer Zündstoff; denn der Adel ist natürlich nicht gewillt, all die in den vergangenen Jahren eroberten Positionen so ohne weiteres wieder zu räumen.

Italien

Was werden erst die Gegner tun,
wenn wider die Eltern sich die
eigenen Kinder erheben?
(Vita Heinrici)

„Meine Gesetze sind das Recht"

Victor III. blieb es erspart, die Last des päpstlichen Amtes lange zu tragen. Niedergedrückt von der Verantwortung dieser ungeliebten Erhöhung, verbittert von der herben Kritik einiger Kardinäle, die ihm vorwarfen, er habe die gregorianische Linie verlassen, habe seinen Frieden mit dem Kaiser gemacht und sei im übrigen weiter nichts als ein Papst von normannischen Gnaden, stirbt er am 16. September 1087 in der Stille des Klosters Monte Cassino, das ihm so lange Heimat gewesen war und das er nie hatte verlassen wollen.

Nach fast einem halben Jahr kleinlicher Streitereien unter den Kardinälen besteigt dann der Franzose Odo von Langery, Kardinalbischof von Ostia, den apostolischen Stuhl. Der einstige Mönch und spätere Prior des Klosters Cluny gibt sich den Namen Urban II.

Seine erste Ausschreibung an die Gregorianer in Deutschland klingt kriegerisch: Er werde, so erklärt er, weiterhin im Geiste Gregors VII. handeln. „Was er verworfen hat, verwerfe ich; was er verdammt hat, verdamme ich; was er geliebt hat, ergreife ich; was er für recht und katholisch erachtet hat, bestätige und billige ich; wie er dachte, so denke auch ich in allen Stücken!" Das klingt nach neuem Kampf, nach unerbittlichen Auseinandersetzungen – doch bald zeigt sich, daß Urban zwar an der Sache festzuhalten gewillt ist, den Weg dorthin aber nicht mit der Sturheit eines Gregor VII. beschreiten will.

Schon auf dem ersten, von ihm einberufenen Konzil mildert er das von seinem Vorgänger erlassene Zölibatsgesetz und erklärt, daß Kleriker bis zur Würde eines Subdiakons wohl verheiratet sein dürften. Die hochgehende Erregung der Gregorianer besänftigt er mit einem Hinweis auf eine Äußerung Papst Gregors des Großen (die Gregor VII. entweder nicht gekannt oder aber mit Absicht unterschlagen hatte): „Es scheint mir hart und unbillig, daß einer, der sich nicht vorher zur Enthaltsamkeit verpflichtete, gezwungen werde, sich von seinem Weibe zu trennen. Aber von jetzt an soll niemand mehr zum Subdiakon geweiht werden, der nicht Enthaltsamkeit gelobt. So wird das Geschehene nicht gewaltsam geändert und für die Zukunft vernünftige Fürsorge getroffen."

Schon horcht der niedere Klerus auf, lauscht diesen völlig neuen Tönen. Versöhnlich klingen sie, nicht mehr starr und unerbittlich wie zu Zeiten Gregors VII.

Was nun die Simonie anbelangt, tönt es weiter, so solle man durchaus Gnade üben in solchen Fällen, in denen ein Priester, ohne es zu wissen, von einem Simonisten geweiht worden sei.

Bleibt Urban auch in der Frage der Laieninvestitur fest – in manch anderem zeigt er sich flexibel und schafft sich damit nicht nur beim niederen Klerus Gehör. Auch die Bischöfe, die sich Gregors Alleinherrschaftsplänen stets widersetzt hatten, weiß er auf seine Seite zu ziehen.

Keine Rede ist da mehr von der Unterordnung der Bischöfe unter Rom. Im Gegenteil: All deren traditionelle Rechte in ihren Diözesen werden bestätigt, ja sogar die Klöster werden wieder bischöflicher Gerichtsbarkeit unterworfen. Mit Urban II. geht die Reformbewegung unmerklich vom Mönchtum auf die Bischöfe über. Überall im Klerus wächst die Popularität des Papstes. Und wenn auch Kritiker aus den eigenen Reihen ihm vorwerfen, er verletze die Erlasse seiner Vorgänger – das stolze Selbstbewußtsein Urbans zeigt sich nirgends besser als in dem ihm zugeschriebenen Satz: „Laßt doch das Kirchenrecht beiseite; meine Gesetze sind das Recht!“

Die neue Politik der Kurie ist bestimmt von Entgegenkommen. Wo früher starres Beharren war, zeigt sich nun plötzlich Beweglichkeit. Die Opposition wird nicht mehr erbittert bekämpft, sondern man versucht, ihr einen Übertritt so einfach wie möglich zu machen – und mit Erfolg: Bischof Pibo von Toul, ein stets kaisertreuer Kirchenfürst, unterwirft sich Urban II. Wen wundert es, daß die Position des Kaiser-Papstes Clemens jetzt immer schlechter wird.

Bei den Gläubigen formt sich mehr und mehr ein neues Bild der römischen Zustände: Urban II. ist der wahre Papst, Clemens-Wibert aber der „Ketzerfürst“.

„Weil die römische Kirche nun unter deiner Leitung fest im Hafen und das Reich Italien in deinem Angesicht schon fast beruhigt ist, vermag ich meiner übermäßigen Freude fast keinen Ausdruck mehr zu geben“, schreibt der Bischof von Chartres in einer Ergebenheitsadresse an seinen Oberhirten. Er drückt damit nur aus, was viele denken.

Die Welt beginnt, die kommende Größe des neuen Papstes zu ahnen.

Mit Sicherheit gab es genügend Leute am Hofe Heinrichs IV., die die neue römische Entwicklung mit Aufmerksamkeit verfolgten und die durchaus in der Lage waren, Schlüsse zu ziehen: Noch war Urbans II. Stellung in Italien nicht ganz sicher. Bald schien er das Übergewicht zu haben, bald Clemens-Wibert. Wäre hier nicht eine Chance, sich dem neuen Papst auf diplomatischem Wege zu nähern?

Es fehlt nicht an Stimmen, die dazu raten. Doch alle zu diesem Zweck stattfindenden vertraulichen Gespräche enden ergebnislos. Um keinen Preis ist Heinrich IV. bereit, seinen Papst fallenzulassen. Es ist weniger die Treue zu einem ergebenen Gefährten, die sein Handeln bestimmt, als vielmehr die klare Erkenntnis, daß er mit der Aufgabe von Clemens-

Mathilde von Tuscien (Miniatur aus der „Vita Mathildis“ des Donizo, frühes 12. Jh.)

Wibert auch die Rechte des Kaisers an der Papsternennung aufgeben würde.

Es geht nicht um untergeordnete Sachfragen, sondern um grundsätzliche Entscheidungen!

Heinrich IV. kann keinen Frieden mit Urban II. schließen. Warum soll er auch – jetzt, gerade jetzt?

Seine gefestigte Stellung in Deutschland macht die lombardische Partei der Markgräfin Mathilde immer geneigter, sich mit ihm zu einigen – Oberitalien würde ihm zufallen. Welcher Papst könnte ihm dann noch trotzen?

Leider aber unterschätzt Heinrich IV. wieder einmal seinen Gegner.

Mit einem genialen Dreh gelingt es Urban, alles zu ändern: Er gibt der Markgräfin Mathilde einen neuen Gemahl und der Kirche einen neuen Kämpfer: Welf V.

Der Vater dieses siebzehnjährigen Jünglings war der derzeitige Herzog von Bayern, seine Mutter eine Tochter Ottos von Northeim. Die Familie war gregorianisch gesinnt, allerdings nur bis zu dem Punkt, wo die eigene Position damit gestützt werden konnte. Und der eben schien Herzog Welf IV. nun erreicht.

Des Kaisers Stellung in Deutschland hatte sich zusehends gebessert, die sächsischen Vettern unterwarfen sich einer nach dem anderen, und dem Bayernherzog schien es geraten, auch seinerseits Frieden mit Heinrich IV. zu machen.

Da aber kam aus Italien eben das Angebot, das seinen Ehrgeiz gewaltig anstachelte und ihn alle Friedensgedanken vergessen ließ: Sein kaum der Pubertät entwachsener Sohn wird als Gatte für die dreiundvierzigjährige Mathilde, Markgräfin der Toskana, bestimmt. Hier von einer Liebesheirat zu sprechen wäre wirklich unangebracht, und es hat wohl großer Überredungskunst und so manches Machtwortes bedurft, ehe Welf V. von der Notwendigkeit dieser Liaison überzeugt war. Freude allerdings kann er beim Anblick Mathildes wohl kaum empfunden haben. Sie war keine Frau, wollte auch keine sein, nichts von Sinnlichkeit oder Attraktivität war an ihr. Streiterin Christi, so sah sie sich, und „nicht so sehr aus Unenthaltsamkeit als aus Gehorsam gegen den römischen Papst“ stimmte sie der Verbindung zu, „damit sie nämlich um so männlicher der heiligen römischen Kirche gegen die Abtrünnigen zu Hilfe kommen könne ...“.

Wie sollte der junge Welf sich auf solch ein geschlechtsloses Wesen freuen?

Freude allerdings empfand Urban II. Mit dieser Hochzeit nämlich war es ihm gelungen, die Gegner Heinrichs IV. in Süddeutschland und in Oberitalien zu vereinigen.

Freude auch beim Bayernherzog, der nun glaubt, die Toskana und die lothringischen Erbländer seinem Machtbereich zuschlagen zu können. (Noch ahnt er nichts von seinem fatalen Irrtum.)

Wieder stand der deutschen Zentralgewalt eine geschlossene Front von der Toscana bis nach Schwaben gegenüber – und so mancher mag sich jener schon Jahre zurückliegenden Ereignisse erinnern, als Herzog Gottfried der Bärtige die Markgräfin Beatrix, Mutter von Mathilde, geheiratet hatte. Damals war der Kaiser Heinrich III. dazwischengefahren, hatte diese Ehe kurzerhand verboten.

Was aber würde sein Sohn tun?

„Dein Erbe wird dein Feind sein!“

Ungefähr zu der Zeit, als Welf V. mit äußerst gemischten Gefühlen seine Mathilde zum Weib nimmt und dabei wohl heimlich begehrliche Blicke nach den Zofen und Mägden wirft, sie immer wieder mit der reizlosen Frau an seiner Seite vergleicht – zu dieser Zeit tritt auch Kaiser Heinrich IV. in eine neue Ehe. Kurz nach dem Weihnachtsfest 1087 war nach zweiundzwanzig Jahren gemeinsamen Lebens Bertha von Turin gestorben. Sie war nicht einmal vierzig Jahre alt geworden. Das ruhelose Leben an der Seite ihres unsteten Gatten verlangte seinen Preis. Ihre ohnehin nicht sonderlich robuste Natur vermochte die Belastungen nicht länger zu ertragen. Sie starb, wie sie gelebt hatte – still und unauffällig, und doch klaffte da plötzlich im Leben Heinrichs IV. eine Lücke. Allen anfänglichen Schwierigkeiten zum Trotz – sie war Heinrich über die Jahre hin zur treuen Gefährtin und Begleiterin geworden, war mit ihm durchs aufständische Sachsen gereist, über den winterlichen Mont Cenis nach Canossa gezogen und hatte an seiner Seite in Rom von Clemens-Wibert die Kaiserkrone empfangen. Vielleicht hatte das Feuer dieser Liebe nie heiß und hoch gelodert; doch immer hatte es gebrannt, war nie Asche geworden; und was an wilder Leidenschaft gefehlt hatte, das machten gegenseitige Achtung und Verständnis wett.

Im Dom zu Speyer findet Bertha an der Seite der Kaiserin Gisela, der Großmutter Heinrichs, ihre letzte Ruhestätte – pflichtgemäß betrauert vom Hof, wohl echt beweint von ihrem Mann.

Ob Heinrich IV. sich wirklich ernsthaft mit neuerlichen Heiratsplänen trug, ist unwichtig – für das Bestehen des salischen Hauses, für das Ansehen des Kaisertums war es unumgänglich.

Und so suchte man ihm eine neue Frau.

Auch bei dieser Wahl spielt die Politik die entscheidende Rolle, auch diese Ehe stiften andere; aber alles in allem ist Heinrich wesentlich besser dran als Welf V.

Er bekommt nämlich eine temperamentvolle, fast zwanzig Jahre jüngere, glutäugige Russin zur Frau.

Praxedis, die Tochter des Großfürsten Vsevolod von Kiew, war vorzeiten nach Deutschland gekommen, um als Gattin des sächsischen Markgrafen Heinrich von der Nordmark das politische Bündnis mit der Kiewer Rus zu festigen. Man erinnerte sich noch gut an das Aufsehen, das ihre Ankunft hervorgerufen hatte, als sie im archaisch-rustikalen Sachsen mit einer Kamelkarawane und in Begleitung fremdartiger Krieger eingetroffen war. Von märchenhaften Schätzen ging die Rede, die ihre Truhen bergen würden, und Markgraf Heinrich wurde allgemein beneidet. Als der dann nach ungefähr einem Jahr starb, da fehlte es nicht an derben Anspielungen, die alle ein wenig neidvolle Bewunderung für die heißblütige Praxedis beinhalteten. Viele Freier stellten sich ein. Sie aber wies alle ab.

Dann aber kamen Werber des Kaisers.

Kaiserin – das war ein Wunsch, den sie sich erfüllen wollte; eine Macht, von der die ehrgeizige Frau träumte.

Sicherlich hat Heinrich an der hübschen Russin Gefallen gefunden; vielleicht genoß er es sogar, diese attraktive Frau an seiner Seite zu wissen, er war ja, wie man so sagt, mit knapp vierzig Jahren im besten Alter. Doch wichtiger als dies alles war das sich entwickelnde Bündnis mit dem Großfürstentum Kiew, von dem sich der kaiserliche Politiker ein Gegengewicht zum immer inniger werdenden Verhältnis Rom–Byzanz versprach. (Daß dieser Plan nicht aufgehen würde, ahnte damals niemand.)

Am 14. August 1089 finden in Köln die Hochzeit und die feierliche Krönung der neuen Kaiserin statt.

Die Flitterwochen des neuen Paares allerdings gestalten sich etwas unruhig. Der Kaiser läßt zur Heerfahrt rüsten, und als man sich zur Fastenzeit 1090 dann auf Hochzeitsreise begibt, da klirrt ein gepanzertes Heer hinter dem jungen Paar südwärts, über die Alpen nach Italien hinein.

Von nun an kann Heinrich IV. sich nur noch wenig um seine junge Gattin kümmern, überläßt sie sich selbst.

Anfang 1091 öffnet nach elfmonatiger Belagerung die feste Stadt Mantua den kaiserlichen Truppen ihre Tore. Eine der wichtigsten Stellungen Mathildes ist jetzt in kaiserlicher Hand. Rings auf den Burgen der markgräflichen Vasallen vernimmt man mit Erschrecken die Kunde von des Kaisers Erfolg. Bei Tricontai schlagen die Kaiserlichen die Streitkräfte Mathildes, und jetzt scheint es wohl auch vielen Lehensleuten der Markgräfin geraten, auf Verhandlungen mit dem Kaiser zu drängen. Mathilde sei dazu auch bereit gewesen, man habe schon auf der Burg Carpineda zusammengesessen, um die Einzelheiten zu besprechen, als Abt Johannes von Canossa, der Beichtvater der Dame, dazwischengetreten sei und mit drohender Stimme erklärt habe, jede Verhandlung mit Exkommunizierten sei gotteslästerlich und verwerflich. Ob der Abt aus eigenem Antrieb die Verhandlungen platzen ließ, ist unklar. Möglich wäre immerhin, daß er doch auf Weisung Mathildes so handelte, die einerseits ihren Vasallen gegenüber zu einer gewissen Rücksichtnahme gezwungen war, andererseits aber nicht der Mensch war, der Positionen, für die er ein Leben lang gekämpft hatte, so leicht aufgab.

Jedenfalls: Der Traum vom italienischen Frieden stirbt!

Und es muß für Mathilde eine Genugtuung, für ihre wankenden Anhänger eine Aufmunterung sein, als der Kaiser wenig später seine erste militärische Schlappe erleidet.

Man weiß nicht, was Heinrich im Herbst 1092 veranlaßte, Canossa anzugreifen. Militärisch war diese Aktion bedeutungslos – es sei denn, ihm lag daran, eine symbolische Geste zu machen und der Welt endgültig ein Zeichen seiner Macht zu geben.

Am Nordhang des Bergkammes, auf dem die Burg sich erstreckte, läßt er Lager aufschlagen, geplagt von bösen Erinnerungen.

Mathilde, die zu jener Zeit auf der Burg geweilt hatte, bricht eilends auf, um Hilfe zu holen. Die kaiserlichen Truppen müssen ihren Trupp nur knapp verfehlt haben, denn es wird berichtet, daß sie im Nebel, der die Burg einhüllte, Marschtritt und Pferdegetrappel vernommen hätten. Mathilde und ihre Leute aber sehen sie nicht. Sie ahnen nicht einmal, wie nahe sie am endgültigen Sieg, am Frieden sind!

Canossa bringt Heinrich IV. kein Glück.

Ein überraschender Ausfall der Belagerten trifft das kaiserliche Heer unvorbereitet. Das Banner Heinrichs fällt in die Hände der Markgräflichen.

Ein schlechtes Zeichen!

Frohlockend berichtet Bernold: „...sie (Mathilde; W. L.) hat fast allein mit den Ihrigen gegen Heinrich und den Ketzerführer Wibert und deren Genossen schon in einer Zeit von sieben Jahren in der klügsten Weise gekämpft und endlich den Heinrich aus der Lombardei männlich genug in die Flucht getrieben, und sie selbst hat, als sie sich ihrer Güter wieder bemächtigt, nicht davon abgelassen, Gott und dem heiligen Petrus Dank zu erstatten."

Verschreckt hat Heinrich sich bis hinter den Po nach Verona zurückgezogen. Vor sich hat er die Phalanx der mathildeschen Truppen, in seinem Rücken aber wird er bedroht von den Städten Mailand, Cremona, Piacenza und Lodi, die sich zu einem Bund zusammengetan haben, um in gemeinsamer Aktion gegen den deutschen Eindringling vorzugehen! Die Zeiten, da man den deutschen König in den lombardischen Städten feierte, sind vielerorts vorbei. Die Kommunen gehen eigene Wege.

Heinrich IV. sitzt in der Falle.

Doch vielleicht wäre seinem strategischen Talent eine Lösung eingefallen, vielleicht hätte er, wie so oft schon in ähnlichen Situationen, das Blatt erneut zu seinen Gunsten wenden können, wenn ihn nicht zu jener Zeit ein völlig unerwarteter Schlag getroffen hätte, der ihn auf Wochen hinaus lähmt und ihm jegliche Kraft zu nehmen scheint.

Außer dem kaiserlichen Heer mit Praxedis – die sich als Kaiserin nun Adelheid nennt – war auch Konrad mit nach Italien gekommen. Der damals ungefähr Zwanzigjährige hatte nicht sehr viel von seinem Vater; eher geriet er nach der Großmutter Agnes. Er war ernst, barmherzig, ganz der Kirche zugetan und „lieber mit frommen Übungen als mit Waffenhandwerk“ beschäftigt. Und bei ihm sahen Urban II. und Mathilde ihre Chance. Geschickt nutzten sie die wankelmütige Stimmung des Jünglings, der sich in der Welt nur schwer zurechtfand; nährten seine Angst vor dem Fluch der Kirche, der auf dem Vater lag und der auch für ihn galt, wenn er weiterhin Umgang mit ihm habe; sie nutzten die Abneigung des weltfremden Jungen vor der Ungezwungenheit des kaiserlichen Hofes. Und „des Kaisers Sohn ... ließ sich von Mathilde gewinnen, ... setzte sich, verbunden mit dessen Feinden, die Krone des Vaters auf, riß die Regierung an sich, entweihte das Recht, verletzte die Ordnung, stritt wider die Natur und gierte nach dem Blut des Vaters ...“ (4)

Als König von Urbans II. und Mathildes Gnaden nahm er in Monza aus den Händen des Mailänder Erzbischofs die Krone Italiens entgegen. Und als er wenig später mit Papst Urban zusammentrifft, da verzichtet er in aller Form auf das Investiturrecht, gibt damit all das auf, wofür der Vater ein Leben lang gekämpft hatte. „Wo kann einer sich Sicherheit versprechen, wenn er vor dem nicht sicher ist, den er gezeugt hat?“ fragt klagend der Autor der „Vita Heinrici“. (4)

Die Motive Konrads für seinen Abfall kann man bestenfalls vermuten. Wie bei seiner Großmutter Agnes stand auch bei ihm Gott über allen familiären Bindungen, und so mag er wohl in dem Wahn befangen gewesen sein, daß sein Tun gottgefällig und letztlich auch für das Seelenheil des Vaters wichtig sei.

Ein bißchen Hunger nach Macht, nach Beachtung, ein Sich-Lösen aus dem Schatten des gewaltigen Vaters mögen wohl auch dabeigewesen sein – doch die Freiheit hat ihm sein Abfall nicht gebracht. Die Schatten Urbans II. und Mathildes waren nicht minder mächtig. Wenn ihn auch der Heilige Vater seinen getreuesten Sohn nannte – Konrad fand kein Glück in dieser Welt.

Zu Borgo San Donnino residierte er in asketischer Zurückgezogenheit, geplagt vom schlechten Gewissen, wie einige

Chronisten zu berichten wissen. Voll dumpfen Weltschmerzes zerfiel er bald auch mit den Gregorianern, und als er einige Jahre später in Florenz stirbt, da fehlt es nicht an Stimmen, die behaupten, der Arzt der Mathilde habe seine Hand im Spiel gehabt. Der Traum von Macht und Glück war nur kurz für Konrad.

Als Heinrich IV. die Kunde vom Verrat seines Sohnes erhält, ist er zutiefst erschüttert; doch er „bewahrte, wie sehr ihn auch innerlich diese Botschaft schmerzte, nach außen hin dennoch seine Würde und beklagte nicht sein Mißgeschick, sondern das seines Sohnes". (4) Das schreibt der „Vita"-Autor, und er zeichnet damit das hehre Bild eines Herrschers, der über allem steht und nie die Kontrolle über sich verliert.

Vielleicht sollte man hier doch einmal dem Kaiserfeind Bernold mehr glauben, der behauptet, Heinrich habe sich vor Verzweiflung und Schmerz in sein Schwert stürzen wollen, als er vom Abfall seines Sohnes erfuhr.

Ob der Kaiser wirklich seinem Leben ein Ende hatte setzen wollen – wer kann das wissen? Die Stimmung, in der er sich befand, aber muß fürchterlich gewesen sein. Der eigene Sohn hatte ihn verraten!

Große Teile Lombardiens huldigen dem neuen König.

Zur Untätigkeit verdammt, sitzt Heinrich IV. in Verona, außerstande, auf die immer lauter werdenden Hilferufe aus Deutschland zu reagieren. „Kehrt sobald wie möglich zu uns zurück, denn wenn Ihr da seid, läßt sich durch Eure Anwesenheit manches ordnen, was jetzt gefahrbringend zu sein scheint!" Wie soll er dieser dringenden Bitte des Bamberger Bischofs entsprechen? Die Alpenpässe nach Deutschland sind durch die Krieger Herzog Welfs IV. gesperrt, und vom Süden her drohen die Lombarden.

„Dein Erbe wird dein Feind sein" – wie recht hatte der Verfasser der „Vita".

Als ob dieser Schicksalsschläge noch nicht genug gewesen

wären, trifft Heinrich fast zur selben Zeit ein weiteres Unglück. Zwar mag ihm das nun Folgende weit weniger nahegehen als der Verrat des Sohnes, in der Öffentlichkeit aber sind die Folgen verheerend.

Die Ehe mit Praxedis-Adelheid hatte sich bald schon als ein Fehlschlag erwiesen. Nicht nur, daß die daran geknüpften politischen Hoffnungen unerfüllt blieben, auch im Verhältnis der beiden Gatten gab es Probleme. Man sprach davon, daß Heinrich Gründe hatte, an der Treue seiner Frau zu zweifeln, und diese tat wohl auch nicht sehr viel, um dem Kaiser eine solche Gefährtin zu werden, wie es Bertha gewesen war.

Die junge Frau, der die seelische Zerrissenheit ihres Mannes unverständlich ist, deren Mentalität vielen fremd bleibt, fühlt sich betrogen in ihrer Hoffnung, als Kaiserin in Glanz und Triumph leben zu können. Was ist das für ein Dasein, untätig in Verona zu hocken? Was ist das für ein Mann, der nächtens grübelt und sich in schweren Träumen wälzt, anstatt mit ihr das Lager zu teilen.

„Man stehe ab davon, Ehen zu schließen" – noch einmal sollte der „Vita"-Autor recht haben.

Als Praxedis-Adelheid eine Chance sieht, neue Macht zu erlangen, da greift sie bedenkenlos zu. Mit Hilfe mathildescher Reiter flieht sie nächtlicherweise aus Verona, begibt sich zur Markgräfin und berichtet hier wahrhaft haarsträubende Geschichten über das lasterhafte Leben ihres Gatten. Der bigotten und in solchen Dingen völlig arglosen Mathilde müssen die Haare zu Berge gestanden haben, als Heinrichs Gemahlin ihre intimsten Schlafzimmergeheimnisse preisgibt.

Das muß alle Welt erfahren!

Vor einer Synode in Piacenza schlägt dann die große Stunde der „Kaiserin". Vor versammelten weltlichen und geistlichen Würdenträgern enthüllt sie die angeblichen Perversitäten ihres Gatten, erzählt von Orgien, nennt Männer, mit denen sie auf kaiserlichen Befehl hin das Lager habe teilen müssen.

Viele der Bischöfe und Äbte werden nach der Piacenzer Synode sich darüber einig gewesen sein, daß es, solange sie denken konnten, noch nie eine solch interessante Kirchenversammlung gegeben hatte.

Praxedis-Adelheid aber genießt ihre Rolle, und sie läßt ihren verdrängten Sexualkomplexen freien Lauf. Ihre Berichte werden vervielfältigt, mit Boten durch das Land verschickt, auf daß die Welt endlich erkenne, wie verworfen und schändlich jener Heinrich IV. ist!

Der Kampf ist so persönlich geworden, daß man alle moralischen Bedenken über Bord wirft. Verleumdungen und die übelsten Gerüchte werden in ernsthaften offiziellen Schreiben verbreitet. Mitleid schlägt der armen Praxedis-Adelheid entgegen, die sich dem Papst zu Füßen wirft und ihm ihr furchtbares Unglück klagt. „Der apostolische Herr, der, nachdem er das Unglück der Königin erfahren hatte, von Mitleid über die menschliche Natur ergriffen wurde . . ., exkommunizierte König Heinrich erneut wegen seiner unerlaubten und ruchlosen, in keiner Zeit bisher zur Sprache gekommenen Handlungen, wie er sie gegen seine rechtmäßige Gattin beging“, berichtet ein Annalenwerk.

Danach aber scheint Urban durchaus praktische Überlegungen in diesem Fall angestellt zu haben. Der Propagandaeffekt war erreicht; die Russin hatte ihre Schuldigkeit getan; jetzt mußte sie so schnell wie möglich verschwinden, um nicht noch einmal auf die Idee zu kommen, im großen Spiel mitmischen zu wollen.

Man berichtet, sie sei in ihre Heimat zurückgekehrt und habe dort in einem Kloster ihr Leben beschlossen. Ob sie das freiwillig tat, sagt niemand.

Der Traum von der großen Macht endet in einer einsamen, düsteren Klosterzelle, wo ihre Schönheit unbeachtet von der Welt vergeht.

„Gott will es!“

Wenn der Winter endet und der Frühling kommt,
sollen sie fröhlich sich auf den Weg machen –
unter der Führung des Herrn!
(Papst Urban II. in Clermont)

Von den Menschen verachtet und von der Welt fast vergessen, sitzt Heinrich IV. in einem Winkel Oberitaliens fest. Niemand kümmert sich jetzt noch um ihn, denn etwas Neues, Großartiges, bisher nie Dagewesenes bewegt die Gemüter der Menschen!

In den ersten Novembertagen des Jahres 1095 beginnt sich in der Umgebung des französischen Clermont (dem heutigen Clermont-Ferrand) eine immer stärker werdende Unruhe breitzumachen. Häufig sieht man Züge von Bauern und Handwerkern, Rittern und Mönchen sich auf die Stadt zu bewegen. Gerüchte von einem Kirchenkonzil gehen von Mund zu Mund; und schon Wochen vorher hatten Boten überall verkündet, der Apostolicus Papst Urban II. werde in öffentlicher Sitzung am 26. November der Christenheit wichtige Dinge verkünden.

Der kleine Bischofssitz in der Auvergne gleicht einer belagerten Stadt.

In den Herbergen machen sich die französischen Kirchenfürsten mit ihren Gefolgen breit – man spricht von 14 Erzbischöfen, 125 Bischöfen und mehr als 400 Äbten. Adlige Herren prügeln sich um Quartiere, und in der Umgebung der Stadt lagern die Gläubigen zu Tausenden unter freiem Himmel, ertragen mit froher Erwartung die Nässe des Herbstes.

Solche Menschenmassen sind nach Clermont gekommen, daß die dortige Kathedrale die Menge nicht zu fassen vermag. Und so entschließen sich die päpstlichen Protokollbeamten kurzerhand, das öffentliche Auftreten des Papstes auf ein weites Feld vor dem Osttor der Stadt zu verlegen.

Hier nun wartet die Menge seit dem Morgen des 26. November in Demut auf ihn, und jene, die einen günstigen Platz haben, die dem auf einem erhöhten Podest errichteten Thronsessel des Papstes am nächsten stehen, werden allgemein beneidet.

Dann kommt er: im feierlichen liturgischen Gewand, Gott näher als den Menschen, umringt von Kardinälen, Erzbischöfen, Bischöfen.

Er spricht – nur die Nächststehenden werden ihn wohl wirklich verstanden haben, doch seine Worte gehen weiter von Mund zu Mund, breiten sich wie ein Schwelbrand über das Feld.

„Ihr Volk der Franken, ihr Volk nördlich der Alpen, ihr seid, wie eure vielen Taten erhellen, Gottes geliebtes und auserwähltes Volk, herausgehoben aus allen Völkern durch die Lage des Landes, die Katholizität des Glaubens und die Hochschätzung für die heilige Kirche. An euch richtet sich unsere Rede, an euch ergeht unsere Mahnung; wir wollen euch wissen lassen, welcher traurige Anlaß uns in euer Gebiet geführt, welche Not uns hierher gezogen hat – sie betrifft euch und alle Gläubigen." So gibt Abt Guibert von Nogent die Worte Urbans II. wieder. Der Abt war selbst allerdings nicht in Clermont, und er stützt sich bei seinem Bericht nur auf Zeugenaussagen. Doch auch von den drei weiteren Berichterstattern dieses Ereignisses war wohl tatsächlich nur einer selbst Zuschauer jener Vorgänge. Und so haben wir heute die Wahl zwischen vier Varianten der Urban-Rede. Denn jeder schrieb das, was ihm wichtig schien, ließ weg, was ihm nicht paßte oder was er nicht verstand; im Grundtenor allerdings stimmen sie alle überein. Es ist wohl einer der wenigen Fälle, wo mittelalterliche Chronisten sich einmal nicht gegenseitig widersprechen.

In düsteren Farben malt der Papst die Zustände im Heiligen Land, berichtet von armen christlichen Pilgern, die von den Ungläubigen dahingemetzelt würden (was nicht der Wahrheit entspricht, denn Jahre vorher war Erzbischof Siegfried von Mainz mit über tausend Wallfahrern unbehelligt nach Jerusalem gezogen). Er malt die Schreckensvision der entweihten heiligen Stätten, des geschändeten Grabes Christi, spricht von der Not der Glaubensbrüder.

Laut und packend ist seine Stimme. Sie rührt an die Herzen der Menschen, weckt Zorn und Haß.

„Wem anders obliegt nun die Aufgabe, diese Schmach zu rächen, dieses Land zu befreien, als euch? Euch verlieh Gott mehr als den übrigen Völkern ausgezeichneten Waffenruhm, hohen Mut, körperliche Gewandheit und die Kraft, den Scheitel eurer Widersacher zu beugen."

Solcherart moralisch aufgebaut, sind die Menschen offen für alles Weitere, sind bereit, sich hinzugeben. Nicht mehr eine Masse von Individuen lauscht jetzt auf dem Felde vor Clermont den Worten Urbans – eine zusammengeschweißte, von einem Geist durchglühte Gemeinschaft saugt die Botschaft des Papstes in sich hinein.

„Deshalb bitte und ermahne ich euch, und nicht ich, sondern der Herr bittet und ermahnt euch als Herolde Christi, die Armen und die Reichen, daß ihr euch beeilt, dieses gemeine Gezücht aus den von euren Brüdern bewohnten Gebieten zu verjagen... Wenn diejenigen, die dort hinunterziehen, ihr Leben verlieren, auf der Fahrt, zu Lande oder zu Wasser oder in der Schlacht gegen die Heiden, so werden ihnen in jener Stunde ihre Sünden vergeben werden." So überliefert der Franzose Fulcher von Chartres die Worte Urbans II. „Wenn der Winter endet und der Frühling kommt, sollen sie fröhlich sich auf den Weg machen – unter der Führung des Herrn."

Noch während der Rede des Papstes steigt der Ruf „Deus le volt – Gott will es!“ aus Hunderten von Kehlen; und als nach dem Ende der Ansprache Bischof Adhemar von Le Puy erklärt, er werde dem Ruf folgen und das Kreuz nehmen, da erfaßt ein Taumel die Menschen. Zu Tausenden drängen sie heran, geloben, ins Heilige Land zu ziehen. Aus Stoffstreifen heften sie sich Kreuze auf ihre Gewänder.

„Deus le volt – Gott will es!“ – das soll ihr Schlachtruf sein; Jerusalem, der Mittelpunkt der Welt, das ferne Paradies ihr Ziel.

Der Erfolg von Clermont ist überwältigend, wenn wohl auch nicht ganz so spontan entstanden, wie es scheinen mag.

Papst Urban II. war vor dem Tag von Clermont schon wochenlang durch Süd- und Südwestfrankreich gereist, hatte den Boden für das Folgende bereitet; und ob der Bischof von Le Puy seine Entscheidung wirklich so überraschend getroffen hatte, bleibt auch dahingestellt. Selbst die Begeisterung der Massen ließ sich durch einige geschickt plazierte Rufer, die zur rechten Zeit die rechten Worte parat hatten, erwekken.

Doch wie es auch sei – das „Gottesvolk“ war aktiviert.

Niemand ahnte zu dem Zeitpunkt, wie schwer es zu lenken sein würde.

Von Armen und Reichen hatte Urban II. gesprochen, die aufgerufen seien, ins Heilige Land zu ziehen. Aber hatte er wirklich jene ansprechen wollen, die in Clermont unter frenetischem Jubel das Kreuz ans Gewand geheftet hatten? Lag ihm wirklich an Bauern und Handwerkern, Bürgern und entlaufenen Knechten?

Seine Rede hatte den Adel aktivieren wollen, und das aus gutem Grund.

Viele Monate vor Clermont, im März 1095, waren auf einer Kirchenversammlung im italienischen Piacenza Gesandte des byzantinischen Kaisers Alexios aufgetreten und hatten in beredten Worten im Namen ihres Herrschers die westliche Christenheit um Unterstützung im Kampf gegen die immer weiter vorrückenden Ungläubigen aufgefordert. Wohl wissend, daß die alleinige Hilfe für das byzantinische Reich auf wenig Widerhall stoßen würde, hatte Alexios seine Emissäre angewiesen, von einer Hilfe für Jerusalem zu sprechen. Wären die abendländischen Truppenkontingente erst einmal da, so wollte er schon dafür sorgen, daß sie nach Anatolien zögen.

Der byzantinische Kaiser träumte von westeuropäischen Söldnern unter byzantinischem Kommando – alles andere war ihm völlig fern.

Es mag sein, daß Papst Urban II. ihn durchschaut hat; doch verstand er es meisterlich, die Situation zu seinen Gunsten auszunutzen. Er war es plötzlich, der alle Trümpfe in der Hand hielt.

Zum einen würde die Hilfe für Ostrom die Möglichkeit eröffnen (und Alexios hatte das auch durchblicken lassen), die seit Jahren bestehende Spaltung zwischen Rom und der Ostkirche zu beseitigen und das byzantinische Reich wieder fester an den Heiligen Stuhl zu binden; zum anderen aber eröffneten sich mit einem Male auch Möglichkeiten, die westeuropäischen Verhältnisse zu bessern. Nach Abt Guibert von Nogent erklärte Urban II. in Clermont: „... dieses Land, in dem ihr wohnt, ist allenthalben von Meeren und Gebirgszügen umschlossen und von euch beängstigend dicht bevölkert. Es fließt nicht vor Fülle und Wohlstand über und liefert seinen Bauern kaum die bloße Nahrung. Daher kommt es, daß ihr euch gegenseitig beißt und bekämpft, gegeneinander Krieg führt und euch meist gegenseitig verletzt und tötet. Aufhören soll unter euch der Haß, schweigen soll der Zank, ruhen soll der Krieg, einschlafen soll aller Meinungs- und Rechtsstreit! Tretet den Weg zum Heiligen Grab an, nehmt das Land dort dem gottlosen Volk, macht es euch untertan!"

Westeuropas soziale Probleme wurden in eine andere Richtung gelenkt.

Die Idee der „militia Christi" nahm Gestalt an.

Es fehlte auch nicht an ideologischer Untermauerung für dieses Unternehmen – geriet man doch zwangsläufig erst einmal in Widerspruch zum Gebot der Feindesliebe.

Bischof Anselm von Lucca erklärte, daß der Krieg an sich zwar verwerflich sei, doch er sei wahrhaftig christlich, wenn man dabei das Wohl des Feindes im Auge habe. Der Kampf gegen das Böse sei daher kein Akt der Verfolgung, sondern ein Akt der Liebe! Die Rechtfertigung für all die in den kommenden Jahrhunderten unter Gottes Schirmherrschaft geführten Kriege war hier deutlich formuliert.

Und Bischof Bonizo von Sutri fragte: „Wenn für den Staat, dann nicht für die Gerechtigkeit? Wenn gegen die Barbaren, dann nicht gegen die Ketzer?"

Die Tausende und aber Tausende jedenfalls, die sich in den Wochen nach Clermont zu rüsten begannen, sahen sich einig mit Gott.

Zeichen und Wunder weisen den Weg: Ein flammendes Nordlicht erhellt mit funkelnden Farben die Nächte; wenig später erscheint ein riesiger Komet am Himmel, zieht mit seinem schimmernden Schweif über das Abendland.

Das Volk schaudert, weiß sich auf dem rechten Weg.

Doch trotz nicht zu leugnender tiefer Religiosität, die die Menschen vorantreibt – es gibt für viele neben dem Glauben auch noch eine Wirklichkeit; und die mag so manchem die Entscheidung, ob er ins Heilige Land ziehe oder nicht, leicht gemacht haben. Eine große Teuerung ist zu der Zeit über das Land gekommen, und man leidet überall großen Mangel an Getreide. Die Felder können im Frühjahr nicht mehr bestellt werden, der Hunger meldet sich, niemand weiß, wie es weitergehen soll.

So mag vielen Bauern, verarmten Handwerkern und entlaufenen Knechten die große Reise als die einzige Rettung erschienen sein. Während der Adel noch bedächtig seine Vorbereitungen trifft, brechen in vielen Gegenden Frankreichs einfache Leute auf, um das Heilige Grab zu befreien.

Der Weg ist weit, und sie haben keine Vorstellung von Entfernung. Bei jeder am Horizont auftauchenden Stadt fragen sie: Ist das Jerusalem?

So kamen sie nach Deutschland.

Hier aber wußte man kaum etwas von des Papstes Rede in Clermont. „So kam es, daß fast das ganze deutsche Volk, beim Beginn des Auszuges in Unkenntnis über dessen Ursache, die so vielen Legionen von Reitern, die so vielen Scharen von Fußgängern, die so vielen Haufen von Bauern, Frauen und Kindern, welche sein Gebiet durchzogen, als in einem unerhört törichten Wahn befangen verhöhnten." (21)

Doch das anfängliche Lachen weicht auch hier bald einer wachsenden Begeisterung. Die von den endlosen Kriegen, von den Lasten der Abgaben gedrückten Bauern, die hungernden Armen der kläglichen Städte, die heimatlosen Landstreicher und lockeren Dirnen, die in ihren dumpfen Klosterzellen von Zweifeln an der Kirche geschüttelten Mönche, die ihren Herren entlaufenen Knechte, die nachgeborenen Söhne kleiner Adliger ohne Land und ohne Hoffnung auf ein Erbe, die auf ein Wunder hoffenden Krüppel, die gottsuchenden Schwärmer, die vor der Strafe der weltlichen Gewalt fliehenden Verbrecher – sie alle wollten teilnehmen am Zug zum himmlischen Jerusalem, wo für jeden Milch und Honig fließen würden. Sie machten sich mit all den anderen auf die Suche nach einer Welt, in der es Gerechtigkeit und Glück für alle geben sollte – auf die Suche nach einem Glauben, in dem die christlichen Ideale gelebt würden.

Eine Welle der Begeisterung schwappte von Frankreich herüber, flutete über die Rheingegend ins Land hinein – für manche aber kam mit dieser Welle die Angst.

Als zu Ende des Jahres 1095 die Judengemeinden der deutschen Städte von dem Ereignis in Clermont erfahren, da ahnen noch die wenigsten Gefahr.

Seit Jahrhunderten lebt man mehr oder minder gut mit der

christlichen Bevölkerung zusammen, ist seßhaft und wohlgelitten von den meisten Herrschern.

Als Fernhändler, Kaufleute, Ärzte oder im Geldgeschäft (das den Christen durch das kanonische Zinsverbot untersagt war) hat man sich mit den christlichen Mitbürgern arrangiert, und die beiderseitigen Beziehungen scheinen sich durchaus nicht nur auf wirtschaftlichem Gebiet entwickelt zu haben.

Freilich: In Zeiten der Not genügte oft der kleinste Anlaß, um aus den Juden Sündenböcke zu machen – im allgemeinen aber ließ man eine erstaunliche Toleranz walten und vermied tunlichst Religionsstreitigkeiten. Die jungen Städte dieser Zeit waren zu zerbrechliche Gebilde, als daß sie sich Zwist und Unfrieden unter ihren Bewohnern hätten leisten können. Da die jüdische Bevölkerungsgruppe eine bedeutende Rolle im Wirtschaftsleben spielte, stand sie vielerorts unter direktem Schutz der Obrigkeit.

In Speyer hielt der Bischof die Hand über sie; und die Wormser Juden erfreuten sich gar einiger von Heinrich IV. verliehener Privilegien – standen sie doch beim Kaiser in besonderer Gunst wegen ihrer Hilfe im Sachsenkrieg.

Noch also sieht man keine Gefahr, weiß sich in guter Hut.

Dann aber erreicht die Judengemeinde am Rhein das Gerücht, der Herzog von Niederlothringen habe geschworen, er wolle das Blut Christi an den Juden rächen und keinen von ihnen am Leben lassen. Man beginnt, Schreckliches zu ahnen.

Wie ein letzter verzweifelter Versuch mag es scheinen, wenn der Vorsteher der Mainzer Judengemeinde Boten an den in Italien festsitzenden Kaiser schickt, ihn vom Stand der Dinge unterrichtet und ihn zugleich an sein Schutzversprechen erinnert. Heinrich erläßt auch sofort ein Edikt, das alle geistlichen und weltlichen Herren nachdrücklich auffordert, die Juden zu schützen. Eine große Wirkung hat es sicher nicht – weiß man doch, daß Heinrich in Italien ist; und ob er je nach Deutschland zurückkehren wird ...

Und wenn der Herzog von Niederlothringen versichert, er

habe nie böse Absichten gegen die Juden gehabt, so ist daran wohl weniger das kaiserliche Edikt schuld als vielmehr der Rat seiner Hofbeamten, die andere Möglichkeiten sehen, aus den Juden Nutzen zu ziehen. Herzog Gottfried läßt sich mit einer beträchtlichen Summe von ihnen abfinden, finanziert so seine Kreuzzugsrüstung. Vielleicht kann man sogar sagen, das kaiserliche Edikt hat den Juden mehr geschadet als genutzt. Seit langer Zeit bestritt nämlich die Reformkirche, daß das Judenrecht ein Teil des Königsrechtes sei – wie konnte sie besser ihre Haltung demonstrieren, als wenn sie das Edikt ignorierte! Noch war kaum etwas von antijüdischer Stimmung unter den „Kreuzfahrern" zu spüren, und es ist wohl eines der zweifelhaften Verdienste der Reformpartei, daß sie den Volkszorn bewußt lenkte. Zum einen hatte man nicht vergessen, daß die Juden auf der Seite Heinrichs IV. standen, sah eine Chance, den Kaiser empfindlich zu treffen; zum anderen aber gab man dieser ganzen ungeordneten und längst jeder Kontrolle entglittenen Volksbewegung, in der sich schon erste Kritik an der Papstkirche breitmachte, eine andere Richtung. Die Juden sollten das Opfer werden.

„Als die Kreuzfahrer in die Städte kamen, in denen Juden wohnten, sprachen sie untereinander: Sehet, wir ziehen den weiten Weg, um die Grabstätte aufzusuchen und uns an den Ismaeliten zu rächen, und siehe, hier wohnen unter uns Juden, deren Väter ihn (Jesus; W. L.) unverschuldet umgebracht und gekreuzigt haben! So laßt uns zuerst an ihnen Rache nehmen und sie austilgen unter den Völkern, daß der Name Israels nicht mehr erwähnt werde; oder sie sollten unseresgleichen werden und zu unserem Glauben sich bekennen", berichtet der Jude Salomon bar Simon.

Einige Trupps begnügen sich noch damit, daß sie von den Juden Lebensmittel erpressen; aber es kamen andere – bußfertig, fanatisch, fromm und habgierig, voller Bekehrungseifer und Hoffnung für das eigene Seelenheil. Sie fielen ins bis dahin friedliche Leben der jüdischen Gemeinden ein.

„Taufe oder Tod!" lautete ihr Motto. Sie waren nicht zimperlich. Sie schlugen, brannten, stachen und würgten – Männer, Weiber, Kinder.

„Taufe oder Tod!"

Eine blutige Spur legt sich durch Deutschland.

In Speyer werden 11 Juden erschlagen, in Worms 800, in Mainz 1014, in Metz 22, in Köln 150 . . . Insgesamt schätzt man 4000 bis 5000 Opfer.

Nach den Pogromen ist die blühende jüdische Kultur der rheinischen Städte dahin. Was nützt es, daß später der zurückgekehrte Kaiser allen Zwangsgetauften die Rückkehr zum alten Glauben gestattet; was nützt es, daß er strenge Bestrafung der Schuldigen fordert – die Knochen der einen bleichen schon längst unter der Sonne Palästinas; andere aber wie der Mainzer Erzbischof Ruothard, der beim Pogrom eifrig in die eigene Tasche gewirtschaftet hatte, haben sich rechtzeitig dem kaiserlichen Zugriff entzogen. Es wäre allerdings zu billig, nur ökonomische oder politische Gründe für die Judenverfolgungen im Gefolge des ersten Kreuzzuges zu sehen. Allein die Tatsache, daß man forderte: „Taufe oder Tod!", läßt erkennen, daß hier noch eine andere, eine religiöse Dimension mit im Spiel war.

Die allgemeine Lebenssicherheit der Menschen war empfindlich gestört. Zwei Päpste stritten sich um den apostolischen Stuhl; der Kaiser war gebannt; mancherorts mehrten sich die Zeichen, die auf das Nahen des Antichrist hinwiesen. Nicht wenige erwarteten nun das schon lange angekündigte Ende der Zeiten, das Jüngste Gericht. Zwar hatte die Hochkirche sich stets gegen dergleichen apokalyptische Naherwartungen ausgesprochen, doch im Volk und der von ihm empfundenen Religion war dieses Gefühl fest verwurzelt. Und in eben jener Endzeit sollte sich nach der Überlieferung auch das Schicksal der Juden erfüllen. Als Helfer des Antichristen würden sie entweder bekehrt werden oder untergehen.

War diese Zeit nun nicht angebrochen?

Galt es nicht, nunmehr die Prophezeiung mit Leben zu erfüllen? Viele der Kreuzfahrer sahen sich durchaus als Werkzeuge Gottes, die diesen Auftrag zu erfüllen hatten.

In solchem Glauben ziehen die ungeordneten Volkshaufen plündernd nach Südosten, durch Ungarn ins byzantinische Reich, angegriffen von der erbitterten Landbevölkerung, die sich der Übergriffe nicht mehr anders zu erwehren weiß.

Von den Tausenden, die aufgebrochen waren, erreicht nur ein kläglicher Rest Kleinasien. Und beim ersten Treffen mit den Seldschuken wird dieser erbarmungslos zusammengehauen. Zu der Zeit war nun endlich auch das Heer der Ritter aufgebrochen. Franken und Provencalen, Normannen und Flamen – der Anteil der Deutschen ist verschwindend gering – marschieren unter fortwährenden kleinlichen Zänkereien auf Jerusalem zu.

Byzanz, Nicae, Antiochia – es ist ein Zug des Grauens, des Blutes, des Durstes und des Todes. Über ihn zu berichten wäre eine andere Geschichte...

Am 15. Juni 1099 fällt Jerusalem den abendländischen Rittern in die Hände. Nach einem furchtbaren Gemetzel und einer tagelang dauernden Plünderung wird Gottfried von Bouillon, jener Herzog von Niederlothringen, der einst alle Juden hatte töten wollen, von den anderen Baronen zum „Beschützer des Heiligen Grabes" erwählt.

Papst Urban II. aber erlebt den Triumph nicht mehr. Am 29. Juli 1099 stirbt er.

Die Boten, die die frohe Kunde von der Einnahme Jerusalems überbringen, finden ihn nicht mehr unter den Lebenden.

Das Papsttum hat einen gewaltigen Erfolg errungen.

Es war ihm gelungen, vor aller Welt deutlich seinen Führungsanspruch über weltliche Autoritäten zu demonstrieren. Wer dachte noch an jenen schon halbvergessenen Kaiser, der in Verona vor sich hindämmerte? Man hatte gesehen, wer der wahre Führer der Christenheit war.

Doch noch während die Kreuzfahrer südostwärts klirren, während man noch vom Heiligen Grab träumt, noch bevor Urbans letzte Stunde naht, erhebt Kaiser Heinrich IV. sich aus seiner Verzweiflung, bereit, erneut um den Bestand und die Größe seines Kaisertums zu kämpfen.

„Wehe dem, der solchen Sohn hat!"

... so will ich lieber in fremden Ländern ein Bettler sein, als zum Gespött werden in den Reichen, die einst die meinen waren.
(Vita Heinrici)

„... den Unglücklichen und Guten zum Nutzen"

Mit dem Frühling 1097 kommt der Kaiser nach Deutschland zurück. Nach siebenjähriger Abwesenheit schaut ein gealterter Mann von den Höhen der Alpen hinunter ins frühlingsgrüne bayrische Land. Die Paßstraßen über das Gebirge sind frei. Von den Sperren Welfs IV. wehen zur Begrüßung des Kaisers bunte Banner, und die herzoglichen Kriegsmannen grüßen von der schroffen Höhe ihrer Felsennester den Zug.

Bayern steht jetzt auf kaiserlicher Seite. Die Allianz mit den lombardischen Rebellen ist zerbrochen. Vorbei ist die „Romanze" des Welfensohnes mit der Markgräfin Mathilde. Das toskanische Mannweib hatte keinen Gatten gesucht, sondern nur einen Partner im Kampf gegen Heinrich IV. Das war nicht sonderlich betrüblich für Welf V. gewesen, der ohnehin nicht geneigt war, die Ehe mit der ältlichen Frau überhaupt zu vollziehen. Was man allerdings am welfischen Hofe übel vermerkte, war der Umstand, daß Mathilde auch keinen Augenblick in ihrem jungen Gatten einen Erben gesehen hatte, sondern nur einen Diener ihrer Zwecke. In Bayern war man aus allen Wolken gefallen, als ruchbar wurde, daß das mathildesche Erbe, auf das man so sehr spekulierte, schon längst der Kirche gehörte.

Was sollte dann die Ehe mit der alten Vettel, fragte sich

Welf V. Sein Vater, der Bayernherzog, fragte sich das auch ... Wenig später erschien er in Verona vor Heinrich IV., empört darüber, daß er betrogen worden war. Der Kaiser, froh über jeden Bundesgenossen, nahm ihn in Gnade auf und bestätigte ihm die bayrische Herzogswürde. Währenddessen zog Welf V. lärmend durch die lombardischen Städte und ließ überall Lächerlichkeiten über die ihm aufgezwungene, ungeliebte Gattin verbreiten. Stillschweigend löste Papst Urban II. die Ehe.

Die jahrelange unfreiwillige Gefangenschaft in Verona, der Verrat des Sohnes, die perversen Geschmacklosigkeiten der Gattin – das alles kann an dem nun sechsundvierzigjährigen Kaiser nicht spurlos vorübergegangen sein. Er ist tief getroffen, und das alte Mißtrauen aus Kindheitstagen, geboren in der Intrigenwelt des Hofes, lebt wieder auf.

Welchen Worten darf er glauben?

Im Mai 1098 läßt er auf einem Reichstag in Mainz seinen verräterischen Sohn Konrad vom Hofgericht der Krone für verlustig erklären. An seine Stelle tritt der jüngere Bruder Konrads, Heinrich. Die üblen Erfahrungen aber haben den Kaiser vorsichtig gemacht: Er läßt den Sohn einen feierlichen Eid schwören, „daß er selber nie auf den Abweg des Bruders gerate ..., daß er niemals bei Lebzeiten des Vaters sich der Regierung oder der väterlichen Güter bemächtige, es sei denn mit dessen ausdrücklicher Zustimmung.“ (4)

Dem siebzehnjährigen Heinrich geht der Eid leicht von den Lippen – zu leicht!

Die Lage Heinrichs IV. in Deutschland ist nunmehr nicht schlecht. Das übergroße Interesse der Welt am Heiligen Land hatte die kirchlichen Kräfte vorderhand gebunden und das allgemeine Interesse vom Kampf gegen den Salier abgelenkt. Doch wenn dieser auch durch geschmeidige Diplomatie bei seinen Bemühungen um eine Festigkeit der Zentralgewalt durchaus so manchen Erfolg verbuchen kann – mehr und mehr scheint in ihm doch die Erkenntnis Raum gewonnen zu haben, daß ein wirklicher Friede in Deutschland ohne eine

Aussöhnung mit der Kurie nie zustande kommen würde. Denn solange die Opposition im Reich ihren Rückhalt in Rom finden würde, solange sie sich stets und ständig auf ihr gottgefälliges Tun berufen könnte, so lange auch würde er vergeblich gegen sie kämpfen. Der Konflikt war nur an der Wurzel zu lösen.

Er muß auch eine Lösung vom Bann erlangen, dadurch dem aufmüpfigen Hochadel die geistliche Grundlage entziehen, muß der Rebellion das Mäntelchen des frommen Werkes herrunterreißen und sie als das zeigen, was sie ist: bloßer blutiger Machtkampf.

Es ist anzunehmen, daß Kaiser Heinrich IV. diesen Schritt genau abwägt. Er weiß, daß er Positionen wird aufgeben müssen; aber er weiß auch, daß er nur dadurch anderes bewahren kann.

Seine Chancen stehen gut: Urban II. ist tot; wenig später stirbt auch Clemens-Wibert. Heinrich IV., nun durch nichts mehr gebunden, läßt Bereitschaft zu Gesprächen mit Rom erkennen, ja ein Chronist berichtet sogar, er habe darüber nachgedacht, nach Rom zu ziehen und sich dem Spruch einer Synode zu beugen (was die völlige Unterwerfung unter die päpstliche Oberhoheit bedeutet hätte und deshalb doch unwahrscheinlich ist).

In Deutschland jedenfalls spricht man wieder einmal vom baldigen Frieden zwischen Kaiser und Papst, und einige gregorianische Bischöfe machen sich vorsichtshalber auf eine Wallfahrt nach Jerusalem.

Doch Rom schlägt die dargebotene Hand aus.

Papst Paschalis II., Nachfolger Urbans und schroffer Gregorianer, erklärt in einem Brief an den Bischof von Konstanz, es sei alles nur nichtiges Gerede, daß er sich mit dem Kaiser einigen wolle. Und wie um das vor aller Welt zu bekräftigen, erneuert er den Bann über den Kaiser, der die Kirche durch Raub und Brand verwüstet, sie durch Üppigkeit, Meineid und Mord befleckt hat. Er sei verflucht!

Rom liegt nichts an Einigung.

Die päpstliche Stellung in Italien war ungefährdet, denn was konnten die in den kommenden Jahren kurz aufflackernden Schattenpäpste der wibertinischen Partei schon für eine Gefahr sein? Der Kaiser aber war in Deutschland beschäftigt, und um ihn dort zu binden, ihn fernzuhalten von Italien, galt es die deutschen Fürsten zu unterstützen und deren etwas lasch gewordene Kampfeslust neu zu wecken.

„Bei eurem Gehorsam gegen die Apostel und um Vergebung der Sünden willen gebiete ich euch, solche Ketzer wie Heinrich nicht nur zu vermeiden, sondern auch zu bekämpfen", fordert Papst Paschalis in einem Schreiben. Die sich aufs Exil vorbereitenden gregorianischen Bischöfe aber ruft er zur Ordnung, erklärt ihnen, sie sollten im Lande bleiben und unter dem verehrten deutschen Volk ihr Licht leuchten lassen.

Das „verehrte deutsche Volk" aber will nichts mehr vom Kampf wissen, und die Kirche von Lüttich bekundet in einem offenen Brief ihren Schmerz und ihre Verwunderung darüber, daß ein Papst imstande sei, Kampf und Mord zu fordern:

„Rom, meine geliebte Mutter, ist mir zum Wundern geworden. Dann was ist so wundersam, was so beklagenswert? Wir, die Kinder der römischen Kirche, sehen den römischen Bischof, diesen Engel des Herrn, dastehen mit dem über die Kirche gezückten Schwert. David hat einst gebetet: Möge das Volk nicht sterben. Unser Engel betet: Sie sollen sterben!"

Der Frieden kommt nicht aus Rom.

Der verteufelte, verketzerte Kaiser ist es, der ihn bringt!

Auf einem Reichstag im Januar 1103 verkündet er, „daß er seinem Sohn, König Heinrich, alle Gewalt überlassen und das Grab des Herrn besuchen werde". (21) Eine Pilgerfahrt nach Jerusalem galt als allerfrömmste Tat. Heinrich IV. weiß das, und er weiß auch, daß der Papst einem frommen, büßenden Wallfahrer schwerlich die Absolution versagen kann. Was ihn vor Jahren nach Canossa getrieben hatte, zieht ihn nun ins Heilige Land; und mögen aus Rom auch ablehnende Bescheide kommen – vollendeten Tatsachen wird auch der Papst sich nicht verschließen können.

Inwieweit Heinrich den Plan dieser Wallfahrt mit Eifer vorantrieb, welchen Termin er sich gesetzt hatte, ist nicht bekannt. Doch es war sicher mehr als ein bloßer Propagandaschachzug, denn in Vorbereitung eben jener Wallfahrt erläßt er zu Mainz einen allgemeinen Reichsfrieden. Für vier Jahre sollen alle Fehden im gesamten Reichsgebiet schweigen. Weder Raub noch Gefangennahme, Tod, Verstümmelung oder Brandstiftung sollen den einzelnen beschweren. Der große Wunsch der Zeit, daß ein Mann, eine Mutter mit Kind, ein Kaufmann mit seinen Waren unbehelligt durchs Land reisen könne, soll nun endlich wahrgemacht werden.

Empfindliche Strafen an Leib und Leben werden jenen angedroht, die das kaiserliche Gebot mißachten. Das Unerhörte dabei war allerdings, daß keinerlei Standesunterschiede beachtet wurden!

„Wenn ein Unfreier einen Menschen tötet, soll er enthauptet werden; hat er jemanden verwundet, soll ihm die Hand abgeschlagen werden; hat er jemanden im Streit mit dem Knüppel oder einem Stein verletzt, so soll er geschoren und geschunden werden ...“, so war das in dem 1083 zu Köln verkündeten Gottesfrieden festgelegt worden. Das alte Vorrecht des Adels und der Freien, Strafen an Leib und Leben durch eine Geldbuße zu ersetzen, wurde nicht angetastet.

Die neue kaiserliche Friedensordnung aber schor alle, Freie wie Unfreie, Fürsten wie Bauern, Adel wie Knechte, über den gleichen Kamm. Dies schien so manchem höchst bedenklich, und nicht jeder konnte darüber derart aus vollem Herzen frohlocken wie Heinrichs IV. Biograph: „Dieses neue Friedensgesetz hat, wie es den Unglücklichen und Guten zum Nutzen gereichte, ebensosehr den Schurken und Gewalthabern geschadet.“ (4)

Deutschlands Adel verstand sehr wohl, was da in Mainz beschlossen worden war: Der Kaiser wollte in die seit alters verbürgte Eigengerichtsbarkeit der Herren einbrechen, sich zur höchsten richterlichen Instanz aufschwingen und damit seine Stellung festigen.

Bauern und Bürger jubelten, waren bereit, für des Kaisers Frieden zu streiten; der Adel aber grollte. „Denn die, welche ihr Eigentum an Kriegsleute vergeudet hatten, um mit einem bedeutenden Gefolge solcher Kriegsleute aufzutreten und die anderen mit der Menge ihrer Bewaffneten weit zu übertreffen, die hatten jetzt, da ihnen die Willkür zu rauben genommen war, ... gegen Armut zu kämpfen ... Wer kürzlich noch auf schäumendem Rosse daherkam, der begann jetzt, mit einem Bauerngaul sich zu bescheiden. Wer kürzlich noch kein anderes Gewand mochte als eines, das brennend scharlachrot gefärbt war, der erklärte jetzt, er befände sich vortrefflich, wenn er ein Kleid besäße, das die Natur mit der ihr eigenen Farbe durchtränkt hätte." (4)

Wenn es sicher auch nicht ganz so schlimm und so drastisch nach des Kaisers Reichsfriedensgesetz zugegangen ist – Normalität macht sich wieder breit. Nach den Zeiten des Infernos vermeldet einer der Zeitgenossen wie ein Wunder: „Ungefährdet fuhr der Schiffer an den am Ufer gelegenen Städtchen, denen die Plünderung von Schiffen zuvor den Unterhalt verschafft hatte, vorüber, während der Gebieter dieses Flekkens Hunger litt." (4)

Doch mit Erschrecken muß der ohnehin schon arg verstimmte Adel feststellen, daß sich der Kaiser noch weiter vorwagt. Er beschränkt die Vogteirechte und greift in immer stärkerem Maße in die Gerichtsbarkeit des Hochadels ein. Von ihm eingesetzte Ministerialen sollen künftig im kaiserlichen Namen Recht sprechen.

Mit all diesen Schritten trat er energisch dem weiteren Ausbau der Territorialherrschaften entgegen.

Die durch den Reichsfrieden geschaffene einheitliche Gesetzgebung schuf eine Einheit von Reichsuntertanen; durch den Eingriff in die Gerichtsbarkeit des Hochadels bekam der

Kaiser Möglichkeiten, ohne Anspruch auf Besitz in anderen Herrschaftsgebieten wirksam zu werden.

Es ist ein wichtiger Versuch, die Grundlagen für ein geschlossenes Staatswesen zu schaffen!

In dem Maße, wie Heinrich diese Pläne vorantrieb, wuchs die Schar seiner Feinde. Man fühlte sich bedroht, scharte sich zu neuer Rebellion, und die Front seiner Gegner erreichte bald eine Stärke und Geschlossenheit wie kaum zuvor.

Ein düsteres Ahnen neuen Kampfes überfällt die Menschen, und wie ein verzweifelter Aufschrei dringen die Worte des Heinrich-Biographen zu uns: „Was ist's denn nun, frage ich euch, was er verbrochen hat?"

Mit beeindruckender Wortgewalt gibt er dann selbst die Antwort: „Es war freilich dies, daß er Schandtaten verhütete, daß er Frieden und Gerechtigkeit zurückrief, daß der Räuber nicht mehr die Straße besetzt hielt, daß der Wald nicht mehr seine Hinterhalte verbarg, daß Kaufmann und Schiffer frei ihres Weges ziehen konnten, daß der Räuber Hunger litt, weil der Raub verboten war ... Gebt dem Acker die Leute wieder, die ihr ihm für den Waffendienst entzogen habt; paßt die Anzahl eures Gefolges dem Maße eures Vermögens an; erwerbt eure Güter wieder, die ihr, um viele Bewaffnete zu haben, törichterweise verschwendet habt, und eure Scheuern und Keller werden von allem Guten strotzen; es wird dann nicht mehr nötig sein, fremdes Eigentum anzutasten, da jeder aus dem eigenen in Fülle haben kann. Dann wird die Zeit sein, daß man weder den Kaiser mit Anschuldigungen beschimpft noch Krieg im Reich führt ..." (4)

Aber wer hört schon auf solche Worte!

„Niemals oder schwer wird böse Gewohnheit aufgegeben", resigniert der „Vita"-Autor.

Doch es ging um mehr als um „böse Gewohnheit".

Eine Verschiebung der politischen Machtverhältnisse zugunsten des Königtums gefährdete die Position der Großen; der Frieden, dessen Träger hauptsächlich Bauern und Bürger im Bündnis mit dem Kaiser waren, bedrohte die althergebrachte Ordnung, wie sie der Adel verstand. Er, der vom allgemeinen Fehdezustand der letzten Jahre profitiert hatte, verlor nun teilweise seine Existenzgrundlage, war gezwungen, seine Lebensumstände zu überdenken und neu zu ordnen.

Ein Konflikt war unausweichlich.

Vielleicht hätte die von Heinrich IV. verkündete Wallfahrt nach Jerusalem, der sicherlich ein Großteil des kriegerischen Adels zugeströmt wäre – vielleicht hätte ein solcher „kaiserlicher Kreuzzug“ Deutschlands politische Situation grundlegend verändert. Vielleicht hat Heinrich sogar diesen Gedanken in seine Überlegungen mit einbezogen, denn das Beispiel des französischen Adels lag nahe, und Papst Urban II. hatte zudem diesen Aspekt in Clermont ja deutlich angesprochen...

Vielleicht überfordert man mit dieser Unterstellung auch Heinrichs IV. politisches Gespür.

Deutschlands Adel jedenfalls sieht sein Ziel zu der Zeit mehr im eigenen Land als irgendwo in neblig-heiliger Ferne.

Vater und Sohn

Der bayrische Graf Sigehard von Burghausen wäre für die deutsche Geschichte sicher ohne tiefere Bedeutung geblieben, wenn er sich zu Anfang des Jahres 1104 nicht entschlossen hätte, mit einer Schar von Reisigen nach Regensburg zu kommen, wo sich zu der Zeit gerade der Kaiser aufhielt. Nun war in Sigehards Erscheinen dort nichts Besonderes, und er befand sich in der Donaustadt in Gesellschaft vieler bayrischer Adliger – der Umstand aber, daß er bei eben jenem Besuch in Regensburg enthauptet wurde, hebt ihn weit über die anonyme Masse der anderen hinaus. Bis heute weiß man nicht genau, warum Sigehard sein Leben verlor. Die kaiserfreundlichen Quellen schweigen in vornehmer Zurückhaltung über dieses Vorkommnis, und die kaiserfeindlichen gefallen sich in solch bösartigen Unterstellungen, daß man schwerlich die Wahrheit entdecken kann.

Es scheint, als habe Graf Sigehard in die Belange seiner Ministerialen eingreifen und ihnen die Erblichkeit ihrer Dienstlehen bestreiten wollen. Die in ihrer Existenz gefährdeten gräflichen Dienstleute verschworen sich untereinander, fanden Unterstützung bei städtischen und Reichsministerialen. Es kam zu Tumulten, und in höchster Erregung stürmte die aufgebrachte Menge die gräfliche Herberge und enthauptete Sigehard. Die Chroniken sprechen wohl zu Recht von Mord, denn einen Prozeß dürfte es nicht gegeben haben.

Regensburg sah eine der ungezählten Gewalttaten des Mittelalters, die ihr Gewicht nur dadurch bekam, daß sie in unmittelbarer Umgebung des Kaisers geschah und zu einer Zeit, da das kleinste Vorkommnis eine Katastrophe auslösen konnte.

Die Kaiserfeinde behaupteten auch sofort, Heinrich IV. sei nicht gegen die Bluttat eingeschritten!

Aber wußte er denn überhaupt davon? Ist es nicht viel eher möglich, daß auch er völlig überrascht war? Sollten die aufgebrachten Ministerialen ihn wirklich vorher befragt oder gar in ihre Pläne eingeweiht haben?

Zwar wurde man nicht müde, Heinrich IV. zumindest die moralische Verantwortung zuzuschieben – „daraus ist eine sehr große Verfolgung gegen den Kaiser von Sigehards Verwandten und allen Fürsten des Reiches erwachsen, deswegen, weil jener, falls der Kaiser ihm zu Hilfe gekommen wäre, keinesfalls getötet worden wäre!“ –, ein Motiv für sein angebliches Schweigen aber ist nicht zu erkennen.

Nutznießer der Affäre war der rebellische Adel, denn der hatte nun seinen Anlaß zum Aufstand. Landauf, landab wurde man nicht müde zu verkünden, der Kaiser selbst habe den Gottesfrieden gebrochen!

In Bayern, Schwaben, Sachsen sannen die Herren auf neuen Krieg, und sie suchten nach einem geeigneten Nebenbuhler für Heinrich IV. Am geeignetsten hierzu schien ihnen sein Sohn.

Heinrich, der nun dreiundzwanzigjährige König von Deutschland, hatte nichts gemeinsam mit seinem inzwischen schon verstorbenen Bruder Konrad. Jener war ein frommer Schwärmer, durchdrungen vom Erbteil der Großmutter Agnes, zu unentschlossen für die höfische Welt der Intrige, zu leichtgläubig, zu weich. Heinrich hingegen schien eher von der anderen Großmutter sein Erbteil erhalten zu haben, von jener Adelheid, der streitbaren Matrone, die ihrem Schwiegersohn immerhin erst einige Ländereien abgetrotzt hatte, ehe sie sich dazu entschließen konnte, ihn auf seinem Weg nach Canossa zu unterstützen.

Heinrichs Rücksichtslosigkeit, sein Machtbewußtsein, seine kalte, emotionslose Art machten ihn durchaus interessant für die Fürsten, die wohl bald erkannten, daß dem Kaiser in seinem Sohn sehr schnell anstatt einer Stütze ein Gegner erwachsen könnte. „Sie wunderten sich", so ließen sie sich ihm gegenüber vernehmen, „daß er einen so strengen Vater ertragen könne; nichts unterscheide ihn von einem Knecht, da er alles Knechtische ertrage..." (4)

Der frühreife, eigenwillige Heinrich, dem Wesen nach seinem Vater nicht unähnlich, wie jener aufgewachsen in einer Welt ohne moralische Begriffe, mag sich dergleichen Dinge angehört haben – ob sie ihn beeindruckt haben, ist fraglich. Da zogen andere Argumente besser: „... sein Vater sei alt und nicht mehr fähig, die Zügel der Herrschaft zu führen; wenn er mit der Inbesitznahme des Reiches bis zu dessen Tod warte, so sei kein Zweifel, daß ein anderer ihm jenes Reich entreißen würde, und er würde viele Helfer haben aufgrund des Unwillens und Hasses gegen seinen Vater; sie aber würden alle Stimmen ihm zuwenden..." (4)

Nun ist der „Vita"-Autor mit Sicherheit nicht bei dem Ge-

Kaiser Heinrich IV. mit seinen Söhnen Heinrich und Konrad (Miniatur aus einem Regensburger Evangeliar, um 1100)

spräch der Fürsten mit Heinrich dabeigewesen – doch die Argumente, die er den Fürsten in den Mund legt, scheinen durchaus möglich. Heinrich weiß, was er will, auch wenn sein Vater nichts merkt.

Vereint mit dem Sohn bricht dieser im November 1104 an der Spitze seiner Truppen auf nach Sachsen, wo der Aufruhr wieder einmal offen ausgebrochen ist. Der Kaiser und Deutschlands König ziehen gemeinsam aus, die Feinde der salischen Macht zu Boden zu stampfen! An der Spitze der Streitmacht reiten beide nordwärts, vom Herbstnebel umwoben. Gesandte der sächsischen Rebellen, so heißt es, zögen ihnen verhandlungsbereit entgegen.

Der Kaiser ist voller Hoffnung.

Merkt er deshalb nicht die Veränderung an seinem Sohn? Oder hat der sich nicht verändert, ist er wie immer? War das Verhältnis zwischen Vater und Sohn so distanziert, daß einer den anderen nicht zu erkennen vermochte?

In Fritzlar rasten sie. Es ist die Nacht zum 12. Dezember. Wie an den anderen Abenden auch begibt sich der Kaiser zur Ruhe. Doch in dieser Nacht wird er keine neuen Kräfte für den nächsten Tag sammeln können. In dieser Nacht bringen ihm aufgeregte Boten die bestürzende Kunde, daß König Heinrich V. gemeinsam mit einem Großteil anderer Herren und ihren Gefolgen das Lager verlassen haben.

Heinrich V. hat mit seinem Vater gebrochen!

Die Gründe dafür sind vielschichtig; doch dürfte die Erkenntnis, daß der Kaiser sich immer mehr Feinde schuf, eine entscheidende Rolle gespielt haben. Immer mehr Fürsten wurden der Krone entfremdet – das aber gefährdete die Aussicht Heinrichs auf Nachfolge. Durch den Abfall von seinem Vater – was nicht unbedingt als völliges Einschwenken auf die Linie der Fürsten und Roms verstanden werden darf! – versuchte der jugendliche König, jene Kräfte vorerst an sich zu binden, die ihm gefährlich werden konnten.

In geheimen Verhandlungen waren wohl schon lange vorher die Modalitäten festgelegt worden.

Der kaltrechnende Heinrich fürchtete um seine zukünftige Macht, und er tat alles, um sie zu erlangen.

Ohne Bedenken opferte er den Vater.

Aus Rom kommt kurz darauf ein Schreiben des Papstes, in dem jener erklärt, wie sehr ihn die Vorgänge in Deutschland erfreuen. Der Bruch zwischen Vater und Sohn sei ganz offensichtlich von Gott ausgegangen, und schon deshalb solle Heinrich sich keine Gedanken darüber machen, daß er den einstmals geleisteten Eid gebrochen habe. Einem Exkommunizierten brauche man ohnehin nicht Wort zu halten!

Und Papst Paschalis II. versäumt auch nicht, die eigenen Interessen gleich von vornherein klar darzulegen: Die römische Kirche werde Heinrich V. in Güte empfangen, wenn er ihr sowie dem Papst und seinen Nachfolgern Gehorsam leisten wolle ...

Doch Heinrich ist nicht wie Konrad. Rom war ihm zeitlebens ferner als die eigene Macht! Zum Papst-Brief äußert er sich erst einmal überhaupt nicht. Er weilt in Bayern, wo sich der Adel um ihn schart. Rom ist weit – viel wichtiger ist ihm die Verbindung mit Sachsen und Thüringen. Hier, wo Erzbischof Ruothard von Mainz (jener Kirchenfürst, der sich durch die Judenmassaker in seiner Stadt bereichert hatte und dann vor Kaiser Heinrichs IV. Zorn geflohen war) alte Rivalitäten neu aufbaut, schwenkt man nur zu gern auf den Kurs des Sohnes ein, schreibt ihm, daß man ihn sehnlichst erwarte.

Am Karfreitag 1105 bietet sich Sachsens Fürsten ein erhabenes Schauspiel. In hellen Scharen drängen sie sich in Quedlinburg, staunen, frohlocken, und jene, die nicht dabei sind, werden es sich später immer und immer wieder erzählen lassen: König Heinrich V. zieht zum Beweis seiner Unterwürfigkeit barfuß in die Stadt ein! Demütig watet er durch den Kot der Gassen, und wenn auch anwesende Adlige Huldigungsrufe auf ihn ausbringen – ein Salier, der barfuß vor ihnen steht, das wäre noch vor zehn Jahren undenkbar gewesen. Mit solch einem König wird man leben können.

Wie zufrieden man war, geht aus einem Bericht über ihn aus jenen Tagen hervor: „Wir haben dabei, was wir nicht mit Schweigen übergehen dürfen, gesehen“, erzählt der Berichtende, „wie König Heinrich durch seine große Demut und sein großes Ansehen zugleich eine nicht geringe Hoffnung auf gute Anlagen bei allen erweckte. Denn obgleich er der Versammlung der Diener Gottes nur dann beiwohnen wollte, wenn er gerufen würde ..., erneuerte er endlich, in einem schlichten Gewand auf erhöhtem Platz stehend, allen ... auf vernünftige Weise ihre Gesetze und Rechte ...“ (21)

Gern sicherte man solch einem König alle Unterstützung zu, die er in seinem Kampf brauchte! –

Der Verrat seines zweiten Sohnes traf Heinrich IV. wie ein Schlag. Monatelang scheint er sich überhaupt geweigert zu haben, die Tatsache zur Kenntnis zu nehmen. Immer wieder versucht er, Kontakt zu seinem Sohn aufzunehmen, ihn zur Umkehr zu bewegen. Er mahnt ihn, bittet ihn, erinnert ihn an den geleisteten Eid; er versucht sogar Papst Paschalis als Vermittler einzuschalten, deutet Kompromißbereitschaft an – alles vergebens. „Jener (Heinrich V.; W. L.) wies ihn schroff ab und erklärte, er wolle fernerhin nichts mehr mit ihm zu tun haben, weil er exkommuniziert sei. So betrieb er unter dem Vorwand der Sache Gottes seine eigene Sache." (4)

Gebrochen sitzt der Kaiser in Mainz, zurückgedrängt auf die rheinischen und oberdeutschen Städte, letzte Orte, auf deren Hilfe er noch rechnen darf.

Da melden am Sankt-Johannis-Tag 1105 aufgeregte Boten, am jenseitigen Ufer des Rheins stünde ein Heer.

Heinrich IV., bei dem außer einigen ritterlichen Dienstleuten und Bürgern nur noch wenige Fürsten geblieben sind, erfährt nun die grausame Bestätigung dessen, was er nicht hatte wahrhaben wollen. Der Sohn führt Krieg gegen den Vater.

Doch es kommt in Mainz nicht zum Kampf.

In kluger Voraussicht hatten die Kaiserlichen alle vorhandenen Schiffe in Sicherheit gebracht, so daß die Rebellen ungeduldig rasselnd am anderen Ufer lagern müssen, keine Möglichkeit zur Überfahrt haben. (Man kann sich fast des Eindrucks nicht erwehren, daß eine Vielzahl von Schlachten in jener Zeit einfach an dem Umstand gescheitert ist, daß zwischen den beiden sich bekriegenden Heeren ein Fluß war!)

Noch einmal glaubt Heinrich IV. an die Chance zur Verständigung. In Kähnen überqueren Unterhändler den Fluß, bieten in kaiserlichem Namen eine Teilung des Reiches und der Regentschaft an. Von drüben kommt nur die lakonische Forderung: Unterwerfung unter den apostolischen Stuhl.

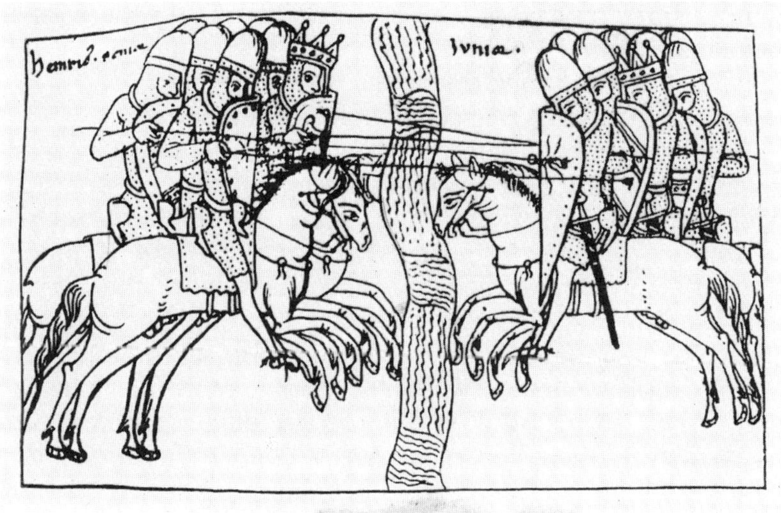

Kampf zwischen Heinrich IV. und Heinrich V. am Fluß Regen (aus der Weltchronik des Otto von Freising)

Das aber ist für den Kaiser unmöglich! Sein ganzes Leben wäre nutzlos gewesen! Verzicht auf das Investiturrecht, das Ende der alten Reichsidee, erpresserisch angedroht!

Nein!

„Wenn sich mein Vater dem apostolischen Stuhl unterwirft", konnte Heinrich V. auch weiterhin verkünden, ohne fürchten zu müssen, einmal beim Wort genommen zu werden, „so werde ich mit dem zufrieden sein, was seine Milde mir gewähren wird.

Bis dahin bin ich nicht der Feind meines Vaters, sondern nur der Bannerträger des Reiches."

So sah er es vielleicht; der Kaiser aber dachte anders darüber. Als ob er nun endgültig einen schweren Schockzustand überwunden habe, schüttelt er Ende Juli 1105 plötzlich alle Lethargie von sich ab. Genug der Trauer, genug des Selbstmitleidens; ein Kaiser bittet nicht, ein Kaiser befiehlt! Von seinen Ratgebern wohl aufs heftigste bedrängt, überwindet sich Heinrich IV.

Wieder erhebt sich alte salische Kaisermacht.

Krieg wird sein, Krieg gegen den eigenen Sohn!

Anfang August verläßt der Vater Mainz. Er marschiert zunächst nach Würzburg, sammelt seine Getreuen um sich. Nicht viele kommen freudig und aus freien Stücken. Manchen schreibt er Briefe, wie dem Bischof Otto von Bamberg (einem Mann, der ihm seinen Aufstieg verdankte und der nun wohl endlich die Gelegenheit hätte, sich dankbar zu erweisen). „Wir wissen, daß du häufig durch Botschaften unseres Sohnes geplagt wirst, so wie du durch deinen Boten gemeldet hast. Aber wir erhoffen von der Treue deiner guten Gesinnung, daß du dich weder durch Bitten noch durch Drohungen, weder durch Überredung noch durch Schmeicheleien jemals für unsere Feinde gegen uns einnehmen läßt, sondern stets treu mit uns ausharrst ...“ (9)

Einmal mehr sollte der Kaiser sich geirrt haben. Es wird nicht viel Zeit vergehen, und der Bamberger wird einer der ersten sein, der sein Knie vor König Heinrich V. beugt.

Mit dem Geld, das ihm die Bürger der Städte geben, wirbt Heinrich IV. Truppen. Doch was ist die Hilfe der Handwerker und Kaufleute aus Mainz, Würzburg, Köln gegen die geschlossene Front des rebellischen Adels, gegen die welterschütternden Sprüche Roms?

Wie zuverlässig sind angeworbene Kriegsleute?

Eine Kraft aber wird im großen Ringen völlig übersehen: die Bauern. Gerade sie leiden am meisten unter den Zuständen, gerade sie wären wohl die treuesten Kämpfer für den Kaiser, für den Frieden, für sich. Doch Heinrich IV. übersieht sie.

Ahnt er nichts von den Möglichkeiten, die er da verschenkt? Oder sind es andere Schranken, die er nicht überwinden kann und will?

Schafe, Ochsen, Hunde – Esamer, der Kaplan des Erzbischofs Anselm von Canterbury, erklärt zu ungefähr dieser Zeit die Sozialstruktur des Mittelalters:

„Die Schafe sind dazu da, um Milch und Wolle zu geben; die Ochsen, um die Erde zu pflügen; die Hunde, um die Schafe und Ochsen gegen die Wölfe zu verteidigen. Erfüllt jede dieser Tiergattungen ihre Aufgabe, so beschützt Gott sie... Ebenso erhält er die Stände... Die einen – die Geistlichen und die Mönche – hat er bestellt, damit sie für die anderen beten, sie voller Sanftmut wie die Schafe mit der Milch der Verkündigung tränken und ihnen durch die Wolle des guten Beispiels eine glühende Liebe zu Gott einflößen. Die Bauern hat er bestellt, damit sie, wie die Ochsen durch Arbeit, für den Lebensunterhalt ihrer selbst und der anderen Sorge tragen. Noch andere schließlich – die Krieger – hat er bestellt, damit sie im notwendigen Maße Macht zur Schau tragen und diejenigen, die beten, sowie diejenigen, die die Erde bearbeiten, vor ihren Feinden wie vor Wölfen schützen..."

Es gibt nicht den geringsten Grund anzunehmen, daß Kaiser Heinrich IV. an dieser Einteilung gezweifelt hat. Er war einer der Hunde, war – um beim Bild zu bleiben – Anführer der Meute, auch wenn es im Moment Beißereien um die Rangfolge gab. Es schien ihm völlig unsinnig, mit Ochsen zusammenzugehen, die nach Gottes Fügung ganz andere Aufgaben hatten. Sollte man etwa die gottgewollte Ordnung stürzen und damit Satan Tür und Tor öffnen?

Auch wenn von Rom immer das Gegenteil behauptet wurde – Heinrich IV. war tief religiös! Der Streit ging um materielle Dinge, nie um Dinge des Glaubens! Er war der oberste Vertreter der Feudalgewalt; er konnte und wollte nichts tun, was diese Ordnung erschüttert hätte. Er mehrten sich ohnehin aus allen Ecken des Reiches Nachrichten, daß das niedere Volk aufrührerisch sei und gegen die Herren vorgehe... Nein, an die Bauern kann und will Heinrich IV. nicht denken! Sicher, er hat sie manchmal benutzt: im Kampf gegen Rudolf von Schwaben, bei der Durchsetzung des Reichsfriedens –

aber nie hat er seine Macht auf sie gebaut. Er ist Kaiser, kein Führer einer sozialen Revolution!

Heinrich IV., der inzwischen Nürnberg genommen hatte, war nach Regensburg weitergezogen, um auch diese Stadt zu gewinnen.

Ziemlich arglos ist der junge König. Er hat sein Heer entlassen, und selbst seine Kundschafter müssen recht träge gewesen sein, denn sonst hätten sie bald herausgefunden, daß der Kaiser sich von Würzburg her in Eilmärschen der Donaustadt nähert.

Doch der Herbst ist lind, und die Menschen sind beschwingt vom jungen Wein. König Heinrich hält Hof...

Aber seine Königsträume finden ein böses Ende.

Der Kaiser steht unvermittelt vor der Stadt. Durch die Straßen und Gassen traben bereits seine Reiter, machen, unterstützt von Bürgern, Jagd auf Königliche.

Im letzten Augenblick gelingt Heinrich V. die Flucht über die Donau hinüber nach Nordgau.

Verschreckt trommelt er seinen bayrischen und schwäbischen Anhang zusammen.

Am Fluß Regen treffen die Herren aufeinander, wieder einmal getrennt durch die Fluten. Man steht sich gegenüber, wartet. Tage vergehen. An flachen Stellen des Flußbettes treffen sich nach Kampf hungernde Krieger zu blutigen Duellen, hauen inmitten hochaufschäumenden Wassers brüllend aufeinander ein, beobachtet von den Ufern, angefeuert – bis dann die Wellen teilnahmslos einen blutigen Körper davontragen...

Doch nie entwickelt sich aus dergleichen Scharmützeln eine Schlacht.

Während der Kaiser noch immer zögert, die Waffen gegen den eigenen Sohn zu richten, arbeiten Boten Heinrichs V. heimlich im Lager des Kaisers, versuchen durch Überredung und Zugeständnisse, Heinrich IV. die letzten Getreuen abspenstig zu machen. Der Kaiser scheint davon nichts geahnt zu haben, denn erst am Abend vor der nun endgültig beschlossenen Schlacht betreten Markgraf Liutpold von Babenberg und der Böhmerherzog Boriwoi sein Zelt und teilen dem völlig Überraschten mit, die Herren weigerten sich zu kämpfen. Sodann verlassen sie ihn eilends und gesellen sich ebenfalls zu den Abtrünnigen.

Der Kaiser steht fast allein. Eine Schlacht wäre sein Untergang. Heinrich V. siegt am Fluß Regen, ohne auch nur das Schwert gezogen zu haben.

Der Kaiser aber entschloß sich zum Rückzug.

Wieder findet er Zuflucht am Rhein – in Mainz, einer Stadt, deren Treue er sicher sein darf. Zwanzigtausend Bewaffnete bieten ihm die Bürger für seinen Kampf, denn „wenn wir mit dieser einzigen Anstrengung unter Gottes Gnade gesiegt haben werden, sind wir nachher dauerhaft sicherer, du im Reich und wir an unserem Ort". Doch der Kaiser muß wohl nicht soviel Vertrauen in die zwanzigtausend (?) Bewaffneten von Mainz gesetzt haben, denn als es heißt, König Heinrich zöge heran und sei schon in Speyer, da verläßt er Mainz und geht nach Köln.

Ob er keinen Mut mehr hat zum Kämpfen? Ob er das treue Mainz nicht mit hineinziehen will in diesen zerstörerischen Streit? Ob er irgendwann nach Besichtigung der Mainzer Streitkräfte desillusioniert den Traum vom Kampf gegen das erfahrene Heer des bayrischen und schwäbischen Adels begrub?

Gehetzt von Gerüchten und getrieben von der eigenen inneren Unruhe, schreibt er aus Köln an seinen Taufpaten, den Abt Hugo von Cluny, einen Brief, der ihn uns noch einmal als das zeigt, was er war: ein unglücklicher Mensch.

„O Schmerz; während wir von Tag zu Tag erwarteten, daß er (Heinrich V.; W. L.), im Inneren berührt vom Schmerz seines Herzens, gedemütigt wieder zu Verstand komme, hat er, mehr und mehr entflammt durch die Wut der Treulosigkeit, die Furcht vor Gott und die Ehrfurcht vor dem Vater für nichts schätzend, nicht gezögert, uns von Stadt zu Stadt zu verfolgen und nach Kräften in all unser Besitztum einzubrechen. So sind wir nach Köln gekommen." (9)

Doch noch hat Heinrich IV. den tiefsten Punkt seiner Demütigung nicht erreicht.

Der Gefangene von Böckelheim

Die Kunde, daß der Kaiser von Köln aus aufgebrochen sei, um an der für Weihnachten 1105 nach Mainz berufenen Reichsversammlung teilzunehmen, löste bei Heinrich V. und seinen engsten Räten Bestürzung aus. Man kennt die imposante Gestalt des Saliers, weiß um seine Gabe, die Menschen in kühner Rede für sich zu gewinnen, fürchtet die noch immer im geheimen webende Sympathie einiger Bischöfe für ihn; am meisten aber hat man wohl Angst vor der wilden Anhänglichkeit der Mainzer Bürgerschaft. Sollte es zu Tumulten kommen, wie schnell wäre alles verloren! Denkt Heinrich IV. ähnlich? Zieht er deshalb nach Mainz, weil er hofft, noch einmal alles ändern zu können?

Mit stattlicher Macht reitet er im beginnenden Dezember nach Mainz, alte Rechte zu wahren.

Morgens liegt Reif auf dem Land, und der Atem der Menschen hängt wie Dampf über ihren Köpfen. Die kalte, feuchte Winterluft tut dem Kaiser nicht gut, frißt an seiner kränklichen Lunge. Manchmal schüttelt ihn der Husten. Doch er achtet kaum darauf – anderes steht auf dem Spiel.

In weiten Bögen bahnt sich der Rhein seinen Lauf durch die Hügel, und der Kaiser mit seinem Gefolge reitet am Fluß entlang. Es ist kurz vor Koblenz, als ihm seine Vorhut das Nahen Berittener meldet. Nach Augenblicken der Spannung dann erkennen die Kaiserlichen das Banner Heinrichs V. Der König ist dem Kaiser entgegengezogen. In

Koblenz stehen sich Vater und Sohn nach vielen Monaten gegenüber.

Die Chronisten berichten über dieses Treffen viel von Tränen und wenig von Politik – und doch dürfte diese die Hauptsache des Treffens ausgemacht haben.

Für Heinrich IV. war die Zeit des Weinens vorüber.

Und auch den Sohn hatte anderes als plötzlich aufkeimende Vaterliebe und ein schlechtes Gewissen diesen Ritt unternehmen lassen. Er wollte verhindern, daß der Kaiser in Mainz auftrat! Um so bestürzter wird er gewesen sein, als der Vater ihm erklärte, er sei nun bereit zur Aussöhnung mit Rom. Jegliche Motivation für die Rebellion war dahin; mit einem Male konnte man den Sohn beim Wort nehmen, seinen Rücktritt fordern!

Er läßt sich nichts anmerken, bietet dem Vater, Freude heuchelnd, sogar Unterstützung bei der Vermittlung an. In Mainz seien Gesandte des Papstes, und man könne dort in Ruhe verhandeln.

Heinrich V. verschweigt wohlweislich, daß diese Boten harte Worte aus Rom überbrachten (denn auch er hatte natürlich keinen Augenblick daran gedacht, auf das Investiturrecht zu verzichten). Wie aber wollte Heinrich V. vermitteln, und mit welchem Recht forderte er vom Vater die Aufgabe aller Positionen, wenn er selbst nichts anderes tat als der?

Wie recht hatte der „Vita"-Autor, als er über den König feststellte: „So betrieb er unter dem Vorwand der Sache Gottes die eigene Sache."

Heinrich V., der mit Zusagen sorglos umgeht, verspricht feierlich, gemeinsam mit dem Vater nach Mainz zu ziehen und sich dafür einzusetzen, daß der seine alten Rechte zurückerhalte.

Voller Hoffnung entläßt der Kaiser seine mitgeführte Streitmacht, hat nur Augen und Gedanken für den Sohn.

Die wenigen Getreuen, die ihn noch begleiten, haben einen klareren Blick für das, was um sie her vorgeht.

Mit gemischten Gefühlen bemerken sie, wie immer neue Reiter zu ihnen stoßen; vielleicht gelingt es ihnen sogar, diese oder jene Bemerkung aufzuschnappen, und sie ahnen Böses.

Da warnen sie den Kaiser: Übles sei gegen ihn im Gange!

Der König aber schwört heilige Eide und beteuert, er werde sein Leben für das des Vaters geben, sollte ihm auch nur das Geringste zustoßen.

So nähern sie sich Mainz.

Heinrich V. muß jetzt handeln!

Unvermittelt ändert der Trupp die Richtung, trabt auf einer Seitenstraße in die Hügel hinein.

Unter ihnen schäumt die Nahe, und durchs Gestrüpp der winterkahlen Bäume sieht man das Gemäuer der Burg Bökkelheim.

Der Kaiser ist verwundert, jetzt vielleicht zum erstenmal auch etwas unruhig. Was will man hier?

Noch einmal weiß der Sohn ihn zu beruhigen: Der Kaiser solle auf der Burg in Frieden Weihnachten verbringen, währenddessen er, Heinrich V., in Mainz bei den anwesenden Fürsten die kaiserliche Sache vertreten und den Boden für Heinrich IV. bereiten wolle.

So trabt der Zug, ohne zu stocken, auf die Burg zu – ein imposantes Bild: voran der Kaiser, hinter ihm ein prächtiges Gefolge.

Doch kaum ist Heinrich IV. in den Burghof geritten, da wird das Tor geschlossen. Seinen wenigen Getreuen wird der Zutritt verweigert; Heinrich IV. ist nicht Gast auf Burg Bökkelheim, sondern Gefangener.

Der einsame Gefangene in der unbequemen kalten Burg, dem man jegliche Bequemlichkeit verweigert, der um sein Leben bangt und mit dem die Wachmannschaft, erfüllt von ihrer eigenen Macht, ihre primitiv-rohen Scherze treibt – dieser alte, gebrochene, kranke Mann weiß nicht, was in jenen Tagen geschieht.

Die Welt feiert das Weihnachtsfest. Über dem Land jubeln die Glocken.

Der Kaiser ist deprimiert. Mit schleichendem Fieber meldet sich die Krankheit; Husten quält ihn, zerrt in der Brust.

Doch schlimmer als die körperlichen Schmerzen ist die brennende Qual in seiner Seele. Hier in Böckelheim verliert er wohl für immer den wilden Mut zum Leben, der ihn alle die Jahre vorangetrieben hatte. „Wenn ich schon schweige von Widerwärtigkeiten, Beleidigungen, Drohworten, gegen meinen Nacken gezückten Schwertern ... und auch von dem erlittenen Hunger und Durst ...: das aber werde ich nie vergessen und nie aufhören, es laut allen Christen zu klagen, nämlich daß ich in jenen hochheiligen Tagen ohne alle christliche Kommunion in jenem Kerker gewesen bin!" (9)

Die Tage sind voller Ungewißheit.

Mehr als einmal glaubt er, seine letzte Stunde habe geschlagen; und auch als kurz nach Weihnachten die Tür zu seinem Gefängnis aufgestoßen wird, rechnet er wohl eher mit dem Henker als mit dem Grafen Wiprecht von Groitzsch. Dem Groitzscher mag die übertragene Aufgabe unangenehm sein, hatte er doch von Heinrich IV. einige Wohltaten empfangen – andererseits: Es geht auch ihm um eigene Interessen. Und so wird er sich zwar jeglicher persönlich-kleinlicher Racheakte gegen den Kaiser enthalten haben – die Botschaft allerdings, die er vom Reichstag aus Mainz überbringt, ist demütigend genug. „Er sagte mir, daß es keinen Ausweg gäbe, mein Leben zu bewahren, wenn ich nicht ohne jeden Widerspruch sämtliche Reichsinsignien nach Willen und Gebot der Fürsten ausliefere. Und weil ich einsah, daß ich ... so handeln müsse, ob ich wolle oder nicht, und daß es so bestimmt sei, schickte ich Krone, Zepter, Kreuz, Lanze und Schwert nach Mainz." (9)

In höchstem Triumph hatten hier über fünfzig Fürsten des Reiches, ideologisch gestärkt durch Legaten des Papstes,

Heinrich für abgesetzt erklärt. Als Nachfolger war sein Sohn bestimmt worden.

Aber man wollte noch mehr!

Der Kaiser sollte vor ihnen liegen – im Staube, gebrochen, gedemütigt vor aller Welt.

Dieser letzte Akt des Trauerspiels aber sollte nicht in Mainz stattfinden. Um einen Aufruhr zu vermeiden, verlegen die Fürsten diese Szene nach Ingelheim.

Unter starker Bedeckung wird der abgesetzte Kaiser nach dem alten karolingischen Hofgut gebracht, wo er die ganze Masse seiner Feinde versammelt findet.

Was sich dann hier abspielt, ist eine Farce.

Wie ein Staatsverbrecher bewacht, verhöhnt und erniedrigt, muß sich Heinrich die übelsten Beschimpfungen anhören. „Sie drohten mir alle in ähnlicher Weise, es gebe keine Aussicht mehr für mein Leben, wenn ich nicht alle ihre Befehle ausführte.“ (9) Was nützt es, daß er zu einer Verteidigungsrede anhebt?

„Als wir nun aber forderten, es möge uns erlaubt sein zu antworten und uns gegen alle Vorwürfe in würdiger Weise zu rechtfertigen, schlugen sie uns das gebieterisch ab – das würden sogar die Barbaren irgendeinem Knecht nicht antun. Da sahen wir dann also, daß uns nur Gewalt und ein längst gefälltes Urteil würde ...“ (9)

Ist das das Ende? Kann der Kaiser noch Hoffnung haben?

Vielleicht findet er trotz aller Erniedrigung gerade in Ingelheim auch Trost!

Wenn ihn auch die Fürsten verhöhnen, die päpstlichen Legaten nicht anhören wollen, der verräterische Sohn die Krone an sich gerissen hat und die Reichsinsignien besitzt – das Volk in den Gassen jubelt dem Kaiser zu. Für dieses ist er noch immer der Herrscher. Aus Cluny erscheint sogar eine Abordnung, die ihn im Namen ihres Abtes Hugo um einen genauen Bericht der Vorgänge bittet. Diesen langen, ausführlichen Bericht, in dem er all seinen Kummer, sein Leid und seine

Verzweiflung in die Welt hinausschreit, schließt er: „Außerdem klagen wir dir, daß unser Sohn in seinen Schreiben überall verkündet, wir hätten die Reichsrechte freiwillig zurückgegeben. Deine Heiligkeit soll erfahren, daß dies ganz unwahr ist…" (9)

Doch so recht glaubt ohnehin niemand an den freiwilligen Rücktritt des Kaisers. In vielen Gegenden kommt es zu Unruhen, und König Heinrich V. muß selbst erleben, was das Volk von ihm hält: Als er nach dem Mainzer Fürstentag durch die Rheinlande ins Elsaß zieht, kommt es in Ruffach bei Colmar zu ernsten Kämpfen mit der kaisertreuen Bevölkerung. Kaum gelingt dem König die Flucht; fatalerweise muß er dabei die Reichskleinodien zurücklassen. Erst nach langen Verhandlungen und feierlicher Zusicherung von Gnade bekommt er sie zurück. Kaum hat er sie, läßt er seine Truppen den Ort Ruffach zerstören und die Bewohner niedermachen. Es war nicht das einzige Wort, das er brach… Das Volk fürchtet jetzt, wo der Willkür der Fürsten keine Gewalt mehr entgegensteht, neuerliches Elend, Krieg, Hunger. Es will den vom Kaiser verkündeten Frieden, will den Kaiser. Auch im Kreise Heinrichs V. hat man das schnell erkannt und weiß um die Gefährlichkeit des Kaisers. Selbst als Gefangener ist er noch immer für viele der rechtmäßige Herrscher, der Punkt, um den sich der Widerstand gruppiert.

Es ist durchaus möglich, daß es konkrete Pläne zur Beseitigung dieser Symbolfigur gab. Heinrich IV. jedenfalls schreibt in einem Brief an König Philipp I. von Frankreich: „…dann warnte mich eine Botschaft meiner Getreuen: ich würde, wenn ich auch nur noch einen Augenblick dort bliebe, entweder in ständiger Gefangenschaft fortgeschleppt oder sogar an diesem Ort noch enthauptet werden. Auf diese Botschaft hin baute ich wenig genug auf mein Leben und floh auf der Stelle…" (9)

Der letzte Kampf

Wenn du dein Heer aufbietest,
wird dir dein Volk willig folgen
in heiligem Schmuck.
(Psalm 110,3)

Über Köln und Aachen erreicht Heinrich IV. auf seiner Flucht Anfang 1106 Lüttich, die stolze, selbstbewußte Stadt an der Maas, deren Bischof Otbert ihm treu ergeben ist und deren Bevölkerung ihm stürmisch zujubelt. Niemand stört sich daran, daß er nicht standesgemäß Einzug hält und nur begleitet von wenigen Getreuen, ohne Pomp und Prunk daherkommt.

Und zöge er wie in Aachen als barfüßiger Pilger durchs Tor – er bliebe immer der Kaiser!

Doch es bleibt nicht nur bei Sympathiebekundungen; der Herzog von Niederlothringen läßt ihn wissen, daß er jederzeit mit seiner Macht bereitstünde, des Kaisers Stellung zu verteidigen; Graf Robert von Flandern stellt sich auf Heinrichs IV. Seite, andere Herren kündigen ihr Kommen an; aus den rheinischen Städten erreichen den Kaiser Ergebenheitserklärungen.

Ist das Spiel doch noch nicht verloren?

In Lüttich ist in jenen Tagen eine Vielzahl von Aktivitäten zu bemerken. Bis nach Frankreich, England, Dänemark werben Gesandte für den erniedrigten Kaiser. Inwieweit Heinrich IV. aber wirklich dahintersteht, weiß man nicht. Vieles wird wohl im Kreise seiner Räte entschieden. Der alte, kranke Mann lebt weitgehend zurückgezogen, verzweifelt an der Welt.

Noch hat er zwar den Willen zur Macht nicht aufgegeben, doch die Kraft, die unbändige Entschlossenheit der früheren Jahre ist dahin. Ein Festhalten ist es nur noch, zäh und verbissen; ein letztes, schon kraftloses Zubeißen.

Doch selbst das ist noch gefährlich!

König Heinrich V. läßt es erneut auf eine Machtprobe ankommen. Er erklärt, er wolle Ostern in Lüttich feiern; und wenn er auch scheinheilig verkündet, er hoffe, daß er das Fest mit dem Vater gemeinsam verbringen könne – alle Welt weiß, was dahintersteckt. Der Kaiser soll ein für allemal von der Bildfläche verschwinden! Der Autor der „Vita" überliefert uns eine Botschaft des Kaisers an seinen Sohn, die voller Bitterkeit ist: „Du sagst, du wollest und wünschest, daß ich mit dir die Freuden des Osterfestes genieße, ... auf daß dieses Fest uns nicht scheide, sondern verbinde. Dies würde auch ich durchaus wünschen, wenn es nicht so wäre, daß ich mich fürchte... Alles ist mir verdächtig, alles ist furchterregend, am meisten im Menschengewühl, wo die Vorsicht vor der Gefahr um so geringer ist, je mehr die Gelegenheit zu einem Frevel steigt."

Der Kaiser weiß nur zu gut, wie leicht sich ein Zwischenfall provozieren ließe, wie leicht sich ein Mann finden würde, der mit dem Dolch geschickt umzugehen weiß.

Mit einer Größe, die schon über den Dingen steht, wird in dem genannten Schreiben an Heinrich V. weiter erklärt: „Es mag sein, daß Gott mich vom Thron gestürzt um meiner Sünden willen, wie es die Meinung meiner Widersacher ist. Aber dennoch war es nicht deine Sache, an meinem Sturz zu arbeiten!"

Die Stimmung in Lüttich ist gespannt!

Man steht zum Kaiser, drängt ihn, alte Rechte mit Waffengewalt zurückzuholen. Aber die Kraft des Fünfundfünfzigjährigen ist verbraucht. Er habe, so sagt er, nicht vermocht, sein Kaisertum mit Waffen zu behaupten, wie solle er es jetzt mit Waffen zurückgewinnen! Nein, so hoch achte er dasselbe nicht, um es mit dem Verderben von vielen zurückzuerkaufen!

Sehnsucht nach Ruhe und Frieden ist in ihm; nicht mehr Krone und Zepter bestimmen sein Handeln.

Der erwähnte Brief an den Sohn endet: „Tust du, was ich von dir verlange (nämlich Ostern friedlich in Lüttich feiern zu dürfen; W. L.), so weiß ich dir dafür außerordentlichen Dank; aber wenn nicht, so will ich lieber in fremden Ländern ein Bettler sein als zum Gespött werden in den Reichen, die einst die meinen waren.“ (4)

Sollten diese oder ähnliche Worte Heinrich V. jemals erreicht haben, so hätten sie ihn kaltgelassen. Er hält Mitleid für eine Versuchung, die es zu überwinden gilt.

Am 22. März 1106 erreichen die ersten Reiterabteilungen des königlichen Heeres die Maasbrücke bei Lüttich. Ein triumphaler Einzug in die Stadt bleibt verwehrt. Bewaffnete des Grafen von Flandern fallen aus dem Hinterhalt über die ahnungslosen Königlichen her und richten ein greuliches Gemetzel an.

Während Heinrich V. über diese Niederlage tobt, erhebt sich aus Flandern noch einmal des Kaisers Stimme.

Gerechtigkeit, Gerechtigkeit und nochmals Gerechtigkeit – nichts anderes will er. Keinen Sieg in der Schlacht, kein Blut, nur sein Recht!

Er bittet, ja er fleht die Fürsten an, ihm angesichts des Unrechts, das ihm widerfahren sei, Gerechtigkeit zu gewähren! Gern sei er bereit, alles gutzumachen, falls er irgend jemand im Reich verletzt habe. Frieden will er, Verständigung!

Und wohl unter dem Eindruck der gewachsenen militärischen Macht des Kaisers stößt er bei manchem Fürsten auf durchaus offene Ohren. Was, wenn sich das Blatt dem Alten zuneigte? Ein rechtzeitiger Parteienwechsel verspräche gewaltige Vorteile!

Heinrich V. muß allen Ernstes fürchten, daß seine eigene Front aufzuweichen beginnt.

Mit einem Zwanzigtausendmannheer will er Macht demonstrieren, rückt vor Köln. Strafen will er die Stadt für ihre Anhänglichkeit an den Kaiser. Doch alle Angriffe brechen sich

Krypta des Speyerer Doms

an den Mauern. Wochen vergehen, und vor Köln taucht der ständige Begleiter mittelalterlicher Belagerungen auf: der Hunger. Während die in der Stadt durch Schiffe, die ungeniert auf dem Rhein daherkommen, ausgiebig versorgt werden, ist im königlichen Lager schon bald ein Stück Brot nur noch gegen Gold zu bekommen. Schon treten erste Krankheitsfälle auf. Eine Seuche schleicht durchs Lager; die Todesfälle mehren sich... Immer häufiger muß der König in seiner nächsten Umgebung hören, man solle doch dem vom Kaiser geforderten Fürstentag zustimmen.

Da treffen in der zweiten Augustwoche 1106 unerwartet Bischof Burchard von Münster und Heinrichs IV. Kämmerer Erkenbald im Feldlager vor Köln ein. Wortlos übergeben sie Heinrich V. Ring und Schwert, die letzten Heinrich IV. verbliebenen Zeichen seiner Würde.

Der Kaiser ist tot!

Am 7. August 1106 war Heinrich IV. „gleichsam schlafend" in Lüttich gestorben.

In vielen Städten des Reiches läuten die Glocken zur Totenklage, und Trauer befällt die Menschen. „Zu seiner Bestattung strömten Witwen und Waisen und alle Armen des ganzen Landes herbei; sie weinen, weil sie den Vater verloren; ihre Tränen fließen über seinen Leichnam; sie küssen die freigebigen Hände. Man konnte sie kaum davon abbringen, den entseelten Leib zu umarmen, ja man konnte ihn kaum bestatten. Sie wichen auch nicht von seinem Grabe; sie harrten bei ihm in Nachtwachen, Tränen und Gebeten aus, und klagend erzählten sie und im Erzählen klagten sie, welche Werke der Barmherzigkeit er an ihnen getan." (4)

Dies berichtet der Autor der „Vita" über den Tod des Kaisers. Es steckt mehr dahinter als eine der üblichen Lobhudeleien; es ist mehr als ein schönrednerischer Nachruf auf einen ungeliebten Herrscher. Bei Heinrich IV. war diese Trauer echt. Er war einer jener Herrscher gewesen, die in der Vorstellung des Volkes gut und gerecht und milde waren – Aus-

Grabkreuz
Heinrichs IV.

druck einer tiefen Sehnsucht der Menschen nach Frieden in einer friedlosen Zeit.

Nun, da der Herrscher tot war, wuchs erneut die Furcht vor dem raubgierigen Adel – ist doch derjenige, der mit Macht für Ordnung gesorgt hatte, dahingegangen.

In St. Lambert zu Lüttich will Bischof Otbert Heinrich IV. zur letzten Ruhe betten; doch der Magdeburger Erzbischof verbietet kraft seines Amtes als päpstlicher Legat die Bestattung in geweihter Erde.

Grabkrone
Heinrichs IV.

Der Exkommunizierte hat kein Recht auf die Gnade des Himmels! Auf einer Insel in der Maas wird der Sarg mit dem toten Kaiser in einer ungeweihten Kapelle aufgestellt, und ein unbekannter Mönch, der soeben aus dem Heiligen Land zurückgekehrt war, bleibt als letzte Totenwache bei ihm, harrt Tag und Nacht aus mit frommen Sprüchen und Psalmen.

Der letzte Wille Heinrichs IV., seinem Sohn übermittelt, an der Seite der Ahnen im Speyerer Dom bestattet zu werden, bleibt ihm zunächst versagt.

Als die sterblichen Überreste im September nach Speyer übergeführt werden, da verweigert der Bischof diese Begräbnisstätte. In einer noch nicht geweihten Kapelle der heiligen Afra außerhalb des Domes wird er zur Ruhe gebettet. Das Volk aber zieht lange Zeit noch in stummer Ehrfurcht am Sarg des toten Kaisers vorüber.

„Glückselig bist du, Kaiser Heinrich, der du dir solche Hüter und solche Fürbitter bereitet hast, der du nun vielfältig vermehrt aus Gottes Hand wiederempfängst, was du in die Hände der Armen heimlich gelegt hast. Ein Reich der Un-

Öffnung der Gräber der salischen Kaiser im Dom zu Speyer

ruhe vertauschst du mit dem der Stille, das endliche mit dem ewigen, das irdische mit dem himmlischen..." (4)

Erst fünf Jahre später löst Papst Paschalis II. den toten Kaiser vom Bann, und jetzt erst findet er seine letzte Ruhestätte im Dom. Mit ungeheurem Pomp läßt Heinrich V. das Begräbnis ausrichten – es scheint fast, als wolle er damit sein schlechtes Gewissen beruhigen.

Über dem toten Salier aber erhebt sich bis in unsere Tage der majestätische Bau des Speyerer Doms; und als man im Jahre 1900 bei Rekonstruktionsarbeiten in der Krypta die Grabstätten der salischen Kaiser öffnete, da fand man das Skelett Heinrichs IV. unversehrt. Auf seinem Kopf trug er eine kupferne Grabkrone, auf seiner Brust aber lag ein Kreuz.

Ausblick

Ein halbes Jahrhundert hatte Heinrich IV. die Geschicke des Reiches gelenkt, doch kein Bild eines anderen Herrschers ist so durch Parteienhader, Neid, Mißgunst und Lobeshymnen verzerrt oder glorifiziert worden. Kein Kaiser ist wohl von einem Teil seines Volkes so geliebt und vom anderen so glühend gehaßt worden. Galt er den einen als frommer Fürst, so war er den anderen der größte Verderber; sahen diese in ihm den Schützer des Friedens, so erschien er jenen als der Urheber allen Unheils. Befehdet von Fürstenopposition und Papsttum, im Stich gelassen von früheren Freunden, verraten von seinen Söhnen, haben alle Schicksalsschläge und Demütigungen jedoch nie seinen Willen brechen können, der Krone ihre alten Rechte zu bewahren.

Seine Regierung fiel in eine der großen Umbruchphasen Europas, und auch in seinem Machtbereich vollzog sich in jener Zeit ein tiefgreifender Strukturwechsel.

Die Salier hatten das Reich relativ gefestigt von den Ottonen übernommen, in karolingisch-ottonischer Tradition regiert und versucht, mit den überkommenen machtpolitischen und ideellen Mitteln der sich immer stärker abzeichnenden Krise zu begegnen.

Unter Heinrich IV. war dann der Umwandlungsprozeß so weit fortgeschritten, daß es neuer Konzepte bedurfte anstatt Traditionen.

Heinrichs IV. Tragik liegt wohl nicht zuletzt gerade darin, daß er nicht erkannt hat: Nur der beherrscht die Zeit, der die Geister in neue Bahnen zu lenken vermag. Die Bedeutung der neuen geistigen Macht, gegen die er angetreten war, blieb ihm fremd. Die kirchliche Reformbewegung, gestaltende Kraft jener Epoche, wandte sich gegen ihn, und er hatte ihr nichts entgegenzusetzen als das in der karolingischen Tradition wurzelnde Verständnis vom sakralen Königtum.

Und doch wäre es falsch, in Heinrich IV. einen bloßen Bewahrer der alten Ordnung sehen zu wollen. Sicher war er kein genialer Reformer, eigentlich reagierte er nur auf die Herausforderungen der Zeit, verteidigte überkommene königliche Rechte mit traditionellen Mitteln. Aber Heinrich IV. hat auch versucht, neue Kräfte an sich zu binden und der königlichen Gewalt neue Impulse zu geben. Er stützte sich dabei auf das aufstrebende Bürgertum, auf Ministerialen und teilweise sogar auf Bauern, wenn es der Durchsetzung seiner Ziele nützte – wenn ein solches Bündnis auch nie feste Gestalt angenommen hat. Schon allein die Tatsache, daß ein Herrscher mit jenen Schichten Kontakt nahm, war für die Zeit eine unerhörte Neuerung – auf eine Unterstützung des Adels jedoch konnte er nicht verzichten. Nur der konnte ihm wirklich die Hilfe geben, die er benötigte, um seine Ziele durchzusetzen. Der Adel aber hatte kaum Interesse, einer Idee zu dienen, die letztlich die eigene Macht beschneiden wollte.

Ein Leben lang hat der gebildete, leidenschaftliche und großzügige Mann, dessen Fähigkeiten in friedlichen Zeiten sicher voll zur Geltung gekommen wären, darum kämpfen müssen, die ererbte Macht zu halten und zu festigen. Er hat in diesem Kampf nicht gesiegt, obwohl es ihm an Erfolgen nicht gemangelt hat.

Durch seine zähe Verteidigung der königlichen Rechte gegenüber Kirche, Episkopat und Hochadel schuf er die Voraussetzungen, daß die Reichskirche auch nach Beendigung des Investiturstreites für lange Zeit noch Stütze der Zentralgewalt bleiben konnte und eine Auflösung des Reiches in territoriale Gebiete vorerst verhindert wurde.

Erst fünfundvierzig Jahre nach Canossa wird im sogenannten „Wormser Konkordat“ 1122 eine zumindest teilweise Einigung zwischen dem Königtum und Rom erzielt.

Es ist ein Kompromiß, zu dem sich beide Seiten nach vielerlei Schwierigkeiten durchgerungen haben, und er entsprach den gegebenen Kräfteverhältnissen: Der König verzichtet auf die Investitur von Bischöfen und Äbten mit Ring und Stab; Rom hingegen legt fest, daß die Wahl eines Bischofs oder Abtes nur in Gegenwart des Königs oder eines seiner Beauftragten erfolgen dürfe. Außerdem hatte der König bei einer Investitur das Recht, bei einer nicht einstimmigen Wahl den „besseren Teil“ zu unterstützen – was nicht unbedingt die Mehrheit sein mußte. Der Weihe eines Kandidaten habe die Belehnung mit Kirchengut durch den König voranzugehen, das heißt, Rom gestand dem König nach wie vor die Oberhoheit über das Kirchengut zu – allerdings galten diese Vereinbarungen nur für das „regnum Teutonicum“ – das Gebiet Deutschlands.

In Burgund und Reichsitalien sah es etwas anders aus. Hier hatte die Kirche sich weitgehend vom König gelöst und dessen Einwilligung nach vollzogenem Wahl- und Weiheakt zu einer bloßen Formsache gemacht.

Heinrich V. verzichtete damit zwar auf das seit Karl dem Großen überkommene Recht, Herr über Staat und Kirche zu sein, bewahrte aber zumindest für Deutschland den ausschlaggebenden Einfluß des Herrschers bei der Besetzung der Bischofsstühle.

Ferner war festgelegt, daß die Bischöfe dem König geforderte Dienste zu erweisen hätten; und wenn auch in der Vereinbarung diese Dienste nicht näher definiert sind, so weiß man aus anderen Quellen, daß die Bischöfe Gehorsam versprechen und dem König einen Treueid leisten mußten.

Die Beziehung zwischen König und kirchlichen Grundherren wurde somit auf eine lehensrechtliche Grundlage gestellt. Die Bischöfe und Äbte waren nun zwar nicht mehr Ausführungsorgane königlicher Politik, doch blieben einem starken

Königtum genug Ansatzpunkte, um sich die Reichskirche dienstbar zu machen.

Jahre später wird der Urenkel Heinrichs IV. noch einmal versuchen, die alte Macht wieder aufleben zu lassen:

Kaiser Friedrich I., genannt Barbarossa.

Zeittafel

1050	11. November: Geburt Heinrichs IV.
1053	Kaiser Heinrich III. läßt seinen Sohn auf einem Reichstag in Tribur zum deutschen König wählen.
1054	Krönung Heinrichs IV. in Aachen zum deutschen König
1055	Adelsrevolte in Bayern
1055–1057	Papst Victor II.
1056	Tod Kaiser Heinrichs III.
1056–1062	Regentschaft der Kaiserwitwe Agnes
1057–1058	„Drei Bücher wider die Simonisten“ des Humbert von Silva Candida
1057–1075	Pataria in Mailand
1059	Hildebrand wird Erzkanzler des Heiligen Stuhls.
1061	Konzil von Basel; Erhebung des Bischofs Cadalus von Parma zum Gegenpapst
1061–1073	Papst Alexander II.
1062	Entführung des jungen Heinrich IV. durch Erzbischof Anno von Köln in St. Suitberts Werth
1063	Erzbischof Adalbert von Bremen gewinnt Einfluß auf die Erziehung des Königs.
1063–1065	Regentschaft der beiden Erzbischöfe
1065	Mündigsprechung Heinrichs IV.
1066	Sturz Erzbischofs Adalbert durch die Fürsten; Heirat des Königs mit Bertha von Turin
1069–1115	Markgräfin Mathilde von Tuscien
1070–1071	Fehde Heinrichs IV. mit Otto von Northeim
1072	Tod Erzbischof Adalberts von Bremen; sein Nachfolger wird Liemar.
1073	Hildebrand wird als Gregor VII. Papst.
1073–1075	Sachsenaufstand
1073	Die Wormser Bürger ergreifen Partei für Heinrich IV.
1074	Frieden von Gerstungen zwischen Heinrich IV. und den sächsischen Fürsten; Aufstand der Kölner Bürger gegen Erzbischof Anno; Geburt Konrads
1075	Schlacht bei Homburg an der Unstrut; Unterwerfung der Sachsen; Tod Erzbischof Annos; Dictatus papae Gregors VII.
1076	Absetzung Papst Gregors VII. durch die deutschen Bischöfe

	und Heinrich IV.; Absetzung und Bannung König Heinrichs durch Gregor VII.; Fürstentag von Tribur
1077	Bußgang des Königs nach Canossa; Herzog Rudolf von Schwaben wird Gegenkönig; Tod der Kaiserin Agnes
1078	Schlacht bei Mellrichstadt
1079–1080	Aufblühen der Hirsauer Reformbewegung
1080	Papst Gregor VII. verhängt zum zweitenmal den Bann über Heinrich IV.; Konzil zu Brixen: Wahl Bischof Wiberts von Ravenna zum Gegenpapst Clemens III.; Schlacht bei Höhenmölsen; Tod des Gegenkönigs Rudolf
1081–1088	Graf Hermann von Salm deutscher Gegenkönig
1081	Zweite Italienfahrt Heinrichs IV.; Geburt Heinrichs V.
1082	Gottesfrieden für die Diözese Lüttich
1083	Gottesfrieden für die Erzdiözese Köln; Tod Ottos von Northeim
1084	Eroberung Roms durch Heinrich IV.; Clemens III. krönt diesen zum Kaiser; Zerstörung Roms durch die Normannen
1085	Tod Papst Gregors VII.
1087	Krönung Konrads in Aachen zum deutschen König; Tod der Königin Bertha
1088–1099	Papst Urban II.
1089	Heirat Welfs V. von Bayern mit Mathilde von Tuscien; Heirat des Kaisers mit Praxedis
1090	Dritte Italienfahrt Heinrichs IV.
1092	Niederlage der Kaiserlichen bei Canossa
1093	Abfall König Konrads; antikaiserlicher Städtebund in der Lombardei
1095	Papst Urban II. ruft in Clermont zur Befreiung des Heiligen Grabes auf.
1096	Judenpogrome am Rhein, Beginn des 1. Kreuzzuges
1098	Heinrich IV. läßt seinen zweitgeborenen Sohn Heinrich V. zum neuen König wählen.
1099	Einnahme Jerusalems durch die Kreuzfahrer
1099–1118	Papst Paschalis II.
1101	Tod Konrads
1103	Verkündigung des allgemeinen Landfriedens durch Heinrich IV.
1104	Abfall Heinrichs V. von seinem Vater
1105–06	Fürstentag zu Mainz
1106	Der Kaiser wird zur Abdankung gezwungen, Flucht nach Lüttich; 7. August: Tod Heinrichs IV.
1111	Beisetzung Heinrichs IV. in der Gruft des Speyerer Doms

Anmerkungen

Zu Gunsten einer besscren Übersichtlichkeit wurde auf einen komplizierten Anmerkungsapparat verzichtet.
Die Ziffern in der Klammer geben jeweils das Werk an, aus dem das betreffende Zitat entnommen ist.

(1) Rudolfus Glaber, Historiarum libri quinque
(2) Guibert von Nogent, De vita sua
(3) Lampert von Hersfeld, Annalen
(4) Vita Heinrici quarti
(5) Berthold von Reichenau, Annalen
(6) Annales Altahenses maiores
(7) Codex Udalrici
(8) Adam von Bremen, Gesta Hammaburgensis ecclesiae
(9) Epistolae Heinrici IV.
(10) Bruno von Magdeburg, Saxonicum bellum
(11) Bonizo von Sutri, Liber ad amicum
(12) Gregorii VII. registrum
(13) Carmen de bello Saxonico
(14) Bernold von St. Blasien, Chronicon
(15) Quellen zur Geschichte Kaiser Heinrichs IV.
(16) Annales Augustani
(17) Paul von Bernried, Vita Gregorii VII.
(18) Frutolf von Michelsberg, Chronica
(19) Annalista Saxo
(20) Liber de unitate ecclesiae conservanda
(21) Ekkehard von Aura, Chronica

Literaturverzeichnis

Verzeichnis der benutzten Quellen

Adam von Bremen, Gesta Hammaburgensis ecclesiae pontificum (Bischofsgeschichte der Hamburger Kirche) in: Ausgewählte Quellen zur deutschen Geschichte des Mittelalters, Berlin 1961

Annales Altahenses maiores (Große Altaicher Annalen), Monumenta Germaniae historica (MGH), Hannover 1891; deutsch in: Die Geschichtsschreiber der deutschen Vorzeit, Leipzig o. J.

Annales Augustani (Augsburger Annalen), MGH, Hannover 1839, deutsch in: Die Geschichtsschreiber der deutschen Vorzeit, 12. Jahrhundert, Leipzig 1893

Annalista Saxo (Sächsischer Annalist), MGH, Hannover 1844, deutsch in: Die Geschichtsschreiber der deutschen Vorzeit, Leipzig 1941

Bernold von St. Blasien, Chronicon, MGH, Hannover 1844, deutsch in: Die Geschichtsschreiber der deutschen Vorzeit, Leipzig 1941

Berthold von Reichenau, Annalen, MGH, Hannover 1844, deutsch in: Die Geschichtsschreiber der deutschen Vorzeit, Leipzig 1941

Bonizo von Sutri, Liber ad amicum (Buch an einen Freund), MGH, Hannover 1891

Bruno von Magdeburg, Saxonicum bellum (Der sächsische Krieg) in: Ausgewählte Quellen zur deutschen Geschichte des Mittelalters, Berlin 1963

Carmen de bello Saxonico (Das Lied vom Sachsenkrieg) in: Ausgewählte Quellen zur deutschen Geschichte des Mittelalters, Berlin 1963

Codex Udalrici (Die Briefsammlung Udalrichs), in: Bibliotheca rerum Germanicarum, Berlin 1869

Ekkehard von Aura, Chronica, in: Ausgewählte Quellen zur deutschen Geschichte des Mittelalters, Darmstadt 1972

Epistolae Heinrici IV. (Die Briefe Heinrichs IV.), in: Ausgewählte Quellen zur deutschen Geschichte des Mittelalters, Darmstadt 1972

Frutolf von Michelsberg, Chronica, in: Ausgewählte Quellen zur deutschen Geschichte des Mittelalters, Darmstadt 1972

Gregorii VII. registrum (Das Register Gregors VII.), MGH; deutsch: Ausgewählte Briefe Papst Gregors VII., in: Ausgewählte Quellen zur deutschen Geschichte des Mittelalters, Darmstadt 1978

Guibert von Nogent, De vita sua libri tres (Drei Bücher über sein Leben), Paris 1907

Lampert von Hersfeld, Annalen, in: Ausgewählte Quellen zur deutschen Geschichte des Mittelalters, Berlin 1957

Liber de unitate ecclesiae conservanda (Buch über die zu bewahrende Einheit der Kirche), MGH, Hannover 1892

Paul von Bernried, Vita Gregorii VII. (Das Leben Gregors VII.), in: Pontificum Romanorum vitae, Leipzig 1862

Rudolfus Glaber, Historiarum libri quinque (Fünf Bücher Geschichten), Paris 1886

Vita Heinrici quarti imperatoris (Das Leben Kaiser Heinrichs IV.), in: Ausgewählte Quellen zur deutschen Geschichte des Mittelalters, Berlin 1963

Auswahl der benutzten Literatur

Blumenthal, U. R.	Der Investiturstreit, Stuttgart/Berlin/Köln/Mainz 1982
Borst, A.	Lebensformen im Mittelalter, Wien 1979
ders.	Barbaren, Ketzer und Artisten, Welten des Mittelalters, München 1988
Borst, O.	Alltagsleben im Mittelalter, Frankfurt/Main 1983
Boshof, E.	Die Salier, Stuttgart/Berlin/Köln/Mainz 1987
Bosl, K.	Die Reichsministerialität der Salier und Staufer, Stuttgart 1950/51

ders. Staat, Gesellschaft, Wirtschaft im deutschen Mittelalter, in: Gebhard, Handbuch der deutschen Geschichte, Bd. 1, 9. Aufl., Stuttgart 1970

ders. Europa im Mittelalter, Wien 1970

Bulst-Thiele, M. Kaiserin Agnes, Leipzig/Berlin 1933

Canossa als Wende Ausgewählte Aufsätze zur neueren Forschung, hrsg. v. H. Kämpf, 3. Auflg., Darmstadt 1976 (Wege der Forschung 12)

Cluny. Beiträge zur Gestalt und Wirkung der cluniazensischen Reform, hrsg. v. H. Richter, Darmstadt 1975 (Wege der Forschung 241)

Czok, K. Die Stadt. Ihre Stellung in der deutschen Geschichte, Leipzig/Jena/Berlin 1969

Delbrück, H. Geschichte der Kriegskunst im Rahmen der politischen Geschichte, Bd. 3, Das Mittelalter, Berlin, 1907

Deutsche Geschichte in 12 Bänden, Bd. 2; Die entfaltete Feudalgesellschaft von der Mitte des 11. Jahrhunderts bis zu den siebziger Jahren des 15. Jahrhunderts; Autorenkollektiv unter Leitung von B. Töpfer, Berlin 1983

Dhont, J. Das frühe Mittelalter, Frankfurt/M./Hamburg 1968, (Fischer-Weltgeschichte)

Duby, G. Die drei Ordnungen, Das Weltbild des Feudalismus, Frankfurt/M. 1986

ders. Krieger und Bauern. Die Entwicklung der mittelalterlichen Wirtschaft und Gesellschaft bis um 1200, Frankfurt/M. 1984

ders. Die Zeit der Kathedralen, Kunst und Gesellschaft 980–1420, Frankfurt/M. 1980

Erbstösser, M. Die Kreuzzüge. Eine Kulturgeschichte, Leipzig 1975

Epperlein, S. Der Bauer im Bild des Mittelalters, Leipzig/Jena/Berlin 1975

Erdmann, C. Die Entstehung des Kreuzzugsgedankens, Stuttgart, 1935

Fenske, L. Adelsopposition und kirchliche Reformbewegung im östlichen Sachsen. Entstehung und Wirkung des sächsischen Widerstandes gegen das salische Königtum, Göttingen 1977

Feudalismus – Entstehung und Wesen, hrsg. v. E. Müller-Mertens, Berlin 1985

Giesebrecht, W. v. Geschichte der deutschen Kaiserzeit, hrsg. v. W. Schild, Bd. 3, Meersburg 1929

Goetz, H. W. Leben im Mittelalter vom 7. bis zum 13. Jahrhundert, München 1986

Gregorovius, F. v. Geschichte der Stadt Rom im Mittelalter, neu hrsg. v. W. Kämpf, 7.–13. Buch, Darmstadt 1954

Gurjewitsch, A. J. Das Weltbild des mittelalterlichen Menschen, Dresden 1978

ders. Mittelalterliche Volkskultur, Dresden 1986

Haller, J. Herrschergestalten des deutschen Mittelalters, Leipzig 1933

ders. Deutsche Kaisergeschichte im Zeitalter der Salier und Staufer, Leipzig 1923

Hauck, A. Kirchengeschichte Deutschlands, Bd. 3, 9. Aufl., Berlin 1958

Höhne, E. Kaiser Heinrich IV., Sein Leben und seine Kämpfe nach dem Urteil der Zeitgenossen, Gütersloh 1906

Jordan, K. Investiturstreit und frühe Stauferzeit, in: Gebhard: Handbuch der deutschen Geschichte, Bd. 1, 9. Aufl., Stuttgart 1970

Koch, G. Auf dem Weg zum Sacrum Imperium. Studien zur ideologischen Herrschaftsbegründung der deutschen Zentralgewalt im 11. und 12. Jahrhundert, Berlin 1972

Kühner, H. — Das Imperium der Päpste, Frankfurt/M. 1980

Lange, K.-H. — Die Stellung der Grafen von Northeim in der Reichsgeschichte des 11. und frühen 12. Jahrhunderts, in: Niedersächsisches Jahrbuch für Landesgeschichte, Bd. 33, Jg. 1961

Le Goff, J. — Das Hochmittelalter, Frankfurt/M. 1980 (Fischer-Weltgeschichte)

Martens, W. — Gregor VII. Sein Leben und Wirken, Leipzig 1894

Mensch und Umwelt im Mittelalter, hrsg. von Bernd Herrmann, Stuttgart 1986

Mertens, D. — Christen und Juden zur Zeit des 1. Kreuzzuges, in: Die Juden als Minderheit in der deutschen Geschichte, hrsg. v. B. Martin/E. Schulin, München 1981

Meyer v. Knonau, G. — Jahrbücher des deutschen Reiches unter Heinrich IV. und Heinrich V., 7 Bde., Leipzig 1896–1909

Mirbt, C. — Die Publizistik im Zeitalter Gregors VII., Leipzig 1894

Pinder, W. — Die Kunst der deutschen Kaiserzeit bis zum Ende der staufischen Klassik, Leipzig 1935

Planitz, H. — Die deutsche Stadt im Mittelalter, 4. Aufl., Weimar 1975

Rösener, W. — Bauern im Mittelalter, München 1985

Runciman, S. — Geschichte der Kreuzzüge, München 1983

Sackur, E. — Die Cluniazenser in ihrer kirchlichen und allgemeingeschichtlichen Wirksamkeit bis zur Mitte des 11. Jahrhunderts, Halle 1892

Schillmann, F.	Der Kampf Heinrichs IV. und seiner Helfer im Investiturstreit, Leipzig 1927
Schnürer, G.	Kirche und Kultur im Mittelalter, 3 Bde., Paderborn 1924–1928
Seibt, F.	Glanz und Elend des Mittelalters. Eine endliche Geschichte, Berlin 1987
von den Steinen, W.	Canossa, Heinrich IV. und die Kirche, 2. Aufl., Darmstadt 1969
ders.	Der Kosmos des Mittelalters – von Karl dem Großen bis Bernhard von Clairvaux, Bern/München 1959
Stern, L./Gericke, H.	Deutschland in der Feudalepoche von der Mitte des 11. bis zur Mitte des 13. Jahrhunderts, 3. Aufl., Berlin 1983 (Lehrbuch der deutschen Geschichte, Beiträge)
Waas, R.	Heinrich V. Gestalt und Verhängnis des letzten salischen Kaisers, München 1967
Wahl, R.	Der Gang nach Canossa. Kaiser Heinrich IV. und Papst Gregor VII., Bergisch Gladbach 1979
Werner, E.	Die gesellschaftlichen Grundlagen der Klosterreform im 11. Jahrhundert, Berlin 1953
ders.	Zwischen Canossa und Worms. Staat und Kirche 1077 bis 1122, Berlin 1973
Zimmermann, H.	Der Canossagang von 1077. Wirkung und Wirklichkeit, Wiesbaden 1975
Zöllner, W.	Geschichte der Kreuzzüge, Berlin 1977

Inhaltsverzeichnis